La mondialisation du capital

François Chesnais

La mondialisation du capital

nouvelle édition actualisée

Catalogage Electre-Bibliographie

Chesnais, François
La mondialisation du capital. – Nouv. éd. actualisée. – Paris : Syros, 1997. – (Alternatives économiques)
ISBN 2-84146-394-X

Rameau :   relations économiques internationales
                  finances internationales
Dewey :   337.1 : Économie internationale. Généralités
Public concerné : Tout public.

Collection «Alternatives économiques»
dirigée par Jean-Pierre Chanteau et Denis Clerc

> La collection «Alternatives économiques» s'adresse à tous ceux qui ont besoin et envie de comprendre les enjeux de l'économie. Le lecteur trouvera ici de quoi nourrir sa réflexion, personnelle ou professionnelle, et organiser son savoir (chiffres de référence, exposé des thèses en présence, rappels historiques, analyses de propositions ou d'expérimentations, etc.).
>
> Précis, clairs et documentés, les livres «Alternatives économiques» sont aujourd'hui des références pour déchiffrer et défricher le présent et le futur de l'économie.

Dans la même collection :

série «Déchiffrer» : pour savoir et comprendre...

Le chômage dans les pays industrialisés, Catherine André, Dominique Sicot
Déchiffrer les inégalités, Alain Bihr, Roland Pfefferkorn
L'aide publique au développement, Anne-Sophie Boisgallais, François-Xavier Verschave
L'Allemagne réunifiée, Corinne Bouchoux
Où va la protection sociale ?, Isabelle Chapellière
La mondialisation du capital, François Chesnais (nouvelle éd. 1997)
La mondialisation financière, François Chesnais (dir.)
Déchiffrer l'économie, Denis Clerc (nouvelle éd. 1997)
Déchiffrer les grands auteurs – tome 1 Les fondateurs, Denis Clerc
Déchiffrer les grands auteurs – tome 2 Les héritiers, Denis Clerc
Inflation et croissance, Denis Clerc
Les désordres financiers, Denis Clerc
Les industrialisations du tiers monde, Claude Courlet
Le Royaume désuni, Richard Farnetti
Le GATT démystifié, Jean-Paul Frétillet, Catherine Véglio
Croissance et crise de l'industrie informatique, Christian Genthon
Les ventes d'armes, Jean-Paul Hébert
Salaires et emploi, Hoang-Ngoc Liêm
Chine : de la révolution à la réforme, Diana Hochraich
Politique agricole et relations internationales, Jean-Christophe Kroll
La construction européenne, Philippe Laurette
Déchiffrer la démographie, Michel Louis Lévy (nouvelle éd. 1997)
Les banques face aux pays endettés, Philippe Norel
Crise et tiers monde, Philippe Norel

L'endettement du tiers monde, Philippe Norel, Eric Saint-Alary
Le développement local, Bernard Pecqueur
L'épreuve américaine, Jean Pisani-Ferry
L'énergie dans l'économie, Louis Puiseux, Pierre Radanne
Réduire le temps de travail, Jacques Rigaudiat (nouvelle éd. 1996)
La corruption, Jean-Louis Rocca
La distribution, Dominique Sicot, Alexandre Vatimbella
Le capitalisme vert, Alexandre Vatimbella
Santé et économie, Alexandre Vatimbella
Les exclus face à l'emploi, Simon Wuhl

série « Défricher » : pour analyser et proposer...

La monnaie unique en débat, Appel des économistes pour sortir de la pensée unique (nouvelle éd. 1997)
Pour un nouveau plein emploi, Appel des économistes pour sortir de la pensée unique
Vers une économie plurielle, Guy Aznar, Alain Caillé, Jean-Louis Laville, Jacques Robin et Roger Sue
Sucre : le Nord contre le Sud, Anne-Sophie Boisgallais, Charles Condamines
Réduction du temps de travail : que faut-il croire ?, Jean-Pierre Chanteau, Denis Clerc, Hugues Bertrand, Alain Lebaube, Jacques Lesourne, Jacques Rigaudiat et Dominique Taddéi
L'après-fordisme, Robert Boyer, Jean-Pierre Durand
La crise, Denis Clerc, Alain Lipietz, Joel Satre-Buisson
Tiers monde : la fin des idées reçues, Michel Chauvin
Essai sur le marché, Hervé Defalvard
L'enjeu alimentaire Nord-Sud, Bertrand Delpeuch
Dictionnaire des idées reçues sur l'agriculture, Bertrand Delpeuch (dir.)
La fin du modèle suédois ?, Jean-Pierre Durand
Vers un nouveau modèle productif, Jean-Pierre Durand
Les excédents laitiers et le tiers monde, Jean Garreau, Danilo Prado-Garcia, Christophe Roman
Réinventer la croissance – Les chemins de l'emploi en Europe, Michel Gaspard
Le temps de travail, une histoire conflictuelle, François Guedj, Gérard Vindt
Nouvelle croissance et emploi, Pierre Héritier
Agriculture : changer de politique, Jean-Christophe Kroll
Réinventer l'impôt, Jean-Christophe Le Duigou
La faim ? Pourquoi, François de Ravignan
L'écodéveloppement, Ignacy Sachs
Les entrepreneurs africains, Olivier Vallée

Sommaire

Avant-propos 15

Chapitre 1

Comment comprendre le terme « mondialisation » ? 21
La mondialisation est-elle un « mythe » ? 23
Le sens du terme « global » pour le capital concentré 28
Un capital « sans nationalité » ? 29
La sélectivité élevée des opérations du capital 31
Le besoin d'une approche systémique 31
Penser à la fois le politique et l'économique 33
Le tournant de 1979-1980 34
La place et le statut des États-Unis 35
La capacité de déterminer les « règles du jeu » 37
Mondialisation et aggravation de la polarisation 38
La mise en concurrence internationale des salariés 39
Mondialisation et croissance très lente 42

Chapitre 2

La finance, pivot de la mondialisation du capital 47
Une forme très particulière de mondialisation 49
Les principaux acteurs de la finance de marché 51

« Motif de spéculation » et arbitrage des portefeuilles 53
La diversification des portefeuilles 54
La finance se nourrit de transferts réels 57
Les étapes de la réémergence du capital rentier 59
La « dictature des créanciers » a supposé un « coup d'État » 63
La « boule de neige » de la dette publique 65

Chapitre 3

**L'investissement direct à l'étranger (IDE) :
préséance, aspects qualitatifs et tendances récentes** 69
Le rôle des IDE dans les spécialisations commerciales nationales 70
Les travaux théoriques fondateurs 71
Les trois modalités de l'internalisation
et le cycle différencié du capital 72
L'économie mondiale comme système hiérarchisé politiquement . . . 74
Les dimensions qualitatives de l'IDE 75
Investissements directs et investissements de portefeuille
depuis les années quatre-vingt 76
Le rôle prédominant de l'IDE dans les services 82
Investissements croisés et acquisitions/fusions 85
L'IDE et la polarisation au niveau mondial 88

Chapitre 4

La firme multinationale aujourd'hui 91
Les définitions des FMN et leurs limites 92
La portée de la constitution de la FMN en groupe. 96
La stratégie techno-financière et les FMN « nouveau style » 97
Les « nouvelles formes d'investissement » 99
Pour comprendre les FMN, il faut maîtriser la notion de capital 101
Coûts de transaction et internalisation 103

Chapitre 5

**Concentration internationale du capital
et formation des oligopoles mondiaux** 109
L'oligopole international ou mondial 111
Le caractère mondialisé de la concurrence revêt deux sens différents 112
La mesure de la concentration mondiale 113
Le décloisonnement des anciens oligopoles nationaux 116
Concurrence entre oligopoles ou concurrence systémique ? 118

▼▼▼

Trois niveaux dans les stratégies de mondialisation des groupes 121
La place particulière des États-Unis dans l'oligopole mondial 123
Les «avantages firmes» tenant à la cohésion systémique
de l'économie d'origine 126
Les périls de l'IDE sortant massif 129

Chapitre 6
**Rivalité oligopolistique, localisation de la production
industrielle et firme réseaux** 133
« Industries globales » ? « Usines globales » ? 135
Investissements croisés et concurrence oligopolistique 136
Les investissements étrangers des groupes français 139
Production flexible, proximité du marché et disparités salariales
entre pays 142
L'intégration industrielle « continentale » 144
Coûts de coordination, technologies de l'information
et concentration 149
Externalisation et firmes réseaux 152
La firme japonaise : *keiretsu* et «toyotisme» 153
Internalisation des externalités et quasi-intégration 155
Les délocalisations sans investissements directs 158

Chapitre 7
La technologie dans le déploiement mondial des groupes ... 163
Quelques traits actuels majeurs de la technologie 164
Coalitions États-groupes et concurrence systémique 167
Les cinq dimensions du déploiement technologique des FMN 169
Les missions des laboratoires à l'étranger 172
Les tendances récentes de la R-D délocalisée 174
Potentiels techniques et « invasion réciproque » 176
Les différences par pays dans le degré de délocalisation de la R-D ... 178
Quel indicateur choisir dans le cas du Japon ? 180
La situation différenciée des groupes européens 181
La R-D internationalisée des groupes français 182

Chapitre 8
**Technologie, coopération oligopolistique et barrières
à l'entrée** 185
La prise de brevet à l'étranger 186
Oligopoles et réseaux d'alliances 188

Appropriabilité des innovations et oligopole	191
Partage de savoirs et commercialisation croisée	193
Les barrières à l'entrée aujourd'hui	195
L'exemple des barrières dans l'électronique	197
Oligopoles et normes industrielles	198
L'exemple des télécommunications	200
La coopération comme instrument de rivalité oligopolistique	203

Chapitre 9

Les services, « nouvelle frontière » pour la mondialisation du capital … 207

Les ressorts différenciés de l'internationalisation	208
Les impasses de l'approche résiduelle	211
Le souci de rester maître de la chaîne de valeur	213
La multinationalisation d'activités à fort contenu relationnel	218
Quelques traits spécifiques des relations internes aux FMN de services	220
Le caractère oligopolistique de nombreuses activités	223
Les combinaisons de l'IDE et des alliances	226
Les firmes réseaux dans les services	227
L'exploitation de sources de main-d'œuvre qualifiée	230
L'internationalisation des télécommunications	231
Le multimédia : « nouvelle frontière » pour l'IDE dans les services	236

Chapitre 10

Les groupes industriels, agents actifs de la mondialisation financière … 239

La variété des formes d'interpénétration entre industrie et finance	241
Diversification vers la finance et banques de groupe	242
« Ingénierie financière » et mondialisation du capital	246
Instabilité monétaire et formation du marché financier privé internationalisé des groupes	249
Groupes industriels et spéculation sur les changes	252
Quelques remarques sur le *corporate governance*	255

Chapitre 11

Les échanges commerciaux dans le cadre de la « mondialisation » … 259

Les facteurs façonnant le système des échanges et ses traits les plus marquants	261

Le taux de croissance supérieur des échanges par rapport aux PIB ...	263
La bifurcation des années soixante-dix	266
Polarisation et marginalisation : le sort des pays débiteurs du tiers monde	268
Des substitutions de matières de base destructrices de courants d'échanges	270
Les rôles nombreux des FMN dans le système des échanges	273
La formation d'ensembles ou de « blocs » régionaux	278
L'« impératif de la compétitivité »	280

Chapitre 12

Un régime d'accumulation mondialisé à dominante financière	287
Des transformations de caractère systémique	288
La reconstitution d'un capital financier rentier puissant sous des traits originaux	290
Les traits spécifiques du capital financier	291
Une mondialisation financière d'un type déterminé	293
Le capital industriel dans la phase de l'accumulation à dominante financière	294
Sans régime d'accumulation mondialisé, comment le « mauvais capitalisme » pourrait-il chasser le « bon » ?	297
L'accumulation lente et la dépression rampante des années quatre-vingt-dix	300
Des mécanismes cumulatifs à effet dépressif	302
Dans le cadre d'un régime d'accumulation unique, des situations nationales différenciées	305
« Les États-Unis hors la crise », mais pour combien de temps?	307
La situation à la périphérie du système mondialisé	310
Où le réalisme se situe-t-il ?	312

Bibliographie	315

Liste des tableaux et graphiques

Carte 1. 1. Centres et périphéries dans le monde, un réseau hiérarchisé
Graphique 1. 2. Évolution, pendant l'après-guerre, du volume du commerce et de la production de marchandises dans le monde par grands secteurs, 1950-1994
Graphique 1. 3. Profit et croissance dans six grands pays industriels
Graphique 2. 1. Croissance des actifs des principaux investisseurs financiers américains (1980-1994)
Tableau 2. 2. Part des principaux pays dans les actifs financiers détenus par les investisseurs institutionnels
Tableau 2. 3. Part des titres étrangers dans les portefeuilles des investisseurs étrangers
Graphique 2. 4. La structure des actifs des investisseurs institutionnels
Graphique 2. 5. Évolution du rendement réel des titres à long terme
Tableau 2. 6. Solde primaire et charge de la dette de la France
Graphique 2. 7. Évolution du solde primaire et de la charge de la dette aux États-Unis (1987-1997)
Tableau 3. 1. Modalités du financement des investissements directs nord-américains à l'étranger en 1990
Tableau 3. 2. Total de l'IDE sortant des pays de l'OCDE (1985-1996)
Graphique 3. 3. Évolution des investissements directs étrangers, du PIB, des échanges totaux et de la FBCF dans la zone OCDE, à prix courants
Graphique 3. 4. Total OCDE : évolution des principales composantes des transactions internationales
Tableau 3. 5. Part de la production manufacturière, des services et d'autres secteurs dans la valeur comptable totale de l'IDE sortant des pays du G6
Graphique 3. 6. Le stock des IDE au sein de la Triade et des pays associés directement en 1993
Graphique 3. 7. Une comparaison entre le montant des flux d'IDE et la valeur des fusions/acquisitions transfrontières mondiales (1987-1995)
Graphique 3. 8. La concentration des flux entrants d'IDE dans les pays en développement
Graphique 3. 9. La concentration des flux technologiques
Graphique 4. 1. Les 100 premières FMN : actif total par branche
Tableau 4. 2. Les trente groupes non financiers les plus internationalisés rangés selon le montant des actifs à l'étranger, en 1994
Tableau 4. 3. Avantages liés à la multinationalisation et choix de localisation chez J. H. Dunning
Tableau 5. 1. Acquisitions et créations de firmes par les capitaux étrangers aux États-Unis
Tableau 5. 2. Concentration dans le marché des ordinateurs
Tableau 5. 3. Autres indicateurs de la concentration mondiale
Graphique 5. 4. Concentration de la production automobile. Part des deux premiers constructeurs

Graphique 5. 5. Concentration mondiale de la production automobile
Tableau 5. 6. Les deux cents premières STN mondiales par pays d'origine (chiffres 1995)
Graphique 6. 1. Les asymétries de « l'invasion réciproque ». Flux d'IDE entrants et sortants
Tableau 6. 2. Sites de production – hors unités d'assemblage et de test – des principales firmes mondiales de semi-conducteurs en 1992
Tableau 6. 3. Les dix groupes français les plus implantés à l'étranger selon l'effectif et le chiffre d'affaires
Graphique 6. 4. Spécialisation et échanges intraentreprise réalisés par les filiales de Toyota du Sud-Est asiatique
Graphique 6. 5. Formes d'internationalisation de la production industrielle
Graphique 6. 6. L'exemple Benetton
Tableau 6. 7. Formes de délocalisation dans le textile et concordance/discordance des avantages compétitifs et comparatifs
Graphique 7. 1. Les principaux programmes publics dans le domaine de l'industrie informatique et des semi-conducteurs
Tableau 7. 2. Cinq modalités du déploiement technologique international des FMN
Tableau 7. 3. Localisation géographique des activités des grandes firmes selon l'origine du dépôt de brevet aux États-Unis : 1985-1990
Tableau 8. 1. L'internationalisation des dépôts de brevets
Graphique 8. 2. Structure des partenariats stratégiques dans les technologies de l'information, 1985-1989
Tableau 8. 3. Motivation des alliances stratégiques à caractère technologique 1980-1989
Tableau 8. 4. Répartition des parts du marché international de la commutation publique, 1982-1987
Graphique 9. 1. Tendances sectorielles mondiales des fusions/acquisitions transfrontières, 1988-1995
Tableau 9. 2. Part du commerce de quelques grandes firmes japonaises effectuée par la société de leur groupe
Tableau 9. 3. Quelques exemples de concentration mondiale dans les industries de service
Tableau 9. 4. Acquisitions/fusions transnationales dans les télécommunications
Graphique 9. 5. La structure des actifs totaux des États-Unis dans les services de base et l'infrastructure
Graphique 9. 6. Alliances oligopolistiques rivales visant à établir un réseau mondial de télécommunications à longue distance
Tableau 10. 1. Créations ou acquisitions de banques dans les groupes depuis 1980
Tableau 10. 2. Émissions d'obligations à rendements et risques élevés
Graphique 10. 3. Transactions quotidiennes moyennes sur les marchés des changes

Tableau 10. 4. Les quinze plus grandes participations de Calpers en Allemagne, en Grande-Bretagne et en France
Graphique 11. 1. Les échanges à l'intérieur des trois pôles de la Triade et entre eux en 1995
Graphique 11. 2. La part des sociétés transnationales dans le commerce mondial de marchandises et de services non financiers, 1993
Tableau 11. 3. Les différentes formes d'échanges auxquelles participent les FMN
Tableau 11. 4. La valeur des échanges intrafirmes et leur part dans le commerce total pour les pays qui publient ces données
Tableau 11. 5. Approvisionnement en produits intermédiaires dans six pays de l'OCDE
Tableau 11. 6. Échanges intrarégionaux
Graphique 11. 7. Indices des échanges intrasectoriels, tous produits
Graphique 11. 8. Évaluation de la balance commerciale d'un pays z selon la nationalité de ses entreprises
Graphique 12. 1. Les enchaînements cumulatifs vicieux de la mondialisation

Avant-propos

La première édition française de ce livre a attiré deux groupes de lecteurs. Les premiers sont des enseignants et des jeunes chercheurs qui y ont trouvé une interprétation de la mondialisation, ainsi que l'ébauche d'une «économie industrielle internationale» propre à cette phase du capitalisme. Les seconds sont des militants politiques, syndicaux ou associatifs qui ont apprécié que je m'adresse «à ceux dont le réflexe premier n'est pas de s'adapter à l'ordre "tel qu'il est", mais de chercher à le comprendre de façon à en débattre pour esquisser éventuellement d'autres voies que celles qui nous sont proposées» (première édition, page 31).

Ce débat a-t-il progressé comme il aurait dû? Je ne le pense pas. Force est de reconnaître avec Viviane Forrester que nous souffrons d'une cruelle «absence, non pas tant de toute lutte, mais de toute concertation critique, de toute réaction intellectuelle organisée» (*L'Horreur économique*, p. 164). Les grandes grèves et manifestations de novembre et décembre 1995 contre la politique du gouvernement d'Alain Juppé, dont on a dit qu'elles étaient une «première révolte contre la mondialisation», auraient pu – et dû – en être le point de départ. Pour de multiples raisons d'ordre politique et sociologique, cela n'a pas été le cas. Il faudra donc attendre des mouvements plus forts que ceux de 1995, ou des événements plus graves. En attendant, il faut continuer à nourrir la réflexion.

En 1994, le livre a été écrit en partant de l'idée que la mondialisation du capital constituait, pour l'essentiel, une étape de plus dans le mouvement d'internationalisation du capital productif, auquel j'avais ajouté deux chapitres qui montraient la montée en force de la finance. Mais, bien qu'il soit question du rôle joué par l'instabilité financière et les taux d'intérêt réels positifs, l'interprétation du mouvement d'ensemble du capitalisme mondial ainsi que l'analyse de l'atonie des années quatre-vingt-dix, reposaient alors sur les opérations du capital industriel plus que sur celles du capital financier. Il n'en va plus de même aujourd'hui.

Deux idées commandent cette réédition. D'abord, c'est de la sphère financière qu'il faut partir si l'on veut comprendre le mouvement contemporain du capitalisme mondial, et non des seules opérations du capital industriel. Ensuite, nous sommes confrontés à un mode de fonctionnement du capitalisme – ou à un « régime d'accumulation » – nouveau. Dans ce régime, le mouvement de création de richesse est nettement ralenti, alors que les prétentions des classes possédantes sur le partage du revenu n'ont jamais été aussi grandes, et leurs moyens de les imposer aussi forts. Les porteurs d'action et d'obligations (ceux qui relèvent de la figure du « capital-argent porteur d'intérêt » dans le livre III du *Capital* de Marx) sont particulièrement pressants dans leurs exigences.

Un capitalisme mené par le capital « rentier », fustigé par Keynes, est-il viable à moyen ou peut-être même à court terme ? Lui ne le pensait pas. Pour des raisons qui ne relevaient pas seulement du contexte politique des années trente, il était aussi très pessimiste sur ses effets politiques et sociaux. A l'orée du XXIe siècle, en irait-il autrement ? Rien ne permet de le supposer. La question qui se pose alors est de savoir s'il faut attendre d'avoir confirmation des impasses auxquelles le système conduit ou rechercher sans plus tarder une issue construite sur d'autres fondements politiques et sociaux et une priorité de besoins différente. Ceux qui subissent le poids le plus lourd du nouveau régime d'accumulation – les chômeurs à vie, les jeunes parqués parmi les plus défavorisés de l'armée de réserve industrielle que le capitalisme a reconstituée partout, les sans-papiers, les sans-toit, les sans-droits – ne peuvent manifestement pas attendre. Mais la classe ouvrière employée et organisée le peut-elle ? Une partie des salariés du secteur public a exprimé dans les assemblées de grève en 1995 de sérieux doutes que ce soit possible. Mais ils n'ont pas réussi à ébranler leurs dirigeants.

▼▼▼

Si nos hypothèses sont exactes, ce n'est pas la « révolution technologique » qui est en cause, mais les ressorts de l'accumulation. Dans ce cas, la question n'est pas celle de la « fin du travail », mais celle des fondements sociaux et politiques d'un système qui ne crée et ne répartit plus la richesse d'une façon qui permette la satisfaction des besoins élémentaires de millions de personnes, voir de dizaines de millions. Chercher à partager le travail parce qu'il n'y en aurait « pas assez », plutôt que rechercher les causes de la création insuffisante de richesses, pourrait n'être qu'une autre forme, plus subtile, de l'« adaptation nécessaire » à un système en expansion insuffisante, sinon en contraction relative. Dès que l'on se place dans un cadre mondial, cette interrogation devient encore plus pressante.

Dans cette seconde édition, le chapitre introductif a été réécrit pour tenir compte du développement du débat sur la mondialisation. Conformément à l'hypothèse du rôle pivot joué par la sphère financière, le chapitre 10 de l'édition antérieure devient ici le chapitre 2 et reçoit bien sûr des modifications substantielles. Le dernier chapitre est totalement réécrit et présente une vue d'ensemble du nouveau régime.

▼▼▼

Comment comprendre le terme « mondialisation » ?

1.

Les thuriféraires de la mondialisation parent celle-ci de beaucoup de vertus. Pour ceux qui n'ont pas peur d'affirmer, haut et clair, l'adéquation totale entre le libéralisme et la mondialisation, elle créerait l'espoir de pouvoir mettre un terme à « l'interventionnisme » honni et malfaisant de l'État (voir l'encadré page 26). D'ailleurs mondialisation, nous dit-on, rimerait aussi avec « démocratie », avec « liberté de choix et libre épanouissement de l'individu », avec « réconciliation des pays du Nord et du Sud », avec « perspective de croissance rapide pour les pays pauvres »... Face à cette vision féerique, à ce conte moderne pour grands enfants, deux attitudes sont possibles : analyser les fondements de la mondialisation et en décliner le contenu véritable ou décréter, au contraire, que la mondialisation est un « mythe ».

Nous avons choisi ici la première démarche. Partant de constats concrets concernant le niveau et la croissance de l'investissement étranger, ou encore le poids du commerce intrafirme – le fait que plus du tiers du commerce mondial est un système d'échanges, captifs organisés, non pas sur des marchés ouverts mais au sein même des groupes industriels transnationaux –, ce livre prétend démontrer que dans le domaine de la production et des échanges la mondialisation est primordialement celle des opérations du capital. A l'occasion d'un débat public, le patron d'un des plus grands groupes européens a donné sa propre définition de la « globalisation », elle a le mérite de la clarté. Ce serait « la liberté pour son groupe de s'implanter où il veut, le temps qu'il veut, pour produire ce qu'il veut, en s'approvisionnant et en vendant où il veut, et en ayant à supporter le moins de contraintes possibles en matière de droit du travail et de conventions sociales ». Dans ce livre, le lecteur trouvera une analyse des causes, des modalités et des conséquences de cette liberté recouvrée du capital de se déployer mondialement.

Le second grand axe de réflexion sur le sens du terme « mondialisation » se situe dans le prolongement du travail collectif que nous avons mené sur la mondialisation financière (Chesnais, coord. 1996). En partant des conséquences de la libéralisation et de la déréglementation financières – en matière de détermination des taux de change des monnaies et des taux d'intérêt, aussi bien qu'en terme de reconstitution d'un puissant capital à traits rentiers – le travail présenté ici soutient que derrière le terme mondialisation se situe un *mode spécifique d'accumulation,* dont il faut

▼▼▼

maintenant faire l'analyse. C'est ce mode d'accumulation, que je définis comme «mondialisé à dominante financière» et dont les États-Unis sont redevenus le cœur, qui forme la substance de l'ordre libéral mondial actuel. C'est de lui que les observateurs ou les acteurs politiques parlent lorsqu'ils utilisent le terme «mondialisation».

La mondialisation est-elle un «mythe»?

L'autre attitude consiste, au fond, à prendre prétexte du caractère mystificateur des prétentions néolibérales relatives à la mondialisation pour nier le phénomène en lui-même. Elle a été adoptée à un degré plus ou moins marqué par beaucoup d'auteurs[1]. L'un des cas les plus caractéristiques, sur lequel d'autres pamphlets ont pris appui, est celui de P. Hirst et de G. Thompson dans un livre paru au Royaume-Uni (1996). En s'attaquant à ce qu'ils n'ont pas peur de nommer un «mythe», P. Hirst et G. Thompson précisent qu'ils polémiquent aussi bien avec des tenants conservateurs de la mondialisation qu'avec ceux qui, à gauche, annoncent la fin de l'État-nation et présentent le système comme ingouvernable.

R. Barnet et J. Cavanagh ont remarqué il y a quelque temps déjà que «global» et «globalisation» sont des termes qui auraient plu à la Reine rouge d'*Alice au pays des merveilles*, puisque chacun peut les employer dans le sens qui l'arrange, leur donner le contenu idéologique ou conceptuel qu'il veut (1994, p. 13). La réaction de Hirst et Thompson n'a donc rien d'étonnant, mais l'analyse qu'ils proposent ne fait qu'accroître la confusion. Ils étayent leur position sur le «mythe» à l'aide de cinq arguments, dont certains ont un fondement empirique, mais dont d'autres relèvent de simples postulats. Ils soutiennent 1°, que le degré élevé d'internationalisation actuel n'est pas sans précédent – l'internationalisation poussée actuelle serait simplement «l'un des nombreux contextes ou états qui ont existé depuis la formation d'une économie fondée sur la technologie industrielle moderne», «l'économie internationale contemporaine est même moins ouverte et moins intégrée que celle qui a prévalu entre 1870 et 1914»; 2°, que les

---

1. C'est le cas, par exemple, pour E. Cohen (1996).

▼▼▼

Carte 1.1

Centres et périphéries dans le monde (1992)
Un réseau hiérarchisé

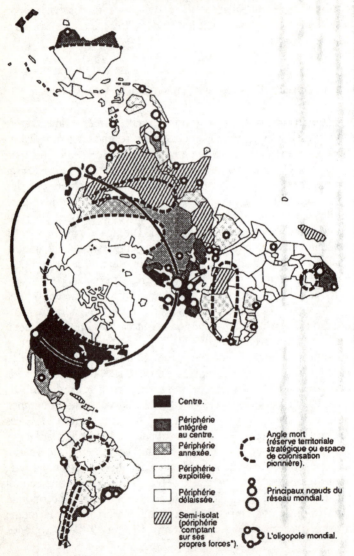

Source : M.-F. Durand, J. Levy, D. Retallé, 1992.

multinationales vraiment globales sont peu nombreuses, la plupart des groupes industriels dont les activités sont transnationales ayant encore une forte base nationale; 3°, que l'IDE est concentré à un degré élevé au sein des pays industriels avancés, le tiers monde demeurant marginalisé aussi bien pour l'investissement que pour les échanges, mis à part un petit nombre de NPI; 4°, que la concentration de tous les flux (échanges, IDE, technologie) sur la «Triade» l'emporte sur toutes les autres tendances de la mondialisation; enfin 5°, que «les principales puissances économiques, le G3, ont donc la capacité, notamment si elles coordonnent leurs politiques, d'exercer des pressions fortes de régulation (*powerful governance pressures*) à l'égard des marchés financiers et des autres mécanismes économiques. Les marchés mondialisés (*global markets*) sont, par conséquent, loin d'être hors de portée de la réglementation et du contrôle, même si l'étendue et les objectifs de régulation sont actuellement limités du fait des divergences d'intérêts entre les grandes puissances, ainsi que des doctrines économiques qui prévalent au sein de leurs élites» (*ibid.*, p. 23).

Les points 2, 3 et 4 sont incontestables. Ils définissent le contenu de ce qu'il faut précisément nommer la «mondialisation du capital». Les géographes en ont dessiné la configuration géopolitique (voir la carte p. ci-contre) sous le terme de l'oligopole mondial, notion à laquelle le chapitre 5 de ce livre cherche à donner un contenu économique aussi précis que possible. Dans le corps de notre livre, nous aurons l'occasion de voir qu'à force de dire qu'il n'y a rien de nouveau ou que tout est «exagéré», P. Hirst et G. Thompson finissent par occulter sérieusement beaucoup des changements *qualitatifs* survenus depuis une vingtaine d'années : dans les formes d'organisation et des modes de gestion des groupes, ainsi que dans les relations qu'ils établissent entre eux au sein de l'oligopole mondial; dans les recompositions profondes qui sont intervenues dans la mise en valeur du capital – la «régionalisation continentale», les «nouvelles formes d'investissement», les «délocalisations sans IDE»; dans les changements technologiques qui ont conduit à des modifications non négligeables dans l'identité exacte des pays marginalisés dans les échanges. Ce sont ces dimensions qualitativement nouvelles qui sont traitées plus loin dans les chapitres 4 à 11.

On retrouve cette absence de sensibilité aux changements qualitatifs dans la manière dont les auteurs traitent le point 1. La compa-

Peter Martin
rédacteur en chef de l'édition internationale,
Financial Times

> Je considère que les positions hostiles à la mondialisation sont profondément immorales, en ce qu'elles prétendent refouler les aspirations du tiers monde pour préserver les avantages d'un modèle particulier du travail en Occident. [...]
>
> Les critiques les plus raffinés admettent que des millions d'emplois ont été créés. Mais, disent-ils, il ne s'agit pas de véritables emplois, mais d'une exploitation éhontée de la main-d'œuvre. Allez dire cela aux travailleurs bien formés de Hong Kong, de Singapour, de Malaisie, de Thaïlande, aux ouvriers de l'électronique d'Acer, aux ouvriers de l'automobile de Daewoo. Allez dire cela aux travailleurs de la Chine méridionale qui ont échappé à la vie misérable et éreintante des campagnes et qui avancent – effectivement dans les pires conditions de travail – vers une authentique prospérité et une authentique autonomie de vie.
>
> Les aspirations des pauvres du tiers monde, leur désir de richesse, de prospérité et de liberté me remplissent de joie. Que vont leur dire ceux qui dénigrent la mondialisation ? Qu'ils n'ont pas le droit de choisir leur avenir parce que nous, les Européens, ne sommes pas capables de nous adapter assez vite pour le leur permettre ? Où est la morale dans cette affaire ?
>
> Il est possible de sortir de la mondialisation, mais le prix à payer n'est pas uniquement économique. Il est aussi politique, car la prétention de

raison avec la situation antérieure à 1914, qui est proposée, gomme toutes les différences qui séparent les traits spécifiques de l'« économie-monde » durant la phase de l'étalon-or et de l'« impérialisme classique » de ceux qui caractérisent la mondialisation du capital au stade actuel. L'idée qu'il y aurait des « états divers » entre lesquels l'économie oscillerait du fait d'une sorte d'« effet de pendule » ou d'« alternance », telle qu'elle est énoncée, nie l'irréversibilité de beaucoup des changements structurels qui accompagnent l'évolution du capitalisme. Enfin, pour ce qui est du point 5, il relève de la pétition de principe.

Comme le dit le rédacteur en chef du *Financial Times,* cité en encart, la mondialisation actuelle n'est que l'expression du la contenir conduit à une inévitable extension des pouvoirs de l'État et à la perte de la liberté individuelle. Elle passe par la répression des désirs naturels des individus et par un maquis toujours plus dense de réglementation, de législation, de criminalisation de l'activité économique naturelle et de politisation des décisions quotidiennes. Nous avons bien connu tout cela dans beaucoup de pays européens au cours des vingt et trente dernières années. Sortir de la mondialisation se traduirait par une remise en question fondamentale des droits démocratiques, en particulier de ce droit précieux entre tous : celui de vaquer en paix à ses occupations.

La liberté de choisir entre une trentaine de céréales différentes pour le petit déjeuner est-elle une liberté qui compte ? C'est là une question d'opinion. Ce qui ne l'est pas, en revanche, parce que corroboré par d'amères expériences, c'est que l'extension du pouvoir de l'État – indispensable pour éliminer les possibilités de choix transfrontières offertes par la mondialisation – est néfaste et profondément antidémocratique.

On dit parfois que le libre-échange doit être subordonné à des valeurs plus importantes. Mais y a-t-il valeur plus importante que celle de tirer des milliards de gens de la pauvreté, de créer des opportunités de choix et de développement personnel et de renforcer la démocratie partout dans le monde ? L'économie libérale de marché est par nature globale. Elle constitue ce qu'il y a de plus achevé dans l'aventure humaine.

(reproduit dans *Le Monde diplomatique*, juin 1997).

■

triomphe – sans doute passager, car il est à la merci d'un très grand krach financier – « de l'économie libérale de marché [laquelle] est globale par nature ». Elle exprime le retour en force du marché autorégulateur dont Karl Polanyi avait espéré la subordination définitive. Étant donné le poids des États-Unis et le fait qu'ils tirent mieux parti du nouveau mode d'accumulation que tout autre pays, les membres du G3 ne sont pas près de rétablir une régulation du système mondial. Ils n'en ont pas non plus actuellement les moyens. Si l'on considère la force économique et politique du capital qui se valorise sous la forme financière, il faudra un krach financier majeur comportant la destruction massive d'actifs financiers (c'est-à-dire une partie de ce capital largement fictif sur lequel

▼▼▼

reposent les revenus rentiers), avant qu'une régulation nouvelle ne redevienne possible[2]. Mais il faudra aussi pour cela des gouvernements très différents, par leur vision et leurs priorités économiques et sociales, de ceux qui sont au pouvoir aujourd'hui.

Le sens du terme « global » pour le capital concentré

Le choix du terme « mondialisation du capital » énonce la filiation avec la théorie française de l'internationalisation du capital, dont certaines des approches sous-tendent la suite du travail (voir les chapitres 3 à 5). Mais le terme est aussi celui qui correspond le plus exactement à la substance du terme anglo-saxon « globalisation ». En anglais, le mot *global* se réfère aussi bien à des phénomènes intéressant la (ou les) société(s) humaine(s) au niveau du globe comme tel (c'est le cas de l'expression *global warming* désignant l'« effet de serre ») qu'à des processus dont le propre est d'être « global » uniquement dans la perspective stratégique d'un « agent économique » ou d'un « acteur social » précis. En l'occurrence, dès qu'il s'agit de processus économiques, le terme doit être compris exclusivement dans cette seconde acception.

Né dans les *business management schools,* le terme n'a de sens, en effet, que dans l'optique du capital hautement centralisé et concentré. Dans la sphère de la production et de la commercialisation de marchandises matérielles et immatérielles (les « biens et services »), il traduit la capacité stratégique du grand groupe oligopolistique engagé dans la production manufacturière ou dans les principales activités de services d'adopter une approche et une conduite « globales ». Celles-ci portent en particulier et simultanément sur les marchés à demande solvable ; sur les ressources en matières premières de base, en capacité de production industrielle et surtout en capacité d'innovation technologique où qu'elles soient situées ; sur les stratégies des principaux concurrents (les vrais rivaux au sein de l'oligopole mondial), qu'ils soient nationaux ou étrangers ; enfin bien sûr, sur les événements politiques qui peuvent affecter la valorisation du capital. Le terme « globalisation »

---

2. Voir à ce propos les conclusions des chapitres de S. de Brunhoff, de R. Guttmann et de D. Plihon, dans Chesnais, coord. (1996).

est donc la traduction d'une « conception cybernétique de l'organisation de la planète en logique managériale d'organisation des entreprises » (Mattelard, 1997, p. 86).

Dans la sphère financière, la même chose est vraie. L'intégration internationale des marchés financiers résulte bien sûr de la libéralisation et de la déréglementation qui ont conduit au décloisonnement des marchés nationaux et permis leur interconnexion en temps réel. Mais le contenu effectif de cette intégration résulte de façon concrète des décisions prises et des opérations effectuées par les gestionnaires des portefeuilles les plus importants et les plus internationalisés. La personnification des « marchés » (leur anthropomorphisme) n'est pas triviale. Elle exprime, de façon simultanée, au moins trois dimensions de la montée en puissance de la finance. La première concerne le mouvement d'autonomisation relative de la sphère financière par rapport à la production mais surtout face à la capacité d'intervention des autorités monétaires. La deuxième a trait au caractère fétiche (souligné par Marx comme par Keynes) des formes de mise en valeur du capital de nature spécifiquement financière[3]. La troisième renvoie au fait que ce sont les opérateurs qui délimitent les contours de la mondialisation financière et qui décident quels agents économiques, appartenant à tels pays et pour tels types de transactions, y participeront. C'est l'une des dures réalités dont certaines des places financières des pays dits « émergents » ont déjà fait l'expérience à leurs dépens.

Un capital « sans nationalité » ?

Dire que les formes institutionnelles de constitution et de gestion du capital concentré – sociétés transnationales, *Mutual Funds* ou fonds de pension – ont une stratégie globale, c'est-à-dire qu'elles se déploient partout où il y a des profits faciles à faire dans le monde, n'équivaut en aucune façon à dire qu'elles seraient « sans nationalité » (*stateless*, expression employée par l'influente revue d'affaires américaine *Business Week*, 1990), ou qu'elles opéreraient

---

3. Le caractère fétiche se réfère au pouvoir magique qui est attribué aux phénomènes monétaires et financiers, à la vénération à peu près sans limite ni discernement dont les marchés financiers sont l'objet.

dans un monde dans lequel « les frontières n'auraient plus de sens » (*borderless*, également titre du livre de 1990 de K. Ohmae). Bien au contraire, les sociétés dites « transnationales » demeurent, à quelques rares exceptions près, des groupes industriels adossés à un État précis, puisant dans les potentialités d'un système technologique national. Aussi paradoxal que cela puisse sembler, étant donné le degré avancé de la mondialisation financière, l'enracinement national des fonds de pension et des sociétés de placement financier (les *Mutual Funds*) est extrêmement fort[4].

C'est fort de leurs avantages-pays d'origine que les groupes industriels construisent leurs stratégies mondiales. Les groupes apprécient les différences nationales et savent les exploiter à leur profit. Même dans des activités où la convergence des modes de production et de commercialisation est poussée, les groupes industriels sont loin d'avoir tous adopté le modèle de gestion « global », préconisé par T. Levitt, consistant à vendre le même produit, de la même manière, partout dans le monde. Au contraire, leur stratégie a consisté toujours plus nettement à conjuguer le global et le local, ou plus exactement le continental (le contenu exact du terme « glocaliser » créé par des industriels japonais est examiné au chapitre 6). Cette stratégie est allée de pair avec la segmentation des marchés et le ciblage accru des consommateurs en fonction du niveau de revenu. Dans l'état actuel des choses, le mouvement est appelé à se poursuivre, sinon à s'accentuer. La sélectivité des investissements, leur forte tendance à s'agglomérer autour de sites privilégiés – notamment les « villes globales » –, ainsi que les effets induits de ce mouvement sur l'emploi et sur la répartition du revenu sont à l'origine de processus cumulatifs autorenforçants. Puisqu'ils se conjuguent avec la crise fiscale des gouvernements et la pression incessante du néolibéralisme pour la réduction des dépenses publiques, ils débouchent inévitablement sur la différenciation économique grandissante entre pays, ainsi qu'entre classes sociales et catégories de salariés et de chômeurs à l'intérieur de chaque État.

---

4. Le nom du fonds de pension britannique Scottish Widows (les Veuves écossaises), qui concentre entre ses mains tant de titres français – bons du Trésor, actions en Bourse et prises de participations –, dit parfaitement ses origines et son enracinement. Mais on peut en dire de même pour le fonds de pension Calpers (personnel salarié de l'État de Californie) et tous les autres.

▼▼▼

La sélectivité élevée des opérations du capital

Qui dit capital dit « ressources » (revêtant initialement une forme « argent ») ou engagements ouvrant la possibilité de mobiliser des ressources (des crédits bancaires, par exemple), dont la propriété fondamentale (qui s'exprime de nouveau de façon pleine et entière après avoir été bridée dans toute la période d'après-guerre) est de tendre à s'engager exclusivement dans des opérations faites dans un but de profit, l'objectif étant de faire « fructifier » le capital. Des opérations faites dans un but de profit, pour faire « fructifier » un capital, sont par définition (mais sans que ce soit tautologique) « sélectives ». On comprend par conséquent que beaucoup de pays, de régions à l'intérieur des pays, et même de parties entières de continents (en Afrique, en Asie ou en Amérique latine) ne puissent être touchés par le mouvement de mondialisation du capital autrement que sous la forme contradictoire de leur marginalisation, qui est un mécanisme complémentaire et analogue à celui de la mise au chômage à vie – l'« exclusion » – touchant une partie de la population aussi bien des pays industrialisés que des pays en développement.

De façon plus générale, l'« économie d'archipel » de la mondialisation (Veltz, 1996) est celle qui découle de la sélectivité tant des investissements que des placements financiers qui est consubstantielle aux opérations de valorisation du capital. Elle est le résultat des mécanismes particuliers, des temps spécifiques et des dimensions spatiales de valorisation propres au capital dans ces trois formes fondamentales : le capital productif (le capital engagé dans l'industrie au sens large), le capital commercial (le capital engagé dans le négoce et la grande distribution concentrée) et le capital financier (compris comme fraction du capital se valorisant en conservant la forme argent).

Le besoin d'une approche systémique

R. Boyer (1997, p. 14) n'a certainement pas tort de s'interroger sur la capacité du terme « globalisation » à rendre compte à lui seul des nombreuses « évolutions complexes, multiformes et contradictoires » qui ont marqué la politique et l'économie mondiales depuis la fin des années soixante-dix. Mais à trop insister sur « la multiplicité des niveaux de régulation qui s'échelonnent aujourd'hui du local au mondial, en passant par le national et la constitution de zones économiques à l'échelle continentale », il y a risque que soient perdues de vue les relations hiérarchiques qui « font système » et qui donnent, tant au « système-monde » qu'au régime d'accumulation, leur configuration contemporaine particulière. Plus pressante est l'interpellation contenue dans l'hypothèse avancée par J. Adda : « La mondialisation s'inscrirait dans une tendance plus longue, celle de la soumission progressive de tout l'espace physique et social à la loi du capital, loi d'accumulation sans fin qui est la finalité ultime du système inventé dans les cités marchandes de la Méditerranée. » (1996, p. 4.)

Pour peu qu'on sorte de l'idéologie pure et qu'on entre dans le champ d'une approche aussi scientifique que possible, l'analyse de la mondialisation suppose le recours à des outils conceptuels permettant de saisir ce qui est une totalité systémique. Cette totalité ne relève pas de la cybernétique mais de l'histoire et de la politique – comprise non comme « superstructure » mais comme instance structurante au sens le plus fort du terme. Aujourd'hui la finance et les marchés financiers sont situés au sommet du système ; ils en occupent les *commanding heights* (pour reprendre une expression utilisée autrefois par les travaillistes britanniques des secteurs à nationaliser en priorité...). C'est à partir de la sphère financière que l'« unicité » internationale du mode d'accumulation actuel se constitue. Elle repose sur l'existence d'un marché des changes proprement mondial (même s'il est situé dans des places financières précises), l'interconnexion des marchés boursiers et surtout des marchés obligataires nationaux, des mécanismes puissants de transfert international des richesses au cœur desquels on trouve la dette publique des pays du tiers monde, mais aussi des pays de l'OCDE. L'une des expressions de cette unicité est la convergence des taux d'intérêt réels à long terme. C'est de ces mécanismes que résulte l'« autonomie » dont jouissent les opérateurs puissants (les marchés étant très concentrés) face à l'écrasante majorité des gouvernements. Ce sont là les thèmes qui sont le fil conducteur du chapitre 2.

Mais les « marchés » n'imposent pas leur volonté à tous les États ou, plutôt, ils ne le font ni dans les mêmes formes ni avec le même degré d'intensité. La mondialisation du capital et la prétention du capital financier à dominer le mouvement du capital dans sa totalité n'effacent pas l'existence des États nationaux. Ces processus modifient simplement les facteurs de hiérarchisation entre les pays.

Penser à la fois le politique et l'économique

La genèse du régime d'accumulation mondialisé à dominante financière relève autant de la politique que de l'économie[5]. Ce n'est que dans la vulgate néolibérale que l'État est « extérieur au marché ». Le statut « structurant » du politique doit être reconnu aussi par ceux qui se réclament du marxisme. La compréhension de la genèse et de la configuration du mode d'accumulation mondialisé à dominante financière exige qu'on se débarrasse d'une théorie de l'État qui réduit celui-ci à un reflet de l'économie. Le triomphe actuel du « marché » n'aurait pas pu se faire sans les interventions répétées des instances politiques des États capitalistes les plus puissants (en premier lieu les membres du G7). C'est au travers d'une articulation étroite entre le politique et l'économique que les conditions pour l'émergence des mécanismes et des configurations dominants de ce régime ont été créées. La liberté que le capital tant industriel que financier retrouve pour se déployer mondialement, comme il n'avait pas pu le faire depuis 1914, tient bien sûr de la force qu'il a recouvrée du fait même de la longue phase d'accumulation ininterrompue des « trente glorieuses » (peut-être la plus longue de toute l'histoire du capitalisme). Mais le capital n'aurait pas pu parvenir à ses fins sans le succès de la « révolution conservatrice » de la fin de la décennie soixante-dix.

Pour peu qu'on accepte que la discussion sur la mondialisation concerne les formes de la domination politiques et sociales et les

---

5. Sauf à s'enfermer dans des impasses, l'analyse de la mondialisation exige qu'on cherche à raisonner à la fois en termes politiques et économiques. Les pièges de l'économicisme ne peuvent être déjoués que si l'on cherche à manier de façon simultanée les catégories de la science politique (l'État dans ses fonctions et ses déterminations multiples) ; celles des relations internationales, comprises comme relations de rivalité, conflit et coopération entre États, marquées *inter alia* par de profondes asymétries dans la capacité de certains États d'influencer la conduite des autres, notamment dans le domaine clé des règles, des institutions et de la politique économique ; enfin celles bien sûr du mouvement de mise en valeur du capital dans ses différentes figures (la « critique de l'économie politique »).

circuits de valorisation du capital propres à une phase historique du capitalisme prise comme telle, il faut situer son point de départ non en 1989 (chute du mur de Berlin) ou en 1991 (effondrement du régime soviétique) mais dix ans plutôt, au tournant des années soixante-dix-quatre-vingt. C'est là que se situe le moment où les forces politiques les plus antisociales des pays de l'OCDE ont engagé le processus de libéralisation, de déréglementation et de privatisation. Ils ont pu le faire en exploitant à leur profit le reflux amorcé par l'action de tous les dirigeants politiques et syndicaux qui ont contribué à contenir le potentiel véritablement démocratique, et de ce fait anticapitaliste, des grands mouvements sociaux – ouvriers et estudiantins – qui ont jalonné la décennie 1968-1978 en Europe de l'Ouest comme de l'Est, de même qu'aux États-Unis et en Amérique latine.

Le tournant de 1979-1980

L'arrivée au pouvoir des gouvernements Thatcher et Reagan a marqué le début d'une offensive politique et sociale qui n'est pas encore arrivée à ses fins, et dont l'objectif est de briser l'ensemble des institutions et des rapports sociaux qui ont corseté le capital à partir du premier mandat de F. Roosevelt aux États-Unis et de la victoire sur le nazisme en Europe. Ces institutions et ces rapports ont freiné la liberté d'action du capital, assuré aux salariés des éléments de défense contre leurs employeurs et, moyennant le plein-emploi, une protection sociale à la très grande majorité de la population dans au moins l'un des trois pôles des pays industrialisés. Pour déréglementer les transports aériens, Reagan a dû d'abord détruire les organisations syndicales et briser la grève des contrôleurs du ciel. Au début des années quatre-vingt, les politiques thatchériennes de libéralisation, de déréglementation et de privatisation se sont construites sur la défaite de la grande grève des mineurs, avant de s'étendre aux dockers, aux travailleurs de la presse et de l'imprimerie et aux hospitaliers.

Mais c'est par le biais de la libéralisation et de la déréglementation financières, et en raison de la place internationale inégalée de Wall Street et de la City, que les gouvernements américains et britanniques ont pu projeter les conséquences de la « révolution conservatrice » mondialement et créer les bases d'un régime d'accumulation à dominante financière. En libéralisant et en décloisonnant leurs systèmes financiers nationaux, en transformant les circuits de financement de la dette publique (ce qu'on nomme la « titrisation » qui est analysée au chapitre 2) et en laissant les marchés fixer le niveau des taux d'intérêt à long terme, ces gouvernements ont créé les fondements de ce que J.-P. Fitoussi (1995) a nommé la « dictature des créanciers ». En l'espace de quelques mois grâce aux immenses besoins de financement du gouvernement Reagan (en particulier le très coûteux programme militaire de la « guerre des étoiles ») et avec l'aide d'une réévaluation brutale du dollar (doublement du taux de change), les taux d'intérêt réels à long terme ont atteint le niveau faramineux de 15 % et ont inauguré une nouvelle ère de domination d'un capital financier à caractère rentier.

La place et le statut des États-Unis

La mondialisation du capital n'efface pas l'existence des États nationaux, ni des relations de domination et de dépendance politiques interétatiques. Elle modifie simplement les facteurs de hiérarchisation entre pays, en même temps qu'elle en redessine la configuration et qu'elle en accentue l'intensité. L'abîme qui sépare les pays appartenant aux pôles de la Triade (Amérique du Nord, Europe, Japon), ou qui leur sont liés directement, de ceux qui subissent la domination du capital sans être associés aux circuits de valorisation internationaux et de ceux surtout qui n'intéressent plus le capital du tout s'est encore accru. Nous y reviendrons.

Mais la mondialisation du capital est *aussi* allée de pair avec des modifications dans les rapports politiques compris cette fois comme rapports internes aux classes dirigeantes des pays capitalistes avancés. La perte sérieuse, dans certains cas à peu près totale, d'autonomie de décision dans le domaine économique est d'autant plus frappante et difficile à supporter politiquement qu'elle contraste avec la capacité accrue, en termes relatifs sinon absolus, de certains pays à peser sur les décisions des autres et même à reporter vers eux des difficultés de conjoncture économique. On se limitera au cas des États-Unis, mais on peut décliner des processus analogues pour l'Allemagne réunifiée à l'égard de ses voisins d'Europe.

L'asymétrie dans la capacité de certains États d'influencer la conduite intérieure des autres dans le domaine économique n'est pas propre à la phase actuelle ; l'extension du capitalisme comme système mondial, ainsi que chacune des phases stables de son fonctionnement, a comporté la projection internationale asymétrique de règles, d'institutions et de normes de politique économique dictées par les pays les plus puissants auxquelles les États « récepteurs » n'ont pu se soustraire qu'à la faveur de circonstances qui réduisaient momentanément le poids politique des pays dominants. La France a tenu aux côtés de la Grande-Bretagne un rôle de cet ordre au XIXe siècle. Reconnaître cela ne réduit pas la portée du rôle joué actuellement par les États-Unis.

Ces derniers ont accentué leur poids non seulement du fait de l'effondrement de l'URSS et de leur position militaire inégalée mais également en raison d'une position sur le plan du capital financier qui est bien supérieure à celle qu'ils gardent sur le plan industriel.

Il est souvent question dans la presse française des bonnes performances américaines en matière d'emploi (précaire ou très précaire) et de croissance. Mais ceux qui louent l'« exemple américain » se gardent bien de le rapporter au caractère hiérarchisé de l'économie mondiale et aux positions exorbitantes des États-Unis dans le domaine monétaire et financier. L'amélioration relative de leur déficit extérieur tient au fait que les États-Unis sont le seul pays qui peut abaisser le taux de parité de sa monnaie – donc jouer à fond le jeu de la « dévaluation compétitive » – sans subir immédiatement la « sanction des marchés », du fait de la dimension et de la sécurité de sa dette publique (40 % de la dette publique mondiale), ainsi que du rôle que le dollar joue toujours dans le commerce et les réserves mondiales[6]. De même, la force et la dimension du secteur financier américain sont directement à l'origine de la prospérité dont jouissent certains secteurs de l'économie et de la société américaines. Comment ne pas tenir compte des effets de retombée du secteur financier qui sont uniques au monde, tant par la dimension et la variété des formes d'investissement qui lui sont liées (les télécoms et les médias en particulier) que par le montant des revenus rentiers transitant par les places financières et des gains et profits financiers relevant des circuits internes à la finance.

---

6. Voir les données fournies par A. Icard dans Cartapanis, coord. (1996) et par S. de Brunhoff dans Chesnais, coord. (1996).

La capacité de déterminer les « règles du jeu »

Du fait de leur supériorité dans le domaine de la finance, comme de l'adéquation plus achevée que dans tout autre grand État de leurs rapports de classe, de leur système politique et de leur philosophie sociale aux ressorts fondamentaux de la valorisation du capital, les États-Unis sont idéalement placés pour concevoir sinon dicter, pas après pas, les nouvelles règles du jeu de l'ordre capitaliste mondial, qui sont aussi celles qui leur conviennent le mieux. Ce sont donc eux qui ont imposé, moyennant leurs positions au FMI et à la Banque mondiale, les politiques d'ajustement structurel, d'abord, et de libéralisation et de déréglementation, ensuite, aux pays les plus faibles. Mais, secteur après secteur, ils dictent également les règles du jeu qui leur conviennent aux pays avancés. Les exemples de la déréglementation du transport aérien puis des télécommunications sont illustratifs de leur capacité à imposer, même à des pays qui possèdent des firmes appartenant à l'oligopole mondial, les règles qui infléchiront la concurrence en leur faveur. La rivalité entre modes d'organisation du capitalisme – capitalisme « rhénan », « nippon » et « anglo-saxon » – analysée par M. Albert (1991) se déroule dans des limites qui se rétrécissent singulièrement.

Appuyés et relayés en Europe par le Royaume-Uni et des secteurs de la Commission européenne, les lobbies américains, appuyés par les moyens considérables de l'État fédéral, multiplient les initiatives au FMI, à la Banque mondiale, à l'OCDE, au GATT et maintenant à l'Organisation mondiale du commerce, pour imposer l'achèvement du processus de déréglementation et de libéralisation commerciale et financière dans les domaines qui y échappent encore partiellement mais aussi, et surtout, pour la flexibilisation du travail et la déréglementation salariale.

Le traité de Marrakech, qui, en 1993, a clos les négociations de l'Uruguay Round et a institué l'OMC, est venu à la fois parfaire l'arsenal des instruments internationaux (c'est-à-dire des règles juridiques) et donner à leur mise en œuvre un caractère contraignant qu'ils n'avaient pas dans le cadre du GATT. Cet arsenal permet à des instances toutes-puissantes, statuant en dernier recours, d'imposer en principe à tous les pays, mais essentiellement à ceux qui n'ont absolument pas les moyens politiques de se défendre, la libéralisation commerciale complète, la déréglementation complète des services publics ainsi que le démantèlement des rares lois sociales environnementales accusées d'entraver la liberté d'investissement et de commerce.

Mondialisation et aggravation de la polarisation

Le terme « global » permet d'occulter le fait que l'une des caractéristiques essentielles de la mondialisation du capital est précisément d'intégrer comme composante centrale un double mouvement de polarisation, tant internationale qu'interne, celle-ci étant pour une part le résultat de la capacité du capital à tirer avantage de celle-là. Ce mouvement met fin à une tendance de durée séculaire dans le sens de l'intégration et de la convergence.

La polarisation est d'abord internationale, creusant l'écart brutalement entre les pays situés au cœur de l'oligopole mondial, ceux qui leur sont associés et les pays situés à sa périphérie. Les années quatre-vingt-dix ont vu une reprise relative des investissements directs extérieurs à la zone OCDE. Mais ceux-ci n'ont jamais été si concentrés, jamais si sélectifs, la Chine attirant plus du tiers du total, et les pays opérant des privatisations majeures prenant une large part du reste. Les pays qui sont restés complètement en marge de la reprise de l'IDE ne se présentent plus seulement comme des pays subordonnés, réserves de matières premières subissant les effets conjoints de la domination politique et de l'échange inégal, comme à l'époque « classique » de l'impérialisme : ce sont des pays qui ne présentent pratiquement plus d'intérêt, ni économique ni stratégique (fin de la guerre froide), pour les pays et les firmes situés au cœur de l'oligopole mondial. Ce sont des fardeaux purs et simples, les « angles morts du système-monde » (O. Dolfus, 1996) de la fin du XXe siècle.

Les pays les plus démunis ne sont pas cités par le responsable du *Financial Times* (voir l'encadré p. 26), et pour cause ! Ce ne sont plus des pays promis un jour au « développement », mais des zones de « pauvreté » (mot qui a envahi le langage de la Banque mondiale) dont les émigrants « menaceraient les pays démocratiques ». Les terribles fléaux – les guerres autant que les maladies et la pandémie du sida – qui ont frappé l'Afrique depuis vingt ans sont indissociables du très fort recul de l'investissement direct et des transferts de technologie, ainsi que de la marginalisation au

▼▼▼

sein du système des échanges de pays producteurs de beaucoup de produits de base. Ces pays ont été atteints de plein fouet par la conjoncture mondiale ainsi que par les bouleversements technologiques survenus au centre du système, qui ont substitué aux matières premières traditionnelles des produits intermédiaires industriels résultant d'industries intensives en R-D (nouveaux matériaux et biotechnologies). E. M. Mouhoud (1993) utilise le terme de «déconnexion forcée» pour caractériser cette marginalisation de parties entières de continents du système des échanges. Nous y reviendrons dans le chapitre 11.

La mise en concurrence internationale des salariés

Il faut faire un pas de plus et considérer les implications des «délocalisations» vers les pays à bas coûts salariaux, ainsi que les flux commerciaux en résultant. Les délocalisations sont de deux sortes : celles qui supposent un investissement direct et celles qui reposent sur les «nouvelles formes d'investissement» (NPI), c'est-à-dire l'attribution de parts de capital dans une entreprise sans mise de fonds en contrepartie d'apports de technologie, voire sur de simples relations de sous-traitance internationale[7]. L'initiative en revient aux groupes industriels et commerciaux des pays appartenant à l'oligopole mondial. Leur effet est de mettre en concurrence l'offre de travail, c'est-à-dire les salariés, d'un pays à un autre. S. Amin (1990) a rappelé que l'expansion du système capitaliste a été fondée sur l'intégration simultanée, dans le cadre d'États-nations «régulés», de trois marchés, «celui des marchandises, celui du capital et de la technologie et celui du travail». Dans son mouvement de mondialisation, le capital fait voler cette intégration en éclats, et il se garde bien de la reconstituer. Le système mondial «commence à devenir intégré pour les marchandises ; [...] il tend également à le devenir pour les technologies ainsi que pour les techniques financières nouvelles [...]. Mais il n'est pas intégré

---

7. Les «nouvelles formes d'investissement» (NPI), auxquelles nous revenons en détail dans le chapitre 5, désignent les modalités de propriété et de contrôle d'entreprises, qui résultent de l'attribution de parts de capital sans mise de fonds, en contrepartie d'apports dits «immatériels», tels que des brevets et licences de technologie, des conseils en management ou la garantie de débouchés commerciaux.

quant au travail[8] ». Or, un marché non intégré dans cette troisième dimension permet aux firmes d'exploiter à leur guise les différences de rémunération du travail d'une région à l'autre (lorsqu'on fait voler en éclats la législation du travail et les conventions salariales nationales), d'un pays à l'autre (comme au sein de la CEE), d'un continent à l'autre.

Dans le nouveau contexte de libéralisation commerciale et financière, il y a de moins en moins de chances que les délocalisations débouchent sur le renouvellement de « miracles » du type coréen des années soixante-dix. Des percées comme celle de la Corée, dont les limites ont été mises en évidence tant dans les faits que sur le plan de l'analyse (Ernst et O'Connor, 1992 ; Krugman, 1994), exigent de puissants appuis extérieurs, même si ceux-ci sont passagers et parfaitement opportunistes (comme l'a été l'aide massive des États-Unis). Ils supposent surtout des interventions actives de l'État, comme cela fut le cas en Corée. Puisque les nouveaux traités internationaux, dont les États-Unis se font les gendarmes, rendent celles-ci de plus en plus difficiles, les délocalisations ont pour effet d'autoriser la mise en place et la généralisation de réseaux de sous-traitance internationaux sur le modèle du « système Nike », que les nouvelles technologies nées de la fusion entre les télécommunications et l'informatique rendent possible. Ce faisant, les délocalisations s'intègrent dans le mouvement de polarisation entre pays, leurs effets se cumulant avec ceux qui résultent de la « déconnexion forcée » au plan des échanges internationaux.

Mais les délocalisations ne sont pas étrangères au mouvement de polarisation sociale et de différenciation au sein du salariat de chaque pays. Lorsque le facteur « travail » est largement immobile d'un pays à l'autre, alors que le facteur « capital » connaît au contraire une très forte mobilité, une articulation étroite s'instaure entre la libéralisation des échanges et des investissements directs et la montée des inégalités dans les « pays riches », au plan tant du revenu que de l'emploi. La mise en concurrence directe des salariés des pays capitalistes avancés avec des pays à bas salaires ne se limitent pas aux ouvriers à faible qualification (voir l'encadré ci-contre), mais s'étend à tous les salariés dont le travail peut être mis

---

8. Il serait plus correct de dire « intégré quant au prix de vente de la force de travail ».

« en réseau » au moyen de la téléinformatique (Reich, 1993). L. Thurow (1997) estime que, désormais, il n'y a potentiellement plus de secteur salarié protégé.

■

Pourquoi un ouvrier français gagnerait-il plus qu'un ouvrier chinois ?

À partir du moment où un nombre croissant de biens et de services peuvent circuler, en raison d'entraves étatiques réduites et de coûts de transport décroissants et où des pays à bas salaires sont capables, en partie grâce aux investissements que des entreprises issues des territoires riches effectuent chez eux, de produire un nombre croissant de biens et de services que les pays riches produisent, alors ceux qui les y produisent n'ont qu'une alternative : faire autre chose ou subir une baisse de leurs revenus. On ne voit pas, en effet, pourquoi un ouvrier de France gagnerait durablement beaucoup plus que l'ouvrier chinois qui fait la même chose avec une productivité qui se rapproche de la sienne à vive allure. De même pour l'informaticien (analyste-programmeur) français et son homologue indien, qui, avec un salaire de l'ordre de 5 000 francs par mois au taux de change actuel, vit déjà en Inde presque aussi bien que le premier en France. Quant à faire autre chose, il n'existe de nouveau qu'une alternative : soit faire ce que les pays à bas salaires ne savent pas encore faire, donc dans mon vocabulaire rejoindre le groupe des compétitifs, soit se mettre au service de ces derniers, en leur vendant des biens et des services protégés. Mais le pouvoir d'achat des compétitifs n'est pas infini. Si le nombre de ceux qui doivent se reconvertir à leur service croît trop vite, il faut bien que leurs revenus baissent, afin que baisse le prix des biens et des services protégés, seul moyen pour que la demande adressée par les compétitifs à ces biens suffise par son volume à absorber une offre croissante. Sinon, l'actif exposé ayant perdu son emploi tombe dans le chômage, ce qui revient à dire que les compétitifs le payent quand même (moins cher cependant), mais à ne rien faire et à désespérer.

Pierre-Noël Giraud, *L'Inégalité du monde, économie du monde contemporain*, coll. « Folio », Gallimard, 1996.

■

▼▼▼

Mondialisation et croissance très lente

Un des objectifs assignés à la libéralisation et à la déréglementation des échanges, de l'investissement et des mouvements de capitaux était de remettre l'économie capitaliste mondiale sur une trajectoire de croissance soutenue. De fait, les économistes du FMI et de la Banque mondiale, relayés par les organisateurs du Forum de Davos[9] et des journalistes imprudents, ont annoncé plusieurs fois déjà le « retour de la croissance longue ». En cet été 1997, les porteurs de la bonne parole libérale en font une nouvelle fois l'annonce. Pour peu qu'on se situe dans une perspective historique plus longue, les choses se présentent sous un jour assez différent.

Le graphique 1.2 publié par une source « au-dessus de tout soupçon », à savoir l'Organisation mondiale du commerce (OMC), montre que le passage à la mondialisation a eu comme toile de fond le ralentissement régulier de la croissance de la production mondiale. Mais il montre aussi que cette tendance ne s'est pas renversée à la suite de la libéralisation et de la déréglementation. Les économies de l'OCDE, ainsi que toutes celles qui ont pu le faire ailleurs dans le monde, se sont tournées vers le marché extérieur. Les gouvernements ont tous cru trouver le salut dans l'adoption du modèle libéral de croissance « tirée par les exportations » (*export-led growth*). Ils ont tous fait allégeance à ce que R. Petrella appelle avec humour la « sainte litanie de la compétitivité ». Entre 1984 et 1994, le commerce mondial s'est accru de 5 % par an, mais le taux de croissance de la production n'a été que de 2 %. Dans le cas des produits manufacturés, l'écart est plus fort encore. L'absence de reprise du taux de croissance de la production est d'autant plus frappant qu'il y a eu en revanche un net rétablissement du taux de profit, dont la courbe diverge nettement de celle de la production à partir de 1988.

---

9. Le Forum de Davos réunit chaque année en janvier dans la célèbre station d'hiver du Valais suisse les principaux financiers et industriels du monde et des responsables politiques, quelques économistes triés sur le volet (Raymond Barre est l'un d'eux), ainsi que des invités (dont certains, les dirigeants syndicaux notamment, sont là pour être soumis à un lavage de cerveau idéologique…).

Graphique 1.2

Évolution, pendant l'après-guerre, du volume du commerce et de la production de marchandises dans le monde par grands secteurs, 1950-1994

* Ratio de la croissance du commerce à la croissance de la production

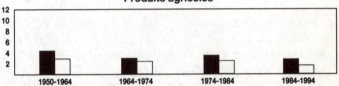

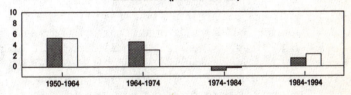

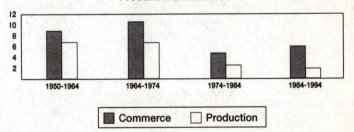

Graphique 1.3

Profit et croissance dans six grands pays industriels

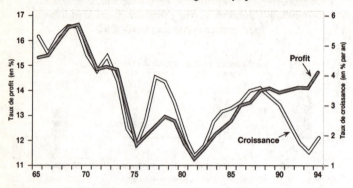

Source : M. Husson (1996) à partir des données de l'OCDE et du FMI.

Le mouvement de baisse de longue durée des taux de croissance illustré par cette courbe – mouvement tendanciel régulier accompagné de fortes fluctuations – est confirmé par d'autres travaux macro-économiques (voir par exemple W. Cline, 1994). Il constitue le cadre de l'ensemble de l'analyse qui va suivre. Le contexte de la mondialisation est celui que l'OFCE (1995) nomme une situation où « l'offre est de façon permanente à la recherche d'une demande qui corresponde à son dynamisme ». Plus précisément, c'est une situation – inédite historiquement – d'une surproduction chronique que les grands groupes oligopolistiques sont parvenus pour l'instant à contenir et à gérer à leur profit[10]. C'est sous cet angle qu'il faut considérer les données et les analyses de l'ensemble des chapitres ci-dessous, portant sur l'investissement direct à l'étranger, les fusions-acquisitions et les stratégies de localisation et d'approvisionnement des groupes. Il faudrait les compléter par l'analyse d'autres facteurs auxquels ce livre ne fait malheureusement que des allusions passagères : les formes dans lesquelles la diffusion internationale du « toyotisme » s'est faite ;

---

10. Le degré élevé des surcapacités dans l'industrie automobile et le fait que les grands groupes aient choisi de se livrer la forme la plus coûteuse de concurrence – coûteuse financièrement pour chacun d'eux dans l'immédiat et désastreuse socialement à plus ou moins court terme – sont analysés dans l'article très informé du *Economist*, « The coming car crash », 10 mai 1997.

l'usage hautement sélectif des potentialités de la micro-électronique, le recours systématique à la sous-traitance (qui fait peser les aléas du marché sur les entreprises les plus faibles) ; les modifications cruciales dans les rapports de travail (précarité des contrats, flexibilité des horaires, intensité du travail accrue et austérité salariale) qui ont été imposées par étapes aux salariés dans presque tous les pays de l'OCDE, sans parler de ceux dans lesquels les possédants ou les puissants ont réussi à faire en sorte que la classe ouvrière n'ait jamais encore pu s'organiser pour se défendre.

Ni le mouvement de baisse de longue durée des taux de croissance, ni le basculement des rapports de force économiques et politiques en faveur du capital et aux dépens du travail ne peuvent cependant être compris si on n'analyse pas d'entrée de jeu la montée en puissance de la finance et la réapparition dans toute sa force du capital qui vit de dividendes d'intérêts et de rentes financières. C'est l'objet du prochain chapitre.

La finance, pivot de la mondialisation du capital

2.

En cette fin de XXe siècle, l'analyse de la mondialisation du capital doit commencer par la finance. La sphère financière est celle où l'internationalisation des marchés est la plus avancée ; celle où les opérations du capital ont atteint le degré le plus élevé de mobilité. C'est en se fondant sur le mouvement de la mondialisation financière que certains croient d'ailleurs pouvoir annoncer la « fin de la géographie » (O'Brien, 1992). C'est là que le décalage entre la nature des transactions et les besoins de l'économie mondiale est le plus criant. Les calculs les plus généreux estiment qu'à peine 8 % des quelque 1 300 à 1 500 milliards de dollars de transactions qui ont lieu chaque jour sur les marchés des changes correspondent à des règlements commerciaux entre pays ou à des investissements directs à l'étranger. La finance n'est pourtant étrangère ni au niveau, ni à la forme, ni à la composition de ceux-ci. La forte progression des fusions-acquisitions, dont la réalisation exige des liquidités et des crédits d'un montant souvent très élevé par rapport aux investissements créateurs de capacités nouvelles (*greenfield investment*), n'aurait pas été possible, au long des années quatre-vingt ou dans la vague de fusions qui a repris à partir de 1993, sans une intervention décisive des institutions financières. Par ailleurs, comme on le verra au chapitre 3, les besoins de la sphère financière sont lisibles dans la structure des investissements : l'investissement direct à l'étranger des banques et des sociétés d'assurances a constamment été le poste le plus important de l'IDE depuis le milieu des années quatre-vingt.

L'interconnexion étroite entre les dimensions productives et financières de la mondialisation du capital fait maintenant partie intégrante du fonctionnement quotidien des grands groupes du secteur manufacturier ou des services. La libéralisation financière leur a permis de placer des titres directement sur les marchés financiers. Depuis le début des années quatre-vingt-dix, cette interconnexion a pris de nouvelles dimensions. Le montant des opérations purement financières des groupes industriels est tel que le FMI et la Banque des règlements internationaux (BRI) rangent désormais ceux-ci au nombre des opérateurs financiers de premier plan, capables notamment de peser lourdement dans les crises de change[1].

---

1. Ces thèmes sont traités plus loin, dans le chapitre 10.

L'essentiel pourtant est ailleurs, dans le fait que c'est au sein de la sphère financière que sont déterminés certains prix essentiels – le taux d'intérêt à long terme notamment, mais aussi le taux de change des monnaies. C'est là que s'initient désormais des mécanismes cruciaux d'appropriation de richesses et de redistribution des revenus, à l'intérieur des pays et entre les pays. L'ensemble des composantes de la demande effective s'en trouve affecté nationalement et internationalement : l'investissement des entreprises, tant du fait de l'état de la demande que de l'attractivité des placements financiers ; les dépenses publiques, en raison de la crise fiscale et de l'endettement des États ; la consommation privée, où se combinent les effets de répartition des revenus et ceux du niveau de l'emploi. Après avoir expliqué succinctement ce qu'il faut entendre par mondialisation financière, c'est à la présentation de ces mécanismes que nous nous attacherons.

Une forme très particulière de mondialisation

Le terme « mondialisation financière » désigne les interconnexions très étroites entre les systèmes monétaires et les marchés financiers nationaux, qui ont résulté des mesures de libéralisation et de déréglementation adoptées d'abord par les États-Unis et le Royaume-Uni entre 1979 et 1982, puis en quelques années par les autres principaux pays industrialisés. Le décloisonnement externe et interne des systèmes nationaux, précédemment fermés et compartimentés, a permis l'émergence d'un espace financier mondial. Mais la libéralisation et la déréglementation n'ont pas supprimé les systèmes financiers nationaux pour autant. Elles n'ont fait que les intégrer de façon « imparfaite » ou « incomplète », dans un ensemble qui a trois particularités. Il est fortement hiérarchisé : le système financier des États-Unis domine les autres, autant en raison de la place du dollar que de la dimension des marchés obligataires et boursiers américains ; il est marqué par une carence des instances de supervision et de contrôle, sur laquelle tous les spécialistes s'accordent, même s'ils portent des jugements différents sur le degré de cette carence et les solutions à lui apporter ; enfin, l'unité des marchés est assurée par les opérateurs financiers, à des degrés qui diffèrent, de surcroît, d'un compartiment à l'autre (changes, obligations, actions, etc.). Ce dernier point mérite d'être souligné. L'intégration internationale des marchés financiers nationaux a été rendue possible du fait de leur décloisonnement réglementaire et de leur interconnexion en temps réel. Mais le contenu effectif de cette intégration résulte de façon concrète des décisions prises et des opérations effectuées par les gestionnaires des portefeuilles financiers les plus grands et les plus internationalisés. Nous verrons leur identité plus bas.

Cette interconnexion très particulière des marchés financiers nationaux fait suite à la rupture radicale qui s'est opérée (dans les conditions rappelées au chapitre 1) au niveau du régime de réglementation des opérations financières et de contrôle des mouvements de capitaux, qui était en vigueur dans certains pays depuis la crise de 1929 et dans d'autres depuis la Seconde Guerre mondiale. Classiquement, les auteurs distinguent trois éléments constitutifs dans la mise en place de la mondialisation financière : la déréglementation ou libéralisation monétaire et financière, le décloisonnement des marchés financiers nationaux et la désintermédiation. Ce sont les trois « D » mis en valeur par H. Bourguinat (1992) ou par D. Plihon (1997). De fait, il existe une interaction et un enchevêtrement profonds entre les trois processus. La mondialisation financière renvoie autant au « décloisonnement » interne entre différentes fonctions financières et différents types de marchés (marchés des changes, des crédits, des actions et obligations) qu'à l'interpénétration externe des marchés monétaires et financiers nationaux et leur intégration dans des marchés mondialisés, auxquels ils deviennent très souvent subordonnés. La mondialisation comporte de ce fait un changement qualitatif dans le régime financier et dans son « gouvernement » (*governance*). Elle voit l'effacement de la finance administrée « multidomestique », caractérisée par la domination des banques commerciales – mais aussi par un degré certain de contrôle de l'activité monétaire et financière par les banques centrales dans chaque économie – au profit d'une finance de marché internationale, dans laquelle les institutions financières non bancaires sont les forces les plus importantes[2].

Les instruments du décloisonnement externe sont multiples : libéralisation des flux de change, ouverture du marché des titres

---

2. Voir Aglietta (1995), sur la portée de ce changement de régime et ses rapports avec la fragilité financière systémique.

publics aux opérateurs étrangers, ouverture de la Bourse aux entreprises étrangères, etc. Le décloisonnement interne a ouvert la voie à une déspécialisation progressive des banques, les « interconnexions » entre pays et segments du marché étant, au nom de la concurrence et de la liberté d'entreprise, assurées de façon croissante par d'autres institutions financières que les banques. Ce mouvement de libéralisation et de décloisonnement a également été marqué par la création de nombreuses formes nouvelles de placement de liquidités financières (ce qu'on nomme les nouveaux « produits financiers »), à mesure que la levée des règlements et des contrôles nationaux antérieurs a ouvert la voie aux « innovations financières ». Le troisième « D », la « désintermédiation[3] », fait partie de ce processus général de « déspécialisation », qui permet aux institutions financières non bancaires d'accéder aux marchés en tant que prêteurs. Ce sont ces institutions financières, également nommées « investisseurs institutionnels », dont la croissance a été particulièrement spectaculaire depuis le début de la déréglementation financière.

Les principaux acteurs de la finance de marché

Les institutions auxquelles les réformes constitutives ont bénéficié le plus directement ont été les organisations financières non bancaires, c'est-à-dire les fonds de pension privés, les sociétés d'investissements collectifs (les *Mutual Funds*, dits organismes de placement collectif en valeurs mobilières ou OPCVM en France) et les compagnies d'assurances. Le graphique 2.1 illustre, pour les États-Unis, la dimension atteinte par les actifs financiers des fonds par rapport à ceux détenus par les grandes banques, qui ont longtemps été considérées comme les institutions les plus typiques et les plus puissantes du capital financier.

Le tableau 2.2, de son côté, montre que, pour les pays industrialisés, pris comme un tout, les sociétés d'assurances demeurent la première forme institutionnelle du capital financier. En dépit de la

---

3. Au sens le plus large du terme, la désintermédiation est « le processus suivant lequel les utilisateurs de services financiers satisfont leurs besoins en dehors des institutions et des réseaux traditionnels » (Bertrand et Noyelle, 1990).

croissance rapide des fonds de pension et de placement qui dominent maintenant dans les pays anglo-saxons, 35 % du total des actifs financiers de la zone OCDE se trouvent concentrés entre les mains des groupes d'assurances. La répartition par pays reflète la domination écrasante des États-Unis. Ainsi, leur part des actifs financiers détenus dans la zone OCDE, c'est-à-dire leur part des titres patrimoniaux donnant droit à prélèvement sur la richesse créée dans la production (évalués au prix des marchés boursiers et obligataires), est très supérieure à leur part du PIB de la zone. Dans un cas, il est de plus de 50 %, dans l'autre de 25 %.

Graphique 2.1
Croissance des actifs des principaux investisseurs financiers américains (1980 à 1994)

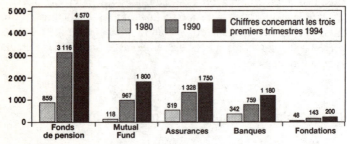

Source : Mérieux et Marchand (1996).

Mais le tableau 2.2 est instructif à d'autres égards : on y voit, par exemple, que la part des actifs financiers de la zone OCDE détenue par la France est supérieure à celle de l'Allemagne, preuve que le capital financier français se porte bien, fût-ce au détriment de la société française.

Tableau 2.2
Part des principaux pays dans les actifs financiers détenus par les investisseurs institutionnels (en %)

	1990	1993	1995
États-Unis	50,4	51,1	50,7
Japon	17,5	18,3	16,9
Union européenne	25,2	24,9	26,6
Royaume-Uni	8,0	8,1	7,6
France	4,5	4,5	4,9
Allemagne	4,3	3,8	4,7
Pays-Bas	2,7	2,4	2,6

Source : A partir des données publiées dans OCDE (1997).

Les investisseurs institutionnels occupent donc une place centrale dans les mécanismes de répartition de la richesse produite, dont nous examinerons les effets à plusieurs reprises. Ils constituent les places fortes des intérêts rentiers contemporains. Et ce sont eux que nous retrouverons aussi dans d'autres chapitres, intervenant directement dans les affaires des groupes industriels, ce que désigne le terme le *corporate governance*.

« Motif de spéculation » et arbitrage des portefeuilles

La mondialisation financière «imparfaite» a créé une arène offrant aux masses concentrées de capital-argent, représentées par ces investisseurs institutionnels mais aussi par les très grandes banques (dont le rôle ne doit pas être sous-estimé), tout loisir pour se mettre en valeur en conservant un degré de liquidité très élevé. Elle a ouvert le pas à ce que H. Bourguinat (1995, p. 11) nomme «une véritable économie de la spéculation». A elle seule cette caractérisation est insuffisante, et il faudra la compléter plus loin par une analyse des mécanismes de transfert qui s'opèrent au bénéfice du capital financier, c'est-à-dire par une définition de la nature rentière des revenus financiers. Mais ici il faut insister avec H. Bourguinat sur les éléments qui sont à la base de la volatilité extrêmement élevée des mouvements de capitaux internationaux : à savoir la spéculation définie comme «prise de position motivée fondamentalement par l'attente d'une modification du prix de l'actif permettant une prise de bénéfice». Cette forme d'opération comporte des risques pour certains types de titres – les produits dérivés, marchés d'option ou de futures sur les actions (Barings) ou sur les matières premières (Sumitomo) ont été le théâtre récent des pertes les plus retentissantes – ou à certains moments (à la fin d'un long mouvement de hausse boursier). Mais elle offre autrement la possibilité de faire des bénéfices très élevés, pratiquement sans risque et sans les problèmes multiples que posent les investissements industriels. La spéculation réussie paraît être à l'origine de formes de revenus financiers *sui generis,* de profits financiers «purs», que les gestionnaires de fonds financiers peuvent inscrire à leur actif. Elle exige d'ailleurs un certain degré d'instabilité monétaire et financière. Comme les opérateurs l'avouent sans peine : lorsque les marchés sont trop stables, ils disent qu'ils «s'ennuient»; plus précisément ils ne font pas de profits spéculatifs.

L'exploitation de l'interconnexion très particulière des marchés nationaux, ainsi que des différences entre les compartiments liés mais distincts, suppose de la part des gestionnaires de fonds une double diversification de leurs portefeuilles par marché et par type de titres. Elle suppose également la modification constante de la composition des portefeuilles, ce qu'on nomme l'arbitrage : « L'investisseur arbitre systématiquement entre les différents compartiments ; celui qui veut se couvrir ou, à l'inverse, spéculer fait de même. [...] L'optique des opérateurs est celle de la recherche du montage qui procure le meilleur rapport coût-rendement. D'emblée, celui qui investit (ou emprunte) recherche par exemple le meilleur rendement (coût), non seulement en passant systématiquement si nécessaire d'une devise à une autre, mais encore, d'un procédé de couverture à un autre (du *swap* à l'option en devise ; option au "future", etc.) et donc, d'un marché à un autre. En définitive, ces marchés particuliers (changes, "futures", options, etc.) sont devenus de simples compartiments d'un marché financier "global", lui-même devenu mondial. » (Bourguinat, 1992, p. 23.)

La diversification des portefeuilles

Les placements des investisseurs institutionnels des grands pays sources de liquidités (c'est-à-dire de capital-argent) continuent à être faits prioritairement sur leurs propres marchés nationaux. Mais comme le FMI l'a souligné (1993, p. 2), le montant de leurs fonds est tellement élevé que le moindre déplacement a des conséquences très importantes pour le pays ou le compartiment de marché concerné. Ce sont les fonds de pension et de placements financiers collectifs britanniques qui ont la part la plus élevée de titres étrangers dans leurs portefeuilles.
Bien que le taux d'ouverture des marchés boursiers croisse très rapidement, les actions ont, jusqu'à une date récente, été détenues par des nationaux dans des proportions très élevées : 92 % aux États-Unis, 92 % au Royaume-Uni, 96 % au Japon, 89 % en France (FMI, 1995, p. 169). Les flux qui se portent sur les marchés boursiers étrangers, en particulier ceux des «marchés émergents», sont

très faibles par rapport aux placements obligataires (Epstein, 1996). L'essentiel des actions émises par les firmes le sont sur leur marché boursier propre. L'idée d'une « irradiation de la planète par les capitaux » ne correspond donc pas à la réalité du monde contemporain, où il subsiste une corrélation étroite entre le taux d'investissement et le taux d'épargne national de chaque pays (Feldstein, 1995). La finance désintermédiée de marché, qu'on dit « mondialisée », est en réalité fortement excluante. Elle pénalise très sévèrement les pays en développement au sens strict (Pisani-Ferry et Sgard, 1996), car ces pays n'ont pas l'heur de posséder un marché financier « émergent » qui puisse être intégré dans les portefeuilles des grands gestionnaires, ni des firmes capables de se porter sur les marchés obligataires ou boursiers des pays industrialisés.

Tableau 2.3
Part des titres étrangers dans les portefeuilles des investisseurs étrangers
(en pourcentage du portefeuille total)

	1980	1988	1990	1991	1992	1993
Fonds de pension						
Canada	4,1	5,3	5,8	8,5	10,2	10,3
Allemagne	–	3,8	4,5	4,5	4,3	4,5
Japon	0,5	6,3	7,2	8,4	8,4	9,0
Royaume-Uni	10,1	16,5	18,0	20,8	22,0	19,7
États-Unis	0,7	2,7	4,2	4,1	4,6	5,7
Compagnies d'assurances vie						
Canada	3,3	1,9	1,6	1,9	2,3	1,8
Allemagne	0,6	0,6	1,0	1,0	–	–
Japon	2,7	14,2	13,5	12,5	11,4	9,0
Royaume-Uni	5,5	9,5	10,8	12,4	12,7	11,6
États-Unis	4,1	3,6	3,6	3,6	3,7	–
Fonds de placements financiers						
Canada	19,9	19,5	17,5	16,2	16,7	17,1
Allemagne	–	–	56,3	53,5	47,6	45,2
Japon	–	9,1	7,9	13,0	9,9	–
Royaume-Uni	–	–	37,1	39,2	37,9	36,0
États-Unis	–	–	–	6,6	–	10,1

Source : FMI (1995).

Même si les opérations sur les marchés boursiers étrangers se sont sensiblement accrues entre pays au sein de l'OCDE, elles restent nettement inférieures à celles faites sur les marchés des titres de la dette publique, dont une part significative et, à certains moments, même élevée peut se trouver entre les mains d'investisseurs étrangers. Dans le cas de la France, cette part a atteint 40 % avant les grandes crises de change de 1992 et 1993, pour tomber à 20 % aujourd'hui. En 1995, les investisseurs étrangers détenaient également 20 % des bons du Trésor américains (Mérieux et Marchand, 1996, p. 51). Ces proportions sont suffisantes cependant pour créer des dépendances financières, dont l'importance et les conséquences diffèrent selon la place des pays dans la hiérarchie financière et politique internationale. Mais l'essentiel réside dans la possibilité qui est offerte à tout moment pour un investisseur financier d'abandonner son marché d'origine pour se placer ailleurs. C'est de là que résulte le parallélisme, sinon la convergence notable, des taux d'intérêt longs (voir plus loin le graphique 2.5).

Le graphique 2.4 montre la configuration des actifs détenus par les investisseurs institutionnels des pays de l'OCDE pris comme un tout. On observe que l'envolée à partir de 1993 des marchés d'actions (de titres d'entreprises) dans le sillage de Wall Street a sensiblement accru la part des actions dans le total des actifs. Actuellement ces titres rapportent des dividendes et surtout des plus-values boursières importantes. Mais ils n'offrent pas aux investisseurs financiers la même qualité de garanties que les obligations d'État. Pour cette raison, les marchés obligataires publics sont l'«épine dorsale», ou mieux encore la «pierre angulaire des marchés financiers mondialisés» – pour reprendre l'expression du FMI (1994). Entre 37 % et 38 % du total des actifs financiers des investisseurs institutionnels ont donc été détenus sous la forme de titres publics, dont la particularité est d'offrir des rendements stables, sûrs et liquides (la liquidité étant assurée par les marchés secondaires où les titres sont négociables en permanence).

La part des prêts aux entreprises dans le total des actifs est due à un petit nombre de pays, tels que l'Allemagne ou les Pays-Bas, où les décisions des investisseurs institutionnels s'alignent sur celles des banques. Derrière la rubrique «Autres», on trouve les effets à très court terme, les produits dérivés et les monnaies nationales sur lesquelles portent les opérations d'arbitrage et de spéculation, dont les marchés des changes sont le théâtre.

▼▼▼

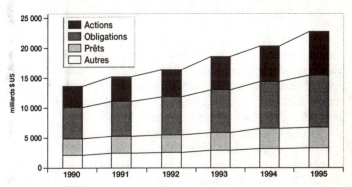

Graphique 2.4
La structure des actifs des investisseurs institutionnels

Source : OCDE, 1997.

La finance se nourrit de transferts réels

La mondialisation financière a donc un caractère très particulier. Elle ne conduit pas à une irradiation de la planète par les capitaux. Elle laisse à chaque système productif national la responsabilité et la charge essentielles de son taux d'investissement[4]. En revanche, elle est venue conforter, à un degré sans précédent dans l'histoire du capitalisme, la capacité spécifique du capital-argent à dessiner un mouvement de valorisation en apparence « autonome », derrière lequel se trouvent pourtant des mécanismes tout à fait identifiables de transfert de richesses créées dans la production.

Du fait de la détention des titres de la dette publique et des taux d'intérêt à long terme dont ils fixent les niveaux, les « marchés financiers » (terme impersonnel choisi pour désigner les investisseurs institutionnels facilement identifiables) se dressent désormais comme une force indépendante et toute-puissante face aux États qui les ont laissés, sinon aidés à, acquérir cette position. Les termes « autonomie », « autonomisation », etc. doivent pourtant être utilisés avec beaucoup de précaution. Il est exact qu'une fraction extrêmement élevée des transactions financières se déroule dans le champ

---

[4]. Voir Epstein (1996). C'est aussi ce que Feldstein (1995) a perfidement souligné après la débâcle mexicaine.

clos formé par les relations entre institutions spécialisées. C'est le cas pour les transactions sur les monnaies, pour toutes les opérations sur les «produits dérivés», etc. Les «marchés» affirment jour après jour leur «autonomie» face aux États. Mais cela ne veut pas dire qu'il n'y ait pas des liens très forts, et surtout d'une grande portée économique et sociale, entre la sphère de la production et des échanges, d'une part, et celle de la finance, de l'autre. La sphère financière se nourrit de la richesse créée par l'investissement et la mobilisation d'une force de travail aux niveaux de qualification multiples. Les capitaux dont les opérateurs financiers assurent la mise en valeur au travers de leurs placements financiers et les arbitrages qu'ils effectuent entre différents types d'actifs sont nés *invariablement* dans le secteur productif et ont commencé par prendre la forme de revenus constitués à l'occasion de la production et de l'échange de marchandises et de services.

C'est à Marx, plus qu'à tout autre théoricien, que l'on doit l'analyse de la formation de cette fraction du capital qui va ensuite chercher à se valoriser en conservant d'aussi près que possible la forme argent ou, pour utiliser la terminologie de Keynes, en affirmant une préférence pour la liquidité fondée essentiellement sur le motif de spéculation. Marx constate la formation à Londres, dans les années 1860-1870, d'une «masse organisée et concentrée de capital-argent placée, à la différence de la production réelle, sous le contrôle des banquiers». Ce processus de concentration financière permet à ce capital de cesser d'être simplement un chaînon dans la mise en valeur du capital dans la production industrielle, pour se constituer en force indépendante et en foyer d'accumulation de profits financiers. La référence aux banques a un caractère historique. Quarante ans plus tard, Hilferding a pu élargir la problématique dans le sens d'une interpénétration entre le capital bancaire et le capital industriel, dont les grands groupes financiers à dominante industrielle sont l'une des formes contemporaines.

En tant que capital porteur d'intérêt, le capital-argent concentré représente «la forme la plus extérieure, la plus fétichisée du rapport capitaliste», c'est-à-dire la forme A-A'. Cette forme est celle où l'on semble en présence «de l'argent produisant de l'argent, une valeur se mettant en valeur elle-même, sans aucun procès (de production et de commercialisation de marchandises) qui serve de médiation aux deux extrêmes». Derrière cette «forme fétichisée du capital» se situent des mécanismes de prélèvements, de transfert et de centralisation de richesses créées dans la production. S'agissant de l'intérêt perçu sur les prêts consentis aux industriels ou sur les obligations privées émises par des firmes, « le profit des banquiers n'est qu'une retenue sur la plus-value », c'est-à-dire une ponction sur les profits industriels. Mais les entreprises, en particulier les grandes, ont les moyens de transférer le poids de la ponction sur les salariés. Ceux qui détiennent des titres de la dette publique sont définis par Marx comme une catégorie de « créanciers de l'État, qui sont autorisés à prélever pour eux certaines sommes sur le montant des impôts ». C'est par le biais du budget des États et au travers du mécanisme de la fiscalité que le transfert en leur faveur se fait. La richesse prend la forme de salaires, de revenus agricoles et artisans, partiellement celle de profits, avant de se transformer en impôts directs et indirects et autres « contributions spéciales », et d'être alors acheminée vers le secteur financier par le canal de la fraction des budgets publics qui est dirigée vers le « service de la dette ». Cette fraction se calcule désormais en pourcentage des budgets qui atteint ou dépasse 20 % pour la plupart des pays de l'OCDE, les États-Unis compris, c'est-à-dire une fraction supérieure à celle des dépenses militaires autrefois. Le transfert se situe entre 2 % et 5 % du produit intérieur brut des mêmes pays : de quoi faire vivre les nouvelles composantes du capital rentier.

Les étapes de la réémergence du capital rentier

J. M. Keynes a clos sa *Théorie générale* en préconisant, on le sait, l'« euthanasie » du capital rentier. Dans un passage important qu'on a cherché à enterrer, il prend position en faveur d'un « taux de l'intérêt beaucoup plus faible que celui qui a régné jusqu'ici [...]. Cet état de choses serait parfaitement compatible avec un certain degré d'individualisme. Mais il n'en impliquerait pas moins l'euthanasie du rentier et, de ce fait, l'euthanasie du pouvoir oppressif de caractère patrimonial du capitaliste d'exploiter la valeur conférée au capital par sa rareté ».

Or, loin d'assister à l'« euthanasie » du capital rentier, on a au contraire vécu depuis trente ans sa renaissance ainsi que la reconstitution, étape par étape, de son pouvoir oppressif. Initialement ce processus a été lié à ce que les régulationnistes ont nommé la « crise du mode de régulation fordiste » (Boyer, 1986), et les

Le marché des eurodollars, première étape de la mondialisation financière

En 1952, le marché des eurodollars traitait environ 2 millions de dollars ; en 1960, en net des transactions intermédiaires, il n'en mobilisait encore que 4,5 milliards. A la veille du relèvement du prix du pétrole, ce montant avait atteint 160 milliards de dollars. A partir de 1973, il y a doublement de la masse traitée tous les trois ans jusqu'en 1981, suivi d'une période étale, avant que la croissance ne reprenne sous l'effet de la libéralisation monétaire et financière. Les euromarchés participent centralement au recyclage des «pétrodollars», mais leur croissance doit beaucoup à deux «coups de pouce» institutionnels importants. Le premier est la suppression, en 1974, des réglementations et taxes (en particulier, la taxe d'égalisation des taux d'intérêt) qui, jusque-là, isolaient quelque peu les États-Unis et surtout freinaient l'arbitrage bancaire entre le marché interne du dollar et les euromarchés. Le second est l'extension du nombre de places financières constitutives du marché privé des fonds liquides. Celles-ci ne se limitent plus à la City de Londres et à Toronto. Alimentées par des fonds pétroliers, avant de l'être par les bénéfices de la production et de la commercialisation mondialisée de la drogue (les «narcodollars), les places *off shore*

marxistes, la résurgence, dans un contexte déterminé, de contradictions classiques du mode de production capitaliste mondiale largement étouffées entre 1950 et la fin des années soixante. La reconstitution progressive d'une masse de capitaux cherchant à se mettre en valeur de façon financière, comme capital de prêt, s'est faite dans le contexte d'un épuisement progressif des normes de consommation, d'une réapparition de situations de surproduction et d'une baisse de la rentabilité des investissements industriels (tout à fait visible dans les statistiques de l'époque).

C'est à l'aide des profits non rapatriés, mais aussi non investis dans la production, déposés par les firmes transnationales américaines que le marché des eurodollars, qui a marqué la première étape de la mondialisation financière, s'est formé[5]. Ce marché a pris son envol à partir du milieu des années soixante, bien avant le

---

5. L'instabilité que génèrent ensemble le système des taux flexibles et son corollaire, qui est l'abaissement des monnaies au rang d'actifs financiers comme n'importe quel autre

(c'est-à-dire «hors rivage», pour en souligner l'extra-territorialité par rapport au contrôle des banques centrales) jouent un rôle toujours plus étendu. Ce sont Hong Kong, Bahreïn, Singapour, mais aussi les Bahamas, les îles Caïman et les autres paradis fiscaux de l'ancienne zone sterling et de la zone dollar. La responsabilité des gouvernements, en premier lieu celui des États-Unis, mais aussi celui du Royaume-Uni, dans la formation de ce premier marché privé des capitaux est considérable. H. Bourguinat en donne la mesure lors qu'il précise que «la croissance des marchés financiers transnationalisés a commencé par se faire en quelque sorte par la bande, à partir de la formation d'un vaste marché "externe" des moyens de financement, constitué "en parallèle" des marchés nationaux. [...] L'euromarché apparaît comme une sorte d'énorme marché «hors douane» (un magasin *duty free*) et de gros qui a entraîné une forte intégration financière internationale par la voie indirecte» (Bourguinat, 1992, p. 57 et p. 79, souligné dans l'original). L'euromarché a été un marché de gros dans la mesure où il ne portait que sur des montants élevés, dont une fraction importante a pris la forme, jusqu'à la crise mexicaine de 1982, de prêts syndiqués faits par les banques internationales aux pays en développement. Il s'agissait avant tout d'un marché interbancaire, dominé par l'oligopole de la cinquantaine de plus grandes banques des pays de la Triade qui composeront plus tard le Club de Paris des institutions créancières de la dette du tiers monde.

■

«choc pétrolier» et la récession de 1974-1975. Les liquidités qui y étaient concentrées ont alimenté les grandes crises de change contre la livre sterling d'abord, puis contre le dollar, dont la parité avec l'or a été jugée intenable au vu du double déficit – budgétaire et commercial – des États-Unis. Ces crises ont marqué le retour en force de la finance spéculative. Plutôt que de modifier la parité du dollar avec l'or en concertation avec les signataires de l'accord de Bretton Woods, les États-Unis en ont décrété unilatéralement l'abrogation en août 1971, ouvrant la voie au système dit des «taux de change flexibles». Depuis son établissement, celui-ci a été la source d'une instabilité monétaire chronique. Il a fait du marché

(les actions, par exemple), est plus visible dans les fluctuations des monnaies qui ont la prétention de ne pas se rattacher à un «panier de monnaies». C'est le cas de la hausse de la livre sterling au printemps et à l'été 1997, due à des facteurs exclusivement financiers (le sterling est redevenu pour quelques-uns sans doute une «valeur refuge») et non à une amélioration quelconque de la compétitivité britannique.

des changes le premier compartiment des marchés financiers à être entré dans la mondialisation financière contemporaine et l'un de ceux où une part significative des actifs financiers des investisseurs sont placés dans un but de valorisation à très court terme, leur assurant le degré maximal de liquidité et, à certains moments, de très gros profits.

Le recyclage des «pétrodollars», opéré par le marché des eurodollars, a permis aux pays de l'OCDE de surmonter la récession de 1974-1975 en augmentant très rapidement leurs exportations. Mais le recyclage a aussi et surtout fait naître cette dette écrasante que de très nombreux pays du tiers monde traînent comme un boulet depuis trente ans. Aucune épargne n'a été transférée des pays industrialisés, n'occasionnant aucun «sacrifice» quelconque des prêteurs[6]. Au contraire, en permettant la relance de l'économie des pays de l'OCDE au moyen des exportations vers le tiers monde, les crédits alléchants offerts y ont été créateurs d'investissements, d'emplois et de revenus.

Pour les pays en développement, les crédits avaient valeur de capital (ou auraient pu l'avoir s'ils n'avaient pas été détournés vers les achats d'armes et autres dépenses parasitaires). Pour les banques, il s'agissait de montages destinés à assurer la rentrée de profits bancaires et de flux d'intérêts. Les liquidités résultant du dépôt des «pétrodollars» ont permis la création, presque par enchantement, de lignes de crédit infiniment plus élevées. Cette création de crédit a reposé sur les chaînes de créances et de dettes, rendues possibles par l'organisation interbancaire du marché, ainsi que par l'absence de réserves obligatoires et de mécanismes prudentiels. Les crédits consortiaux[7] ont été le premier mécanisme à grande échelle de transfert de richesses vers le capital de prêt dans la période contemporaine.

---

6. C'est si vrai que lorsque la crise de la dette du tiers monde a éclaté en 1982, avec l'incapacité de paiement des échéances par le Mexique, il n'y a pas eu de krach bancaire dans les pays de l'OCDE, même si c'est de ce moment que date la fragilisation de certaines banques (que la pression concurrentielle des investisseurs institutionnels n'a fait qu'aggraver ensuite).
7. Il s'agit de crédits bancaires organisés par des alliances ou consortiums de banques. Les montages comprenaient des mécanismes de négociation collective avec les États emprunteurs, ainsi que des *swaps* et autres instruments de solidarité en cas de difficultés passagères de tel ou tel membre.

Les transferts internationaux opérés à partir de 1975 au titre du paiement des intérêts des crédits bancaires syndiqués ont permis à la sphère financière de se muscler. Mais ce n'est qu'avec la hausse brutale du niveau des taux d'intérêt de 1980 que le service de la dette a précipité les pays débiteurs dans la crise. De même, ce n'est qu'à partir du milieu des années quatre-vingt que le sens du flux financier net est passé de Nord-Sud à Sud-Nord : après le changement radical du niveau des taux d'intérêt.

La « dictature des créanciers » a supposé un « coup d'État »

Comme toute dictature, celle des créanciers repose sur une forme de coup d'État. Celle-ci date des mesures de libéralisation des marchés obligataires publics prises en 1979-1981, de l'adjudication des bons du Trésor et de la création de marchés secondaires très performants, assurant un degré élevé de liquidité à leurs détenteurs. Pour les gouvernements des pays industrialisés, la « titrisation[8] » de la dette publique a représenté le moyen de desserrer la contrainte budgétaire et de résoudre momentanément la crise fiscale de l'État. Un rôle décisif a été joué, comme dans la mort du système de Bretton Woods, par les États-Unis, dont les besoins financiers ont dicté le contenu de beaucoup de décisions. La « titrisation » des effets publics a conduit à l'explosion de la dette fédérale américaine, dont le montant s'est accru dans les années quatre-vingt de façon encore bien plus rapide qu'au cours des décennies précédentes. La relance de l'économie d'armement et le financement de l'immense programme de la « guerre des étoiles » se sont faits, en dépit de toutes les proclamations reaganiennes sur l'orthodoxie monétaire et budgétaire, par accroissement de la dette fédérale[9]. Rappelons que la dette fédérale de l'État américain s'élevait à 322 milliards de dollars en 1970, 906 milliards de dollars en 1980, 4 061 milliards de dollars en 1992. Rapporté au budget fédéral, le service de la dette est passé de 12,7 % en 1980 à 20,1 % en 1990.

---

8. Dans la littérature financière (par exemple J. Régnier, 1988, ou M. Aglietta, 1988), le terme « marchéisation » est utilisé. Il est synonyme de « titrisation ».
9. A l'époque, J. Pisani Ferry (1988) a bien mis en évidence le « double langage » de la politique reaganienne.

▼▼▼

La «marchéisation» des effets publics a marqué l'entrée de l'économie mondiale dans l'ère des taux d'intérêt réels positifs. Elle place la détermination du niveau de «rémunération» des prêts, c'est-à-dire les taux d'intérêt longs, entre les mains des investisseurs financiers. Mais s'ils veulent rendre les émissions encore plus attractives, les gouvernements peuvent aussi jouer sur le niveau du taux de change de leur monnaie. Les États-Unis ne s'en sont pas privés. En 1980, afin d'attirer vers eux les liquidités mondiales au plus vite, ils ont fait faire un bond au prix du dollar. Le résultat se lit dans le graphique 2.5. Celui-ci permet de dater avec précision le début de l'ère du créancier triomphant, le retour du capital rentier auquel il a été permis de centraliser à son profit une richesse équivalant à plusieurs points du PNB pour les pays de l'OCDE et de plusieurs dizaines de points pour certains pays en développement.

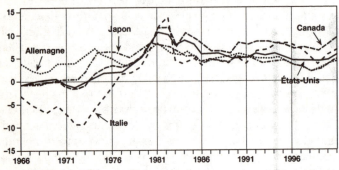

Graphique 2.5
Évolution du rendement réel des titres à long terme

Source : McKinsey, 1994.

Les économistes américains refusent souvent de reconnaître le rôle clé joué par les États-Unis dans l'émergence du régime de «dictature des créanciers» en tant que régime à caractère mondial, affectant à un degré ou un autre, directement ou indirectement, l'ensemble des pays. Dans un débat public en mai 1996 à São Paulo, Jeffrey Sachs, par exemple[10], a fait grand cas du fait que les

---

10. Économiste d'origine polonaise, professeur à Harvard et libéral de choc, Jeffrey Sachs est l'un des principaux consultants externes du FMI. Il a été l'artisan, en particulier, des plans de privatisation, de libéralisation et de stabilisation monétaire pour la Pologne et la Russie.

États-Unis étaient plus proches des « critères de Maastricht » en termes de rapport de la dette publique au PIB que la majorité des pays européens. Avancer un tel argument, c'est enterrer les conditions de genèse de la dictature des créanciers bien sûr, mais c'est aussi occulter les effets de dimension (en termes absolus) de la dette américaine et leurs conséquences sur la structure des flux internationaux de capitaux et les niveaux des taux d'intérêt. Selon les données du FMI (1994, tableau 4, annexe 1), la dette publique américaine représente à elle seule 39 % du total de la dette publique des pays de l'OCDE. L'étude McKinsey (1994, tableau 4, chapitre 5) arrive à un chiffre sensiblement plus élevé, estimant que la dette américaine atteindrait pratiquement 50 % du total de l'ensemble de la dette publique mondiale.

La « boule de neige » de la dette publique

La « titrisation » de la dette publique s'est étendue en quelques années à la majorité des pays de l'OCDE. La mondialisation de la nouvelle approche n'a pas résulté d'un plan concerté mais d'un effet de contagion. Tout État qui n'entendait pas mettre la politique des États-Unis en accusation, et qui avait également besoin de placer des bons du Trésor, n'avait d'autre choix que de s'aligner sur les pratiques américaines. C'est ce que la France a fait avec les réformes financières de Pierre Bérégovoy en 1984-1985. L'essor de la place financière de Paris, assez modeste comparé à celui d'autres sites, mais tout de même significatif dans ses effets au plan interne, date de ces mesures. En 1987, les bons du Trésor négociables représentaient près de 60 % du marché des titres de créances négociables à Paris. Les grandes entreprises ont profité de la titrisation de leurs propres effets. La même année, grâce aux billets de trésorerie, aux certificats de dépôt ou au MATIF, elles trouvaient près de 70 % de leurs ressources directement sur le marché. Mais celui-ci était, et demeure, dominé par le Trésor.

D. Plihon souligne que « le rendement des titres français a été parmi les plus élevés sur le marché français, en particulier sur le compartiment obligataire » (1993, p. 9). Dès lors, l'un des principaux objectifs de la politique macro-économique française a été de rendre la détention des titres français « attractive » et d'éviter qu'à peine achetés les titres ne soient revendus. A la fin de 1992, les investisseurs institutionnels étrangers détenaient environ un tiers des titres de la dette publique négociable, proportion aujourd'hui réduite à 20 %. Leur achat n'est même pas financé en totalité par des devises étrangères. Ce sont les banques françaises qui créent, montre Plihon, une partie appréciable des liquidités qui permettent aux investisseurs étrangers d'empocher les taux d'intérêt offerts par l'État français.

Les transformations du financement de la dette sont à l'origine de la croissance exponentielle de sa charge. Cette croissance a un aspect « autonome », c'est-à-dire qu'elle se produit en quelque sorte mécaniquement, sous l'effet des taux d'intérêt réels positifs. Pour le comprendre il suffit de lire le tableau suivant.

Tableau 2.6
Solde primaire et charge de la dette de la France
(en milliards de francs)

	Déficit budgétaire Total	Charge de la dette (intérêts payés)	Solde primaire (déficit – charge de la dette)
1984	– 146	85	– 61
1985	– 153	90	– 63
1986	– 141	93	– 48
1987	– 120	94	– 26
1988	– 114	99	– 15
1989	– 100	116	16
1990	– 93	137	44
1991	– 132	151	19
1992	– 226	175	– 51
1993	– 317	190	– 127
1994	– 301	208	– 93

Source : *Revue de l'OFCE*, n° 49, avril 1994.

Le solde « primaire » est celui qui résulte de la confrontation du montant des recettes et de celui des dépenses publiques. Entre 1988 et 1991, sous l'effet combiné des politiques d'austérité des gouvernements socialistes successifs et d'une conjoncture internationale favorable, dopée en fait par la finance, il y a eu quatre années successives de quasi-équilibre ou même d'excédent budgétaire. Au cours de la même période, la charge de la dette a pourtant augmenté de plus de 50 %, passant de 99 milliards de francs en

1988 à 151 milliards en 1991. C'est cela l'effet «boule de neige». Citons une source «au-dessus de tout soupçon», à savoir le rapport pour 1994 de la Commission des finances de l'Assemblée nationale (rapport Auberger, du nom du rapporteur de la Commission) : «Dès 1983, la dette publique a été soumise à un processus de croissance spontanée, d'effet de "boule de neige". Son coût moyen, influencé par le niveau historiquement très élevé des taux d'intérêt réels et la part croissante de la dette négociable, est supérieur au taux de croissance de l'économie. Dès lors, la charge budgétaire creuse spontanément le déficit, qui s'ajoute au stock de dette en fin d'année et doit être refinancé à coût élevé. Ce mécanisme, une fois lancé, entraîne la croissance de la dette comparée au PIB, même si le déficit hors dette est ramené à l'équilibre.» Lorsque la haute conjoncture factice a pris fin sous les effets de la récession américaine et de l'effondrement du marché boursier de Tokyo et des marchés immobiliers – aussi bien du Japon que des autres pays –, les déficits publics ont explosé sous l'effet cumulé de la récession qui a frappé la France brutalement à partir de 1993, de la «préparation» de l'échéance électorale de mai 1995, mais aussi de la croissance continue «en boule de neige» de la charge de la dette. En l'espace de trois ans la dette s'est accrue encore de 50 %, passant de 151 milliards en 1991 à 208 milliards en 1994. Cette dette est actuellement détenue à 80 % par des investisseurs financiers français, de sorte qu'elle représente avant tout un mécanisme de redistribution interne des revenus au profit de couches rentières.

Le phénomène n'a rien de spécifiquement français. Le graphique 2.7 montre l'évolution respective du solde primaire et de la charge de la dette aux États-Unis. Sous les coups de boutoir de l'exécutif et du Congrès, le déficit a été réduit à 1 % du PIB, mais sous l'effet des taux réels positifs, la charge des intérêts de la dette n'a pas baissé.

On ne saurait bien sûr se satisfaire de cette similitude. Dans un cas – la France –, on se trouve en présence d'un pays contraint à suivre une politique de monnaie surévaluée et de soumission aux critères fétiches de Maastricht pour garder les capitaux spéculatifs chez lui. Dans l'autre – les États-Unis –, un pays qui conserve la possibilité d'utiliser les variations de son taux de change comme instrument de compétitivité, tellement il est sûr de l'attractivité de ses marchés financiers.

Graphique 2.7

Évolution du solde primaire et de la charge de la dette aux États-Unis (1987-1997) en pourcentage du PIB

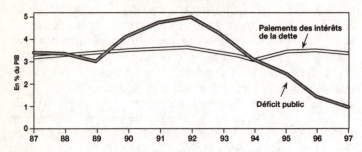

Source : Treasury Department, Washington, D.C.

Nous reviendrons au chapitre 12 sur les effets de la résurgence du rentier, du niveau des transferts de richesses effectués au profit de la sphère financière et des usages que celle-ci en fait. A ce point de notre démarche, il faut passer à l'examen de l'investissement direct à l'étranger, où nous constaterons immédiatement de nombreuses expressions de l'influence de la finance.

L'investissement direct à l'étranger (IDE) : préséance, aspects qualitatifs et tendances récentes

3.

« En tant que modalité d'intégration économique internationale, l'IDE est dans sa phase de décollage : elle se trouve peut-être dans une situation comparable à celle du commerce mondial à la fin des années quarante. »

DeAnne Julius, *Global Companies and Public Policy : The Growing Challenge of Foreign Direct Investment*, Londres, 1990.

Le rôle des IDE dans les spécialisations commerciales nationales

La citation placée en exergue de ce chapitre a surtout valeur de témoignage. La nouveauté de la prise de conscience de l'importance de l'IDE et des IDE ne peut pas être confondue avec la nouveauté du phénomène lui-même. En effet, le rôle joué par les investissements étrangers, depuis la fin du XIXe siècle, dans la détermination des spécialisations commerciales des différents pays ou régions du monde a toujours été méconnu ou sérieusement sous-estimé.

La place occupée actuellement dans le système mondial des échanges par de nombreux «pays en développement» ne résulte pas d'une dotation factorielle naturelle, tombée en quelque sorte du ciel. Dans un grand nombre de cas, leur situation de producteur et d'exportateur d'une ou deux matières premières de base, minière ou agricole, souvent de moins en moins demandées par les pays industrialisés, est le résultat d'investissements directs anciens, faits à partir des années 1880 par des administrations publiques ou des entreprises étrangères. Elles étaient généralement celles du pays colonisateur ou, quand il s'agissait de rapports semi-coloniaux, de la puissance tutélaire au sein de la «zone d'influence» considérée. Les premiers groupes industriels à intégration verticale transnationale se sont formés dans les secteurs miniers et agricoles (Dunning, 1992, p. 110-111). Rappelons ici que les entreprises britanniques avaient atteint dès la fin du XIXe siècle un degré de mondialisation sensiblement égal à celui qu'elles ont eu dans les années soixante-soixante-dix, avant la nouvelle poussée des investissements internationaux. Quant aux États-Unis, W. Andreff a calculé que, rapporté au PNB, le volume des investissements étrangers avait atteint 7,3 % en 1914, niveau atteint de nouveau en 1966[1]. La plus grande partie de ces investissements visait des matières premières de base alors indispensables à l'essor de l'industrie américaine.

En passant sous silence le rôle des exportations de capital (facteur postulé immobile) dans la détermination des spécialisations,

---

1. Voir Andreff (1976) pour les États-Unis ainsi que Dunning (1992) et Farnetti (1994) pour le Royaume-Uni. Michalet (1968) a tenté d'estimer la part des investissements directs dans les exportations de capitaux de la France.

la théorie dominante du commerce international, d'origine ricardienne mais surtout néoclassique, révèle ses fondements idéologiques.

Les travaux théoriques fondateurs

L'accroissement rapide des investissements des États-Unis et l'expansion mondiale des FMN américaines à partir de la fin des années cinquante ont suscité, au cours de la décennie suivante, de vifs débats théoriques. L'un des enjeux concernait déjà la nature plus contraignante des interdépendances créées par l'IDE et par la présence d'entreprises multinationales en regard des liens créés par les échanges. Cette évolution a également donné naissance à un premier ensemble de travaux importants, en particulier ceux de M. Byé et de F. Perroux en France et ceux de S. Hymer et de R. Vernon aux États-Unis. Dans le cas français, ces travaux ont proposé des outils conceptuels permettant de penser les rapports entre l'« espace des nations » et l'« espace » propre de la grande firme ou unité « interterritoriale ». Les travaux de Vernon établissaient, dès 1966, la nécessité de créer une théorie unifiée des investissements extérieurs et des échanges internationaux, et proposaient un premier cadre pour y parvenir, tandis que ceux de Hymer et de son courant montraient le lien existant entre l'expansion internationale de grandes firmes et le degré de concentration oligopolistique des branches auxquelles elles appartiennent.

La parution de ces travaux fondateurs a précédé seulement de peu le retour en force du néolibéralisme et de la théorie néoclassique, ainsi que le recours toujours plus important à la formalisation mathématique. Leurs auteurs ont donc pu être marginalisés assez facilement et contraints à rejoindre les rangs de ceux que Keynes appelait l'« armée vaillante des économistes hérétiques ». Le triomphe de l'orthodoxie au début des années soixante-dix a permis à la théorie traditionnelle de continuer à enseigner aux étudiants que les liens d'interdépendance entre pays passeraient surtout par le commerce, l'IDE et les FMN jouant au mieux une place secondaire. La poussée de l'IDE dans les années quatre-vingt a mis en cause cette interprétation, mais souvent pour lui substituer une représentation du monde dans laquelle seule compterait la capacité des pays à se rendre « attractifs » pour l'investissement étranger.

Les trois modalités de l'internationalisation et le cycle différencié du capital

Très prisés jusqu'à la fin des années soixante-dix, les travaux sur l'internationalisation du capital sont pour ainsi dire « passés de mode » en France. Les travaux anglo-saxons sur la « production internationale » (dont J. H. Dunning est le chef de file depuis une vingtaine d'années, et l'université de Reading le principal point d'appui) ont donc tendu à ravir à la recherche française l'« avantage comparatif » que les débats minutieux antérieurs auraient dû lui garantir. C.-A. Michalet, M. Beaud et W. Andreff ont continué plus longtemps que d'autres à puiser dans les recherches sur l'internationalisation du capital. Ici, il s'agit de préciser ce qui me paraît être l'apport méthodologique respectif des deux premiers auteurs[2].

C.-A. Michalet et M. Beaud se déclarent débiteurs envers N. Boukharine, premier auteur selon eux à définir l'économie mondiale comme une totalité, un « système de rapports de production et de rapports d'échange correspondants embrassant la totalité du monde », Beaud reconnaissant ensuite une dette à l'égard de Rosa Luxemburg, et Michalet à l'égard de Lénine, dont il a fait très certainement une des meilleures exégèses universitaires jamais effectuées.

L'apport considérable de C.-A. Michalet a été de rechercher une logique unificatrice des différentes formes de l'internationalisation, qui permette de penser celle-ci dans ses trois dimensions les plus importantes : les échanges commerciaux, l'investissement productif à l'étranger et les flux de capital-argent ou de capital financier. Pour Michalet, comme pour C. Palloix autrefois, les rapports entre ces trois modalités de l'internationalisation seraient à chercher au niveau des trois formes ou « cycles » de la mise en mouvement du capital définis par Marx : celui du capital-marchandise ; celui du capital productif de valeur et de plus-value ; celui du capital-argent. Cette approche est utilisée par Michalet pour définir les périodes du mouvement de l'internationalisation, en particulier pour situer le moment où il y a passage à l'« économie mondiale » (Michalet, 1985, p. 309). « Dans le paradigme traditionnel, le capital productif

---

2. Pour W. Andreff, voir le chapitre 5.

est placé hors du champ de la mondialisation du capital. La transformation de l'économie internationale en économie mondiale coïncide précisément avec la fin de cette dichotomie. La mondialisation du capital productif devient partie intégrante de la mondialisation du capital. » Plus précisément, elle en devient le cœur.

C'est en partant du mouvement du capital productif qu'il faut penser les relations que nouent entre elles les trois modalités principales de l'internationalisation. C'est ce mouvement qui commande la création de la valeur et de la richesse. Il est évident que production et circulation (ou production et commercialisation) sont liées de façon étroite, de même que le sont, par voie de conséquence, production et échanges. Mais l'analyse gagne en clarté, de façon qualitative, dès qu'on prend soin de distinguer la sphère de la production de celle de la circulation et d'établir entre elles une hiérarchie épistémologique dénuée d'ambiguïté.

Une lecture attentive de Michalet montre qu'il se situe dans deux cas de figure. Le premier est celui de l'internationalisation du cycle du capital, où celui-ci est compris comme un cycle *unique,* intégrant les cycles du capital-marchandise et du capital-argent en tant que moments *subordonnés* de la mise en valeur du capital productif. Le second est celui où l'internationalisation de *chacun* des trois cycles considérés *séparément* revêt une forme particulière.

Pour notre part, nous nous situons exclusivement dans la seconde hypothèse. C'est elle seule qui permet de rendre compte de certaines dimensions essentielles de la réalité actuelle[3]. Il en va ainsi pour l'importance du capital concentré dans la grande distribution, qui tente de réaffirmer les prétentions à l'autonomie du capital-marchandise, ce qui permet de mieux comprendre les rivalités aiguës qui se développent entre les firmes industrielles et

---

3. C'est la position qui paraît aussi la plus proche de celle de Marx. Celui-ci donne de nombreux exemples montrant comment chacune des trois formes du capital peut revêtir des sens *différents,* selon les époques historiques, ou encore selon la position économique des « agents économiques » qui l'impulsent. Ainsi (voir chapitres 2 et 10), dans certains cas, le cycle du capital-argent peut correspondre à l'achèvement réussi d'un mouvement de valorisation du capital passant par la production (A-M → P → M'-A') ; dans d'autres cas, il peut exprimer au contraire le mouvement « raccourci » A-A' du capital-argent de prêt, qui est un capital productif d'intérêt dont la « rémunération » représente une ponction sur le profit industriel, et qui se comporte comme capital usuraire chaque fois que les rapports sociaux le lui permettent.

celles du commerce. Il en va surtout ainsi du mouvement du capital-argent, qui se dresse, quant à lui, comme une force pleinement autonome face au capital industriel, ne laissant à ce dernier qu'une alternative : ou bien accentuer le mouvement dans le sens de l'interpénétration profonde avec le capital-argent, ou bien se soumettre à ses exigences.

L'économie mondiale comme système hiérarchisé politiquement

L'apport de M. Beaud ne se situe pas sur le même plan que celui de Michalet mais lui est néanmoins complémentaire par la place faite aux rapports politiques entre États. Pour M. Beaud, saisir le concept d'économie mondiale suppose qu'on sache « articuler *économie* – les réalités économiques dans leur diversité et leurs innombrables implantations – et *capitalisme* – forme particulière de l'activité économique capable d'impulser une logique de reproduction élargie ayant sa propre dynamique ». M. Beaud considère que l'économie mondiale « se situe à la confluence de deux logiques de reproduction : celle de l'humanité en ses multiples groupes humains et celle du capitalisme (elle-même une et multiple) » (Beaud, 1987, p. 25).

Toutefois, cette formulation surestime la capacité de résistance des formes économiques non capitalistes. Elle atténue le caractère « totalitaire » aussi bien que « totalisant » du mode de production capitaliste. Celui-ci n'a de cesse de subordonner (souvent en les détruisant, tout simplement) l'ensemble des formes et des sphères de l'activité sociale qui échapperaient encore à la logique de la « marchandisation » et à celle des opérations du capital. Dans sa présentation du système national/international/multinational/mondial hiérarchisé (le SMNH), Beaud a un ordre de priorité différent du nôtre. En dépit des travaux de Michalet et de données chiffrées suffisamment claires sur l'IDE et les FMN, il choisit de commencer par les échanges, alors que ceux-ci ne sont lisibles qu'après l'analyse des investissements.

Le point fort des travaux de M. Beaud est cependant de souligner que les États existent, ceux des grandes puissances en particulier, et que l'économie mondiale est un ensemble fortement hiérar-

▼▼▼

chisé au niveau politique aussi bien qu'économique, de sorte que, à chaque étape, c'est à partir des « économies nationales dominantes » que les tendances du fonctionnement de l'économie capitaliste vont atteindre les « économies nationales dominées ». Celles-ci en connaîtront les conséquences en même temps que les effets de domination politique qu'elles subissent.

Les dimensions qualitatives de l'IDE

Les années quatre-vingt ont connu une croissance de l'IDE d'une telle ampleur que l'importance de l'investissement dans la constitution des interdépendances entre pays est devenue (ou a semblé devenir) lisible jusque dans les statistiques. De ce fait, le rôle de l'IDE a commencé à s'imposer à l'attention d'économistes qui avaient voulu en ignorer l'existence. Les données chiffrées sur l'IDE demeurent d'une qualité très inférieure à celle des statistiques sur les échanges. Elles permettent de saisir au mieux la « partie émergée de l'iceberg ».

Le rôle joué par l'investissement international apparaît encore plus significatif dès que l'on considère les dimensions qualitatives de l'IDE ainsi que ses traits distinctifs comparés à ceux du commerce. H. Bourguinat a pris un soin considérable pour expliquer en quoi l'investissement direct étranger « a une nature tout à fait spécifique par rapport au simple échange de biens et de services » (1992, p. 115). Il y trouve au moins quatre raisons importantes.

Premièrement, à la différence de l'échange, l'IDE « n'a pas une nature *autoliquidative* immédiate (règlement comptant) ou différée (crédit commercial) ». Il ne se réduit pas à une transaction ponctuelle. Son deuxième trait, au contraire, est d'introduire une « dimension intertemporelle » de grande importance, puisque « la décision d'implantation fait naître des flux (production, échange, rapatriement de profits) qui s'étendent, nécessairement, sur plusieurs périodes longues ». Sa troisième particularité « est d'impliquer des transferts de *droits patrimoniaux* et, par là même, de *pouvoir économique* sans commune mesure avec la simple exportation ». « Enfin [et peut-être surtout], dit Bourguinat, il existe une *composante stratégique* évidente de la décision d'investissement de la firme. Non seulement son horizon est sensiblement plus étendu, mais encore les motivations qui la sous-tendent sont beaucoup plus riches ; [...] l'idée de pénétration, soit pour évincer ensuite les concurrents locaux, soit pour "siphonner" les technologies locales, participe de ce même caractère "stratégique" de l'investissement direct et s'insère généralement dans un processus complexe qui tente d'anticiper les actions et réactions des concurrents. » L'emploi du terme « siphonner » mérite d'être souligné. Il est inhabituel chez les économistes universitaires. Il renvoie à l'existence, dans le contexte de structures de marché concentrées, de *mécanismes d'appropriation* et de centralisation, par les firmes les plus fortes, d'actifs ou de richesses produits par des agents économiques (autres que les salariés, bien sûr), en l'occurrence des petites entreprises industrielles, commerciales ou de R-D, dont peu d'auteurs universitaires reconnaissent l'existence.

Investissements directs et investissements de portefeuille depuis les années quatre-vingt

Le caractère insatisfaisant des chiffres disponibles sur l'IDE tient à sa composante stratégique et aux formes de pouvoir économique qui agissent à travers l'investissement direct.

Selon la définition qu'en a donné le FMI en 1977, et qui sert également de fondement aux principes directeurs de l'OCDE sur la collecte des données statistiques dans ce domaine (voir l'encadré ci-après), l'IDE « désigne un investissement qui vise à acquérir un *intérêt durable* dans une entreprise exploitée dans un pays autre que celui de l'investisseur, le but de ce dernier étant d'influer effectivement sur la gestion de l'entreprise en question ». L. Batsch (1993) a récemment rappelé la valeur prégnante de la notion de « multiplicateur d'influence », lequel naît des participations en cascade, mais permet à la firme centrale organisée en holding (voir chapitre 4) de contrôler une entreprise avec une mise de capital très faible.

On notera les expressions clés utilisées dans la définition du FMI : leur dimension qualitative et les difficultés de mesure que celle-ci crée sautent aux yeux. Elles expliquent les insuffisances de toute publication de chiffres portant sur des flux financiers sans vérification préalable des éléments qualitatifs inclus dans la définition du FMI ou les principes directeurs de l'OCDE. Or c'est sur de telles données, collectées par les banques centrales dans la limite de leurs moyens matériels et humains, que reposent la plupart des séries statistiques, en particulier à caractère comparatif entre pays. Seules font réellement exception les données publiées par les États-Unis tous les cinq ans à la suite d'une enquête détaillée auprès des entreprises, maisons mères aussi bien que filiales.

Pour savoir s'il y a «intérêt durable» et «contrôle de la gestion», il faudrait pouvoir procéder à des enquêtes détaillées auprès des firmes, sociétés mères mais aussi filiales. Cela supposerait qu'on dispose des moyens matériels, et surtout de l'autorité politique requise. En effet, les renseignements nécessaires pour bien apprécier le contrôle d'une société sur une autre portent atteinte au «secret des affaires» encore sacro-saint dans la plupart des pays. Pour contourner la difficulté, le FMI et l'OCDE ont fait adopter, par les administrations et les banques centrales des pays membres, une série de conventions portant sur un seuil, mesuré en parts du capital, à partir duquel on peut estimer qu'il y a contrôle d'une firme par une autre. Ce seuil est de 10 % (voir l'encadré page suivante). On peut penser qu'avec les méthodes de gestion du *corporate governance* (voir chapitre 10), il pourrait être abaissé encore. Beaucoup de pays fournissent pourtant encore des données sur l'IDE où le seuil utilisé est de 20 % du capital[4]!

T. Hatzichronoglou, de la Direction de la science, de la technologie et de l'industrie (DSTI) à l'OCDE, a dressé une liste des carences sérieuses dont souffrent les statistiques sur l'IDE (OCDE, 1994). Indépendamment de l'absence d'un seuil commun, les problèmes les plus importants tiennent au fait :

– que la comptabilité en termes de flux ne tient pas compte des investissements, toujours plus nombreux, qui sont financés à travers le marché des capitaux des pays d'accueil ;

– que des sociétés peuvent être détenues majoritairement par des investisseurs étrangers sans que cela apparaisse dans les chiffres, chacun détenant une participation inférieure à 10 % ;

– que l'emploi final des flux transitant par des holdings est très difficile à connaître.

---

4. C'est le cas par exemple du Royaume-Uni et du Canada, pays d'accueil connaissant une présence étrangère extrêmement importante, dont les statistiques publiées sous-estiment très sérieusement la place dans l'économie des investissements directs provenant de l'étranger (OCDE, 1996).

▼▼▼

■
Investissements étrangers : principales définitions

Les investissements étrangers peuvent s'effectuer sous forme d'investissements directs ou sous forme d'investissements de portefeuille.

Même s'il est parfois difficile de faire la distinction entre les deux, pour des raisons comptables, juridiques ou statistiques, on considère qu'un investissement étranger est un *investissement direct* si l'investisseur étranger acquiert ou possède 10 % ou plus des actions ordinaires ou de droits de vote dans une entreprise. Bien qu'arbitraire, ce critère a été retenu car on estime qu'une telle participation est un investissement à long terme qui permet à son propriétaire d'exercer une influence sur les décisions de gestion de l'entreprise.

En revanche, un investissement étranger qui est inférieur à 10 % sera comptabilisé comme un *investissement de portefeuille*. On considère que les investisseurs de portefeuille n'exercent aucune influence sur la gestion d'une société dont ils possèdent des actions. Les investissements en portefeuille désignent l'ensemble des dépôts bancaires et des placements financiers sous forme de titres publics ou privés.

Les flux d'investissements directs, quelle que soit leur destination, représentent la somme des éléments suivants :
– apports nets en capital accordés par l'investisseur direct sous forme d'achat d'actions ou de parts, d'augmentation de capital ou créations d'entreprises ;
– prêts nets, y compris les prêts à court terme et avances consentis par la maison mère à sa filiale ;
– bénéfices non distribués (réinvestis) ;

Une société A est considérée comme *filiale* d'une autre société B si la société B a le droit de désigner ou de révoquer la majorité des membres du conseil d'administration de la société A ou bien si elle possède plus de la moitié des droits de vote de ses actionnaires.

M. Delapierre et C. Milelli (1995) sont revenus sur les problèmes que posent les chiffres officiels sur l'IDE. Les plus graves seraient ceux relatifs à la non-prise en compte de l'autofinancement des filiales et aux capitaux levés à l'étranger. Le développement de la mondialisation financière leur donne évidemment entièrement raison. Ils citent les données suivantes tirées de l'enquête du Département du commerce de 1990.

▼▼▼

Une société A est une société *affiliée* d'une société B si cette dernière possède moins de 50 % des droits de vote des actionnaires de la première société mais participe activement à la gestion de la société A. Celle-ci sera toujours considérée comme affiliée de B même si la société B possède moins de 10 % de droits de vote à condition que cette dernière exerce un pouvoir de décision effectif dans la gestion de la société A. (Aux États-Unis, une société A ne peut être considérée comme affiliée d'une société B si cette dernière ne possède pas au moins 10 % des droits de vote de la société A, même si elle exerce un pouvoir de décision réel dans la société A.)

Une société constitue un *holding* si elle a comme rôle de détenir des investissements ou des créances d'autres sociétés dans le même pays ou dans des pays tiers. Elle est considérée comme une société financière et dans certains cas peut n'employer qu'un nombre limité de personnes nécessaires à la tenue à jour des dossiers. Souvent le choix géographique d'installation des sociétés holdings dépend des avantages fiscaux offerts par les pays d'accueil.

Définition de référence détaillée des investissements directs internationaux, 2e édition, OCDE, 1992.

■

Tableau 3.1
Modalités du financement des investissements directs nord-américains à l'étranger en 1990

	$ milliards	%
Flux des maisons mères vers les filiales étrangères	27	43,9
Autofinancement des filiales par réinvestissement des profits	19	30,9
Autres sources (dont emprunts auprès des banques locales)	15,5	25,2
Total	61,5	100

Source : *Survey of Current Business*, 1992, cité par M. Delapierre et C. Milelli (1995, p. 18).

Pour toutes ces raisons, les chiffres sur l'IDE représentent au mieux des indicateurs de niveau et de tendance. L'importance de l'IDE devrait pourtant interdire, à des chercheurs soucieux de la réalité, de saisir ce prétexte pour ne pas inclure ces chiffres dans les modèles d'insertion des pays dans l'économie mondiale.

Les graphiques 3.3 et 3.4 ont été élaborés à deux ans d'intervalle par l'OCDE. Ils traduisent l'amélioration intervenue au niveau de la collecte et de l'analyse des données grâce aux travaux menés au cours des dernières années. Le graphique 3.3 a l'avantage de couvrir une période plus longue et d'éclairer le caractère spectaculaire de la croissance de l'IDE après 1985. Le graphique 3.4 offre une analyse plus fine, mais sur une période plus courte qui est aussi plus récente. Ce graphique comporte en particulier une décomposition de l'IDE en investissements de portefeuille (participations inférieures au seuil des 10 %, mais aussi, et même surtout, achats de paquets d'actions et d'obligations financières détenus par leurs propriétaires pour leurs rendements) et en investissements directs proprement dits. La croissance de l'IDE demeure supérieure à celle des échanges, mais l'allure des deux courbes ainsi que l'ampleur de l'écart entre elles sont sensiblement différentes lorsque l'on passe d'un graphique à l'autre.

Le graphique 3.4 fournit une indication partielle de la dimension respective des placements financiers internationaux et de l'IDE. La courbe significative est celle qui concerne les investissements de portefeuille. Elle est l'une des nombreuses expressions chiffrées du poids pris par la détention d'actifs financiers, ici des titres portant sur la propriété des firmes (dans l'industrie, les services ou le secteur bancaire et financier), dont l'acquisition est faite dans une perspective de rentabilité immédiate et dont la volatilité est extrêmement grande.

Le fléchissement que l'IDE a connu en 1991 et 1992 a été de brève durée. Dès 1993, l'IDE sortant des pays de l'OCDE a repris une courbe ascendante, de sorte que l'indice 382 de 1990 (base 100 en 1985) a été dépassé en 1995, atteignant 511 cette année-là avant de reculer très légèrement à l'indice 494.

Tableau 3.2
Total de l'IDE sortant des pays de l'OCDE (1985-1996)
(milliards de dollars US et indice 1985 = 100)

	1985	1986	1987	1988	1989	1990	1991	1992	1993	1994	1995	1996
Valeur en milliards de *	56,5	89,0	135,7	161,8	208,3	216,6	184,5	164,9	189,6	202,1	289,0	279*
Indice base 100 (1985)	100	157	239	286	368	382	326	291	335	358	511	494

Source : OCDE ; * estimations provisoires.

Graphique 3.3
Évolution des investissements directs étrangers[1,3], du PIB, des échanges totaux[2,3] et de la FBCF dans la zone OCDE, à prix courants

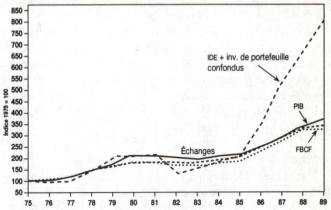

Source : OCDE, Base de données STIID, septembre 1991.

1. Valeurs moyennes des investissements intérieurs et extérieurs.
2. Valeurs moyennes des importations et exportations.
3. Y compris intra-OCDE.

Graphique 3.4
Total OCDE : évolution des principales composantes des transactions internationales*

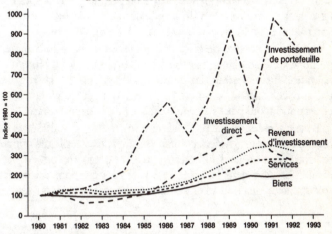

Source : OCDE, Département économique

* Moyennes annuelles des exportations et des importations sans exclusion des flux intra-OCDE.

Même si les courbes sont relativement «parlantes», elles sont loin de suffire pour comprendre les relations qu'entretiennent aujourd'hui les IDE et les flux commerciaux de biens et services, et repérer le poids de chacun dans l'internationalisation.

En extrapolant les données disponibles pour les pays qui font de telles enquêtes, la Division sur les sociétés transnationales de la CNUCED (UNCTAD, WIR, 1996) a proposé des estimations acceptées par le FMI et la Banque mondiale :

– en 1995, la valeur des ventes des filiales étrangères des entreprises investissant à l'étranger aurait été de 6 022 milliards de dollars alors que la valeur des exportations mondiales était de 4 707 milliards (les ventes délocalisées seraient donc désormais supérieures de 27 % aux exportations mondiales) ;

– la part des échanges intrafirmes dans le total des échanges des flux de biens et services a continué à augmenter, et atteindrait le tiers des échanges mondiaux. Il s'y ajoute la part à peu près égale des échanges organisés par les groupes industriels sous la forme de contrats d'approvisionnement internationaux de longue durée. Nous reviendrons sur ces données au chapitre 11.

Le rôle prédominant de l'IDE dans les services

L'une des manifestations les plus claires de la place occupée par l'IDE dans le mouvement de mondialisation du capital résulte de son rôle prédominant dans l'internationalisation des services.

La stabilité notable de la contribution des services au commerce mondial a été soulignée par toutes les études faites sur l'internationalisation de ce secteur. En vingt ans, de 1970 à 1991, la part totale des services dans le commerce mondial n'a guère augmenté. Cette constatation, qui peut surprendre, appelle des explications.

Le FMI a récemment proposé que les transferts «invisibles» de revenus ou «revenus de facteurs» (salaires des travailleurs émigrés, redevances et droits d'auteur, revenus du capital), qui ont été inclus jusqu'à présent dans les exportations et importations de services, soient exclus des nouvelles séries statistiques[5]. Lorsqu'on applique

---

5. Pour plus de détails, il convient de consulter les données publiées par l'OCDE conformément aux nouvelles normes du FMI : *Services : statistiques sur les échanges internationaux, 1970-1991*, Paris, 1993.

cette convention, on constate que les échanges de services « réels » représentent tout au plus 25 % des échanges des pays industrialisés.

Si l'on opère une différenciation entre les diverses rubriques de services « réels », on constate qu'il y a eu recul des rubriques « transports » et « services gouvernementaux », une faible croissance de la catégorie « voyages » et une croissance plus rapide de celle des « autres services ». Ceux-ci comprennent, en particulier, les services financiers, dont la croissance explique presque à elle seule le comportement de cette rubrique, ainsi que les services aux entreprises. Même ainsi, le comportement des échanges de services marque un fort contraste avec tout ce que l'on sait sur leur croissance et la place qu'ils occupent, en termes de valeur ajoutée ou de contribution au PIB et à l'emploi, dans toutes les économies capitalistes avancées. Elle est également en contraste marqué avec leur contribution à l'IDE.

Alors que les services représentaient seulement le quart environ du stock mondial total de l'IDE au début des années soixante-dix, cette part était, à la fin des années quatre-vingt, proche de la moitié de ce stock. En termes de flux, les services représentaient à la même époque entre 55 % et 60 % du total des flux annuels d'investissement direct étranger. Le processus d'internationalisation s'est donc produit par la voie de l'IDE plutôt qu'au moyen des exportations. Cet investissement comprend les IDE contrôlés majoritairement, mais aussi un large éventail des « formes nouvelles d'investissement », dont il sera question aux chapitres 4 et 9, pour lesquelles le secteur des services a souvent fait office de laboratoire d'expérimentation.

Ainsi que le montre le tableau 3.5, la part prise par les services dans le total des investissements étrangers sortants est particulièrement frappante pour les grands pays de l'OCDE, en particulier le Japon et l'Allemagne, qui sont pourtant généralement considérés avant tout comme des pays d'origine d'entreprises industrielles. Mais le tableau reflète surtout deux choses. D'abord, de façon évidente, le caractère ambigu de la notion de services et l'état peu satisfaisant des statistiques disponibles. Ensuite, dans la limite posée par la fiabilité des statistiques, la part très élevée des investissements dans la banque, les assurances et les services financiers. Cette part est généralement supérieure à 20 %. Elle atteint 36 % dans le cas des États-Unis et plus de 40 % dans celui de l'Italie. Nous sommes, ici encore, en présence d'interconnexions manifestes entre le mouvement de l'IDE et celui de la mondialisation financière.

Tableau 3.5
Part de la production manufacturière, des services et d'autres secteurs dans la valeur comptable totale de l'IDE sortant des pays du G6

	États-Unis		Japon		Royaume-Uni		Italie		France		Allemagne	
	1989	1994	1989	1994	1989	1994	1989	1994	1989	1994	1989	1994
Production manufacturière	38,7	35,0	26,9	28,7	36,9	38,9	35,8	30,6	44,3	36,3	58,2	32,9
Services,	47,2	53,2	66,5	66,6	43,4	41,2	55,8	64,0	50,0	55,9	39,8	65,9
dont :												
construction	0,1	0,2	0,1	0,1	1,5	0,7	...	...	1,2	1,3	0,5	0,3
commerce	11,7	12,7	10,3	10,9	9,2	5,2	7,8	4,3	7,5	6,9	3,9	13,7
transports et entreposage (1)	0,5	0,1	6,2	6,1	2,9	2,1	...	...	1,1	0,7	1,0	0,6
banques, assurances et services aux entreprises	32,9	36,8	23,1	19,6	12,8	27,8	44,7	41,7	24,7	26,6	16,3	23,7
communications (2)	0,1	1,2	...	...	...	-0,5	0,6	1,3	0,0	0,2	...	...
autres services	1,9	2,2	26,8	29,8	17,0	5,9	2,7	16,7	15,5	19,8	18,1	27,4
Agriculture	0,1	0,1	0,1	0,1	0,7	0,2	0,1	0,1	0,1	0,0	0,1	0,2
Mines et industries extractives	1,3	1,0	6,5	4,6	...	2,0	...	...	2,0	...	0,7	0,2
Pétrole	12,7	10,7	...	...	18,9	17,7	8,3	5,3	3,6	7,9	1,2	0,6
Total	100 %	100 %	100 %	100 %	100 %	100 %	100 %	100 %	100 %	100 %	100 %	100 %

Source : OCDE, *Annuaire des statistiques d'investissement direct international*, 1996.
... : non approprié ou ventilation non disponible ou données supprimées pour des raisons de confidentialité.
(1) Y compris communications pour le Royaume-Uni jusqu'en 1992.
(2) Y compris services de transport pour l'Italie.
(3) Y compris affaires immobilières pour le Japon.

**Graphique 3.6
Le stock des IDE au sein de la Triade
et des pays associés directement en 1993
(en milliards de dollars)**

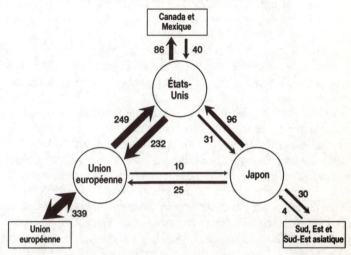

Source : CNUCED, Division sur les sociétés transnationales
et l'investissement, *World Investment Report,* 1995.

Investissements croisés et acquisitions/fusions

La croissance de l'IDE au cours des années quatre-vingt a été fortement marquée par la montée de l'investissement international *croisé* ; elle a donc représenté un phénomène très largement circonscrit à la zone OCDE.

Le graphique 3.6 exprime le caractère essentiellement « intra-triadique » de l'IDE, concentré à plus de 80 % au sein de cette zone – avec quelques prolongements vers les pays associés immédiatement aux principaux pays de la Triade[6]. L'investissement sortant est

---

6. Les expressions « Triade » et « triadique » sont dues à K. Ohmae (1985). Elles ont été utilisées d'abord par les *business schools* et le journalisme économique, avant d'être

particulièrement concentré. En 1995, cinq pays (États-Unis, Royaume-Uni, Japon, Allemagne, France) ont assuré deux tiers de l'IDE sortant mondial.

Pendant la même période, ce sont les acquisitions et fusions d'entreprises existantes qui ont représenté une forme toujours plus importante de l'investissement entre les pays de l'OCDE.

Depuis le milieu des années soixante-dix, plusieurs types d'incitations et de contraintes ont poussé les entreprises dans la voie des acquisitions/fusions, alors que les liquidités abondantes et les instruments nouveaux créés dans le cadre de la globalisation financière leur permettaient de le faire. Dans de nombreuses branches, notamment celles à haute intensité de R-D ou à production de masse, l'évolution technologique a renforcé le montant des coûts fixes (notamment sous forme de dépenses élevées de R-D), qu'il leur fallait récupérer en produisant pour des marchés mondiaux, mais elle a renforcé aussi l'intérêt de pouvoir s'approvisionner à l'échelle mondiale pour certains intrants essentiels, notamment ceux d'ordre scientifique et technologique. Dans des industries déjà oligopolistiques au plan national, la seule manière d'atteindre efficacement ces objectifs est de pénétrer les marchés par investissement direct.

Dans d'autres industries, l'un des principaux objectifs industriels d'une acquisition/fusion est d'accaparer une part de marché, notamment lorsqu'elle s'accompagne de l'acquisition de marques commerciales, de réseaux de distribution et de clientèles fidélisées. On comprend que, dans le double contexte par une conjoncture économique mondiale marquée par beaucoup d'incertitude et d'instabilité même dans les périodes de reprise, et par une concurrence accrue, résultant à la fois du décloisonnement des oligopoles nationaux et de la faible croissance de la demande dans de nombreux segments du marché, les acquisitions/fusions aient bénéficié d'une forte prime favorable.

---

adoptées très largement. Les trois pôles de la Triade désignent les États-Unis, l'Union européenne et le Japon, mais autour de ces pôles se forment des associations un peu plus larges. Selon Ohmae, le seul espoir d'un pays en développement – il faut y ajouter désormais les anciens pays dits socialistes – est de se hisser au statut de membre associé, même périphérique, d'un des trois « pôles ». Cela vaut également pour les NPI d'Asie, qui ont été intégrés par étapes, avec notamment des différences de pays à pays, dans le pôle dominé par le Japon.

▼▼▼

Graphique 3.7
Une comparaison entre le montant des flux d'IDE et la valeur des fusions/acquisitions/transfrontières mondiales (1987-1995)

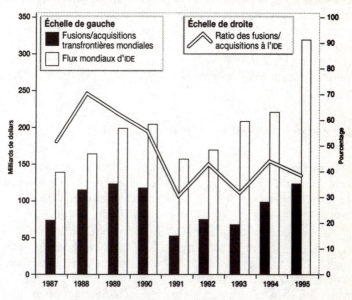

Source : CNUCED, *World Investment Report*, 1996.
N.B.: seulement les fusions/acquisitions majoritaires.

Tout convergeait à partir de la fin des années soixante-dix pour enclencher un large mouvement d'investissement international croisé, dominé par les acquisitions/fusions. Une fois le mouvement lancé, et avec lui le processus de concentration/centralisation, il s'est inévitablement amplifié et accéléré. Après une accalmie au moment de la récession économique de 1990-1992, le mouvement de fusions et d'acquisitions a repris de plus bel. Il a pris alors la forme de fusions géantes, tant entre groupes industriels d'un même pays qu'entre groupes de pays différents. Le graphique 3.7 donne une indication du ratio entre le montant de l'IDE mesuré en termes de flux entrants et la valeur des fusions/acquisitions effectuées avec l'achat de plus de 50 % du capital (sachant que le FMI et l'OCDE considèrent que 10 % du capital suffisent pour contrôler une entreprise). Ce ratio a diminué par rapport aux niveaux très élevés des années quatre-vingt, mais son niveau indique que l'IDE continue à aller de pair avec la concentration de la propriété du capital.

Depuis les années quatre-vingt, l'« invasion réciproque » (pour reprendre le titre d'une importante étude américaine : voir Erdileck, 1985) représente un moyen central de la concurrence entre membres des oligopoles mondiaux. D'où l'importance que revêt la forte asymétrie dans les investissements croisés entre les trois pôles de la Triade, le système japonais comportant des barrières importantes à la pénétration des oligopoles rivaux. Nous reviendrons sur cette question plus loin.

L'IDE et la polarisation au niveau mondial

Il faut achever de dresser le tableau des principales tendances de l'IDE dans les années quatre-vingt et la première moitié des années quatre-vingt-dix, en indiquant la place faite aux pays en développement.

L'investissement direct à l'étranger est présenté par les libéraux comme un instrument de rattrapage et de convergence économique. Cela n'était pas totalement faux dans les années soixante, du temps où les gouvernements avaient encore la capacité et la volonté d'encadrer l'action du marché et d'orienter l'investissement, mais cela est devenu de moins en moins pertinent. Dans la

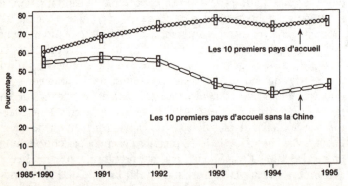

Graphique 3.8
La concentration des flux entrants d'IDE dans les pays en développement (en pourcentage du total de l'IDE hors OCDE)

Source : CNUCED, *World Investment Report*, 1995.

seconde moitié des années quatre-vingt la part des pays en développement dans les flux d'IDE entrants est tombée au plus bas : 18,6 % du total des flux d'IDE en 1985-1989 et même 16,9 en 1988-1989. Au début des années quatre-vingt-dix, ces pourcentages sont remontés : les flux d'IDE entrants ont atteint 22 % en 1992 et 35 % en 1995.

Peu de pays en bénéficient, car les IDE hors OCDE sont hautement concentrés. Les données publiées par la Division sur les sociétés transnationales de la CNUCED (WIR, 1994 et 1996) indiquent que la part des dix premiers pays bénéficiaires a été constamment supérieure à 70 % depuis 1990. Ce sont également toujours les mêmes pays qui figurent dans ce palmarès. Depuis 1981, on ne compte que dix-neuf pays ou territoires ayant figuré dans les dix premiers. Ils comprennent le Mexique, le Brésil et trois autres pays d'Amérique latine, mais ils sont situés pour l'essentiel en Asie du Sud-Est. Les cent États les plus faiblement bénéficiaires reçoivent ensemble 1 % du total des flux (WIR, 1996, p. 4). Ainsi que le montre le graphique 3.8, la Chine a reçu la plus grande partie de l'investissement depuis 1992. Sans cet investissement IDE hors de l'OCDE le redressement dans les années quatre-vingt-dix aurait été très modeste.

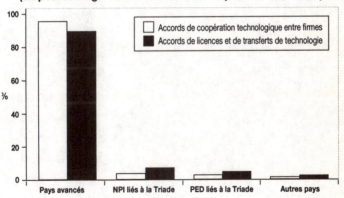

**Graphique 3.9
La concentration des flux technologiques
(en pourcentage du nombre total sur la période 1980-1990)**

Source : C. Freeman et J. Hagedoorn, *in World Development,* vol. 22, n° 5, 1994, p. 776.

Dans le chapitre 11, nous verrons que la polarisation géographique du commerce mondial est tout à fait comparable à celle de l'investissement.

Enfin, le graphique 3.9 montre que le mouvement conjoint de concentration et de marginalisation s'étend bien entendu, en s'aggravant encore, à la technologie. Nous retrouverons cette question dans les chapitres 8 et 11. Notons cependant que non seulement la majorité des pays du monde est exclue des accords de coopération technologique entre firmes, mais que, en outre, même les voies traditionnelles du transfert de technologie se sont taries. Dans le chapitre 11, consacré à la structure mondiale des échanges, nous reviendrons sur les facteurs qui commandent ces processus de marginalisation.

▼▼▼

La firme multinationale aujourd'hui

4.

« La FMN est maintenant en train d'assumer de façon croissante le rôle d'un chef d'orchestre par rapport à des activités de production et à des transactions, qui s'effectuent à l'intérieur d'une "grappe" ou d'un "réseau", de relations transnationales, aussi bien internes qu'externes à la firme, qui peuvent comporter ou non un investissement en capital, mais dont le but est de promouvoir ses intérêts globaux. »

J. H. Dunning, « The New Style Multinationals – Circa the Late 1980s and Early 1990s », *Explaining Multinational Production,* Unwin Hyman, Londres, 1988.

Dans ce chapitre, ainsi que dans les deux qui suivent, l'analyse porte sur les groupes industriels et les choix de localisation que leur dicte leur appartenance à des structures oligopolistiques au plan mondial. Puisqu'ils continuent à être désignés sous le nom d'«entreprises» ou de «firmes», «multinationales» ou «transnationales[1]», même si leur dimension, leur «portée globale» et leur mode de fonctionnement les séparent toujours plus de la masse des organisations communément appelées entreprises ou firmes, nous respecterons l'usage consacré.

Isoler les FMN pour les individualiser, même le temps d'un chapitre, ne va pas sans danger. Lorsqu'on focalise l'attention sur les FMN, ainsi que les travaux des *business schools* le font et poussent d'autres à le faire, il est facile de perdre de vue les rapports oligopolistiques qui lient ces groupes, de même que les caractéristiques de la mise en valeur du capital, dont ils ne sont après tout que le support organisationnel. Il n'est peut-être pas suffisant de dire simplement, avec M. Beaud, que «c'est dans la logique d'accumulation et de concentration du capitalisme, logique à l'œuvre dans un monde parcellisé en États-nations, que s'enracine le foisonnement des firmes et des banques multinationales» (1989, p. 58). Il reste, néanmoins, que *c'est bien à ce niveau-là* que se situe le «fil à plomb» de toute analyse sérieuse.

En l'espace de moins de quinze ans, la physionomie et certaines modalités clés de fonctionnement des FMN ont changé profondément. Aujourd'hui, la stratégie qui tend à prédominer est celle définie par C.-A. Michalet comme «techno-financière», la FMN la plus typique de l'étape actuelle étant celle décrite par J. H. Dunning dans la citation placée en tête de ce chapitre. Nous ne pouvons, cependant, faire l'impasse ni sur les problèmes de définition ni sur certains aspects du développement antérieur des FMN, que tout le monde a encore présent à l'esprit.

Les définitions des FMN et leurs limites

La définition de l'entreprise multinationale, également appelée firme multinationale (FMN) – ou même transnationale si on accepte

---

1. Certains auteurs, par exemple P. Dockes (1975) et G. Destanne de Bernis, (1977, p. 265), accordent beaucoup d'importance au choix exact des termes. Pour nous, c'est surtout la notion de groupe, discutée plus loin, qui importe.

la terminologie du Centre des Nations unies sur les sociétés transnationales (UNCTNC), qui a œuvré pendant une vingtaine d'années pour en suivre l'évolution[2] –, n'a jamais fait l'objet d'un accord entre les chercheurs ni même entre les organisations internationales.

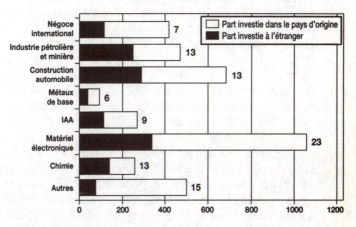

Graphique 4.1
**Les 100 premières FMN : actif total par branche
(en milliards de dollars et nombre de groupes)**

Source : UNCTAD. TCI.

La première définition largement utilisée a été celle de R. Vernon, pour qui une FMN était une grande firme ayant des filiales industrielles dans au moins six pays. Sous la pression des principaux pays d'origine de ces firmes, qui cherchaient, les États-Unis en tête, à rendre plus difficile l'étude des très grands groupes, en les noyant dans une mer d'entreprises de taille moyenne ou petite, le critère d'implantation des filiales a ensuite été réduit à deux pays (OCDE, 1975), puis à un.

---

2. Le Centre des Nations unies sur les sociétés transnationales (UNCTNC) a été dissous début 1993 à la demande du gouvernement américain. Une partie des titulaires a ensuite été transférée à la CNUCED, à Genève, où un programme de travail plus réduit a été poursuivi dans le cadre de la Division sur les sociétés transnationales et l'investissement (UNCTAD-DTCI). Cette division est parvenue à assurer la continuité d'un rapport annuel, le *World Investment Report* (cité WIR, avec l'année), disponible seulement en anglais. C'est un outil de travail indispensable, même s'il doit être manié avec prudence.
3. Le centre des Nations unies sur les sociétés transnationales a publié à quelques

Au début des années quatre-vingt-dix, l'UNCTNC a ainsi dénombré l'existence de près de 37 000 FMN, contrôlant à l'époque quelque 206 000 filiales (WIR, 1993). Mais trois pages plus loin, le rapport précisait que l'essentiel de l'analyse porterait sur les 100 groupes les plus transnationalisés. Depuis, les volumes successifs du *World Investment Report* s'en sont tenus à cette approche. Le rapport le plus récent (WIR, 1996) fournit la liste mise à jour sur les données de 1994, dont nous donnons dans le tableau 4.2 les trente premiers noms. En 1994, ces 100 groupes concentraient entre leurs mains environ un tiers du montant total mondial de l'IDE (part inchangée depuis cinq ans); ils possédaient des actifs d'une valeur cumulée de l'ordre de 3,8 milliards de dollars, dont environ 40 % étaient situés en dehors du pays d'origine. La répartition sectorielle, par domaine principal d'activité, des 100 groupes les plus transnationalisés est présentée dans le graphique 4.1. Ce sont les groupes de l'électronique et de l'automobile qui dominent.

Ce sont les mêmes noms, à peu de chose près, que l'on retrouve dans la liste des 300 plus grands groupes industriels mondiaux publiée chaque année par la revue *Fortune*, et qui figurent, aux côtés des grandes banques et institutions financières, dans les 1 000 premiers groupes mondiaux, dont la revue *Business Week* fait également l'inventaire. Seuls les très grands groupes de l'aérospatial comme Boeing, qui n'ont aucun besoin de s'internationaliser, n'y figurent pas. Les véritables multinationales sont celles-là.

Ce sont elles dont C.-A. Michalet, en particulier, a voulu cerner les traits dans ses principaux travaux. La définition qu'il a proposée présente la firme multinationale comme étant « une entreprise (ou un groupe), le plus souvent de grande taille, qui, à partir d'une base nationale, a implanté à l'étranger plusieurs filiales dans plusieurs pays, avec une stratégie et une organisation conçues à l'échelle mondiale » (1985, p. 11). Cette définition demeure utile à plusieurs égards : elle rappelle que la FMN a invariablement commencé par se constituer en tant que *grande firme* sur le plan national, ce qui implique à la fois qu'elle est le résultat d'un processus de concentration et de centralisation du capital plus ou moins long et complexe, et qu'elle s'est souvent diversifiée avant de commencer à s'internationaliser ; que la FMN a une *origine nationale*, de sorte que les forces et faiblesses de sa base nationale et l'aide qu'elle reçoit de son État seront une composante de sa stratégie et de sa compétitivité ; que cette firme est le plus souvent un *groupe*,

Tableau 4.2 – Les trente groupes non financiers les plus internationalisés rangés selon le montant des actifs à l'étranger, en 1994 (en milliards de dollars et en nombre d'employés)

Rang	Groupe	Pays	Branche principale	Actifs à l'étranger	Actifs totaux	Ventes à l'étranger	Ventes totales	Emploi à l'étranger	Emploi total
1	Royal Dutch Shell	Royaume-Uni, Pays-Bas	Pétrole	63,7	102,0	51,1	94,8	79 000	106 000
2	Ford	États-Unis	Automobile	60,6	219,4	38,1	128,4	96 726	337 778
3	Exxon	États-Unis	Pétrole	56,2	87,9	72,3	113,9	55 000	86 000
4	GM	États-Unis	Automobile	–[a]	198,6	44,0	152,2	177 730	692 800
5	IBM	États-Unis	Informatique	43,9	81,1	39,9	64,1	115 555	219 839
6	Volkswagen	Allemagne	Automobile	–[a]	52,4	29,0	49,3	96 545	242 318
7	General Electric	États-Unis	Électronique	33,9	251,5	11,9	59,3	36 169	216 000
8	Toyota	Japon	Automobile	–[a]	116,8	37,2	91,3	27 567	172 675
9	Daimler Benz	Allemagne	Transport et communication	27,9	66,5	46,3	74,0	79 297	330 551
10	Elf Aquitaine	France	Pétrole	–[a]	48,9	26,2	38,9	43 950	89 500
11	Mobil	États-Unis	Pétrole	26,2	41,5	44,1	66,8	27 400	58 500
12	Mitsubishi	Japon	Divers	–[a]	109,3	67,0	175,8	11 146	36 000
13	Nestlé	Suisse	Agroalimentaire	25,4	38,7	47,3	48,7	206 125	212 687
14	Nissan Motor	Japon	Automobile	–[a]	80,8	27,3	65,6	34 464	143 310
15	Asea Brown Boveri	Suisse	Construction mécanique	24,8	29,1	25,6	29,7	194 557	207 557
16	Matsushita Electric	Japon	Électronique	–[a]	92,2	39,2	78,1	112 314	265 397
17	Roche Holdings	Suisse	Pharmaceutique	23,4	25,9	10,3	10,5	50 869	61 381
18	Alcatel Alsthom	France	Électronique	23,1	51,2	21,9	30,2	117 000	197 000
19	Sony	Japon	Électronique	–[a]	47,6	30,3	43,3	90 000	156 000
20	Fiat	Italie	Automobile	22,5	59,1	26,3	40,6	95 930	251 333
21	Bayer	Allemagne	Chimie	22,4	27,4	21,9	26,8	78 300	146 700
22	Hitachi	Japon	Électronique	–[a]	92,5	19,8	56,8	80 000	331 852
23	Unilever	Royaume-Uni, Pays-Bas	Agroalimentaire	22,0	28,4	39,1	45,4	276 000	307 000
24	Philips Electronics	Pays-Bas	Électronique	–[a]	27,8	31,7	33,7	210 000	253 000
25	Siemens	Allemagne	Électronique	–[a]	50,6	30,1	52,1	158 000	376 000
26	Renault	France	Automobile	–[a]	41,2	16,7	32,5	39 982	138 279
27	British Petroleum	Royaume-Uni	Pétrole	19,5	28,8	30,8	50,7	48 650	66 550
28	Philip Morris	États-Unis	Agro-alim. Tabac	18,0	52,6	24,2	65,1	85 000	165 000
29	Hanson	Royaume-Uni	Matériaux de construction	18,0	34,0	10,3	17,7	58 000	74 000
30	Mitsui	Japon	Divers	–[a]	82,5	64,5	171,5	23 560	80 000

Source : UNCTAD-DTCI, *World Investment Report,* 1996.
(a) Données non disponibles, rang selon un montant d'actifs à l'étranger estimé par les auteurs du tableau.

dont la forme juridique contemporaine est le holding international ; enfin que ce groupe se déploie à l'échelle mondiale et possède des stratégies et une organisation établies en conséquence.

L'aspect qui a le plus vieilli dans la définition de Michalet concerne la référence à l'« implantation de filiales », de même qu'aux stratégies qui commandent celle-ci. Jusque vers le milieu des années soixante-dix, il était encore possible de distinguer trois types de stratégies différents :

– les *stratégies d'approvisionnement,* caractéristiques des FMN du secteur primaire, spécialisées dans l'intégration verticale amont de ressources minières, énergétiques ou agricoles situées dans les anciens pays coloniaux ou semi-coloniaux, appelés plus tard pays du tiers monde ;

– les *stratégies de marché,* comportant l'établissement de « filiales relais » dans le cadre de ce que Porter (1986) nomme l'approche « multidomestique » ;

– enfin les *stratégies de « production rationalisée »,* c'est-à-dire de production intégrée internationalement moyennant l'établissement de « filiales ateliers ».

Dans le chapitre 6, nous constaterons que, dans les pays situés aux trois pôles de la Triade, il y a eu, de la part des FMN, fusion des stratégies de marché et de rationalisation de la production. La forme principale, sinon unique, de filiale subsistant dans les pays industriels du centre est la filiale atelier. A son tour, cette forme de filiale tend de plus en plus souvent à faire partie d'un ensemble plus large, dont les frontières sont souvent assez difficiles à déterminer avec précision.

La portée de la constitution de la FMN en groupe

La définition de Michalet fait référence à l'organisation des FMN en groupes. Il faut en indiquer la portée. La notion de groupe a fait l'objet de travaux approfondis et de débats, longs et parfois passionnés, dans les années soixante-dix. L'un des acquis de ce travail avait été d'aboutir à une définition qui était commune à tous les chercheurs français, moyennant quelques petites variantes. Cette définition était située à un niveau suffisant de généralité pour contenir en elle beaucoup d'éléments auxquels l'évolution du capitalisme allait donner leur plein contenu au cours des années quatre-vingt.

Dans la forme proposée par F. Morin (1974), cette définition spécifiait qu'il fallait entendre par groupe « un ensemble formé par une société mère (appelée généralement *holding* du groupe) et les sociétés filiales placées sous son contrôle. La société mère est donc avant tout un centre de décision financier, alors que les sociétés placées sous son contrôle ne sont, la plupart du temps, que des sociétés exploitantes. Aussi le rôle essentiel d'une société mère est-il l'arbitrage permanent des participations financières qu'elle détient en fonction de la rentabilité des capitaux engagés. C'est la fonction d'arbitrage de la société mère qui confère au groupe son caractère financier ».

De façon très similaire, la structuration en groupe « autour d'un centre financier et par un réseau de liens principalement financiers, mais dans certains cas aussi personnels », d'un ensemble, éventuellement très diversifié, de sociétés engagées dans des activités multiples, était considérée par M. Beaud (1978) comme constituant le « mode dominant de segmentation du capital au stade actuel du capitalisme ». Ce mode de segmentation était alors reconnu, par l'ensemble des chercheurs français travaillant sur la question, comme allant de pair avec une recherche de la part des groupes d'une mise en valeur du capital différenciée et multiforme : celle-ci pouvait prendre aussi bien la forme productive d'investissements industriels qu'une variété de formes ne comportant ni investissement industriel ni création de valeur, et possédant parfois des traits improductifs, voire parasitaires.

L'intérêt de ces approches, dans l'une ou dans l'autre variante, tient, entre autres choses, à ce qu'elles annonçaient déjà l'importance des stratégies à dominante financière des FMN contemporaines. Nous verrons plus loin le rôle joué par les FMN comme opérateurs et intervenants actifs sur les marchés financiers mondialisés, en premier lieu le marché des changes, lieu des plus grands mouvements de mise en valeur spéculative du capital-argent. Ici, c'est la stratégie « techno-financière » des FMN, avec sa dimension de mise en valeur rentière du capital, qu'il faut examiner.

La stratégie techno-financière et les FMN « nouveau style »

Au moment de terminer son livre de 1985, Michalet annonçait l'émergence d'une quatrième forme de stratégie, qu'il nommait

« techno-financière ». Celle-ci correspondait à « une forme d'internationalisation fondée sur les actifs intangibles de la firme, sur son capital humain ». Et Michalet de préciser : « La stratégie techno-financière marque l'aboutissement d'un glissement des activités à l'étranger des firmes de la production matérielle directe vers la fourniture de services. La base de sa compétitivité est désormais fondée sur la définition d'un savoir-faire et sur la R-D. Elle va désormais tenter de valoriser cet avantage dans tous les secteurs où des applications de ses compétences technologiques sont possibles. Par là, elle a vocation à sortir de son secteur d'origine et à se diversifier selon des modalités entièrement originales. Sa nouvelle force réside dans sa capacité à monter des "opérations complexes", [qui] exigeront de combiner des opérateurs venant d'horizons très divers : entreprises industrielles, sociétés d'ingénierie, banques internationales, organismes multilatéraux de financement. Parmi ceux-ci, certains seront locaux, d'autres étrangers, d'autres auront un statut international. » (1985, p. 59-60.)

Ce sont les firmes ayant adopté cette approche qui ont été désignées quelques années plus tard par J. H. Dunning (1988) sous le nom de « multinationales de style nouveau ». Celles-ci seraient, avant tout, « le système nerveux central d'un ensemble plus étendu d'activités, interdépendantes mais gérées moins formellement, dont la fonction première est de faire progresser la stratégie concurrentielle globale et la position de l'organisation située au cœur (*core organisation*) ». Et Dunning de préciser : « Ce n'est pas seulement, ou même principalement, par l'organisation de sa production interne et de ses transactions sur le mode le plus efficace, ou par ses stratégies de technologie de produits et de commercialisation, que cette organisation atteint son but ; mais *par la nature et la forme des relations établies avec d'autres entreprises.* »

Le « but » demeure plus que jamais le profit, qui s'ajoute, dans des combinaisons variant d'un capitalisme « national » à l'autre, à l'objectif de croître et de durer. En effet, dans le cadre de la mondialisation financière, que nous avons examinée au chapitre 2, le rendement financier des actifs est surveillé par les détenteurs de portefeuilles d'actions, d'autant plus étroitement que ceux-ci sont de plus en plus souvent de grands investisseurs institutionnels (fonds de pension, groupes d'assurances gérant des portefeuilles d'actifs importants, etc.) et qu'ils ont la possibilité de comparer leur rendement à ceux d'actifs financiers purs. Le groupe multina-

▼▼▼

tional doit donc être éminemment rentable, alors qu'aujourd'hui cette rentabilité ne peut plus être fondée uniquement sur la production et la commercialisation propres du groupe et de ses filiales. Elle doit reposer également sur ce que Dunning nomme, de façon vague et quelque peu pudique, ses « relations avec d'autres entreprises ».

La nouveauté ici tient aux frontières de plus en plus floues existant aujourd'hui entre le profit et la rente. La multiplication des participations minoritaires (les firmes « affiliées »), des cascades de participations et surtout des nombreux accords de sous-traitance et de coopération interentreprises qui ont conduit à l'émergence de ce qu'on désigne sous le nom de « firme réseau » n'a pas seulement eu pour effet de rendre les frontières de la firme très perméables et floues. Elle a également entraîné l'incorporation dans le profit de formes de revenus qui se résolvent en créances sur l'activité productive d'une autre firme, sous la forme de ponctions sur ses résultats bruts d'exploitation. Cette dimension est particulièrement facile à déceler dans les « nouvelles formes d'investissement ». Elle est également présente dans bien des coopérations et autres nouvelles formes de relations entre firmes étudiées au chapitre 5.

Les « nouvelles formes d'investissement »

L'origine des « nouvelles formes d'investissement », NFI (Oman, 1984, et Oman *et al.*, 1989), remonte à la décennie 1965-1975, lorsque des FMN, appartenant généralement au secteur primaire, ont été forcées, lors de la grande vague de nationalisations dans le tiers monde, de partager la propriété et le pouvoir des entreprises minières avec les pays hôtes. À la suite de la première forte récession de 1974-1975, le recours aux « nouvelles formes » s'est encore accru en raison des nombreux avantages qu'elles offraient aux FMN dans certains cas de figure.

Les NFI sont définies par opposition à l'investissement direct, lequel doit comporter (comme nous l'avons vu) un apport en capital-argent (que les capitaux soient transférés de l'étranger ou levés sur le marché financier du pays d'accueil). Les NFI garantissent à une firme une fraction du capital (participation minoritaire ou entreprise commune – dite aussi *joint-venture*) et un droit de regard sur la conduite d'une autre firme dans des conditions où opérateur/partenaire étranger ne fournit pas d'apport en capital, mais seulement sous forme d'actifs immatériels. Les NFI ouvrent ainsi à la FMN un droit de participation aux bénéfices et un droit de regard sur la conduite d'un partenaire moins puissant. L'apport sous forme d'actifs immatériels peut consister en savoir-faire de gestion, en licences de technologie (le plus souvent dépassées par le changement technologique) ou en *franchising* et *leasing* qui sont souvent employés dans les services. Ces actifs comprennent aussi l'assistance technique ou une fourniture d'expertise dans tel ou tel domaine. Dans le cas des grandes entreprises communes créées par la SABIC (bras industriel de l'Arabie Saoudite) avec Shell, Exxon, Mobil, etc., c'est la prise en charge d'une partie de la commercialisation, de façon à assurer aux Saoudiens un accès au marché protégé par des barrières industrielles à l'entrée, qui représentait la contrepartie la plus importante de la part reconnue aux FMN dans le capital (Chesnais, 1989). Les apports sont parfois passablement fictifs ; leur valeur est en tout cas inférieure à celle des parts de capital reconnues à leurs propriétaires.

Dans tous les cas de figure, ces modalités «nouvelles» relèvent de la logique de l'investissement et non de la vente (exportation), comme C. Oman le note (C. Oman *et al.*, 1989, introduction). En effet, la rémunération de l'apport intangible, réel ou fictif, dépend du montant des résultats de l'activité entrepreneuriale (pourcentage du chiffre d'affaires ou des bénéfices). La FMN qui s'est vu reconnaître une part du capital a donc intérêt à ce que ces résultats soient bons, même si elle touche également de nombreuses redevances de *royalties* et d'assistance technique. Reste le problème du caractère rentier de cet investissement, ou encore du degré d'importance de la composante rentière dans le profit approprié.

Ce problème a été reconnu par Oman. Il cherche à établir une distinction entre les entreprises investissant avec un «esprit d'entreprise» et celles réalisant un «investissement de rentier». «Dans les deux cas, dit-il, les entreprises étrangères interviennent comme des investisseurs et non comme des vendeurs, en ce sens que leur but premier est de s'approprier une partie du surplus économique d'exploitation dégagé par le projet[3].»

---

3. Oman développe cette idée, expliquant que : «L'investisseur "entrepreneur" préfère sans doute les NFI aux IDE classiques parce qu'elles lui permettent de se dégager d'une part plus grande de risques et/ou de coûts aux dépens du pays d'accueil ou d'autres

Dans les pays du tiers monde, la distinction entre *rentier* et *entrepreneur*, ainsi comprise, a été assez facile à déceler, au cours des années 1970-1985, dans certaines branches de l'industrie manufacturière comme la pétrochimie ou l'assemblage automobile. Moyennant la concession de parts de capital, les FMN ont fourni des technologies ou des marques commerciales exclusivement à des entreprises locales qu'elles estimaient ne pas être en mesure d'entrer sur les marchés mondiaux comme concurrents, parce que leurs technologies étaient dépassées ou que la production maximale réalisable dans le pays d'accueil était loin de correspondre aux seuils minimaux d'économie d'échelle et de rentabilité.

Pour comprendre les FMN, il faut maîtriser la notion de capital

L'une des manières de chercher à saisir la diversité extrême des formes d'activité et des modes de déploiement des FMN est de faire un instant abstraction des formes concrètes, dans lesquelles le capital s'incarne (entreprises à dominante industrielle ou de production de services, institutions bancaires et financières), et de revenir au capital comme catégorie économique fondamentale.

Le capital se définit comme une valeur (ayant atteint dans le cas des FMN une certaine masse), dont l'objectif est l'autovalorisation, la mise en valeur avec profit, dans des conditions où le secteur ainsi que le lieu géographique d'engagement du capital ont *en dernier ressort* un caractère *contingent*[4]. En effet, l'un des attributs

---

participants, mais il intervient souvent de façon active tout au long de la durée du projet pour que ce dernier réussisse en tant qu'investissement. Au contraire, l'investisseur "rentier" se sent beaucoup moins engagé en faveur du succès de l'opération. [Il] n'assume que peu ou pas de risques ou de responsabilités d'exécution, c'est-à-dire qu'il ne se soucie guère de contribuer activement à la capacité du projet de dégager un surplus. [...] Il y a notamment beaucoup moins de chances de le voir assumer des risques, engager des ressources importantes pour contribuer à résoudre certains problèmes d'exploitation imprévus ou fournir au projet de nouvelles techniques. »
4. Le caractère contingent de la forme d'engagement du capital, qui renvoie au concept de capital à son niveau le plus abstrait, ne signifie *en aucune manière* que les organisations qui incarnent le capital et qui prennent les décisions d'engagement et de désengagement ne « seraient pas territorialisées », autrement dit qu'elle seraient « sans nationalité » (voir *supra*, chapitre 1).

« idéaux » du capital, qui est aussi l'un des objectifs concrets que les groupes se fixent plus que jamais, est la mobilité, le refus de s'attacher à des modalités déterminées d'engagement sectoriel ou géographique – quelle que soit l'importance qu'elles aient pu avoir dans la formation et la croissance du groupe – ainsi que la capacité de se désengager, de désinvestir, tout autant que l'inverse.

Lorsque la grande entreprise adopte la forme de *holding*, et en particulier, comme ce fut le cas dans les années quatre-vingt pour beaucoup de FMN européennes de *holding* international, la propension à assimiler les différents éléments constitutifs du groupe simplement à des actifs financiers, même s'ils sont industriels, s'accroît de façon considérable. C'est une première raison essentielle pour considérer de tels groupes comme des « groupes financiers à dominante industrielle » – pour employer de nouveau une caractérisation largement utilisée il y a vingt ans, mais ensuite refoulée parce que trop marquée à gauche. Ce n'est pas la seule, car la notion de « groupe financier à dominante industrielle » a une deuxième dimension, au moins aussi importante, à savoir la capacité, qu'un tel groupe possède, de juxtaposer et de combiner les formes de valorisation du capital.

Dans le cas d'un groupe industriel, la mise en valeur – et donc l'augmentation – du capital de période en période repose en premier lieu sur l'organisation et la mise en mouvement de la force de travail salariée dans la production (tant de biens que de services). Elle inclut, en second lieu, des opérations, aujourd'hui de plus en plus nombreuses, effectuées sur les marchés financiers, dont nous réservons l'examen aux chapitres 2 et 10. S'y ajoutent d'autres formes de valorisation naissant de l'appropriation de revenus existant en dehors de toute intervention dans la production. Dans l'étude sur les groupes américains fondée sur les résultats des travaux de l'économie industrielle américaine de la grande filiation classique (Berles et Means, Bain, Blair et Scherer), J.-M. Chevallier, par exemple, définissait en 1977 ce qu'il désignait sous le terme de « valorisation improductive du capital » comme une réalité « recouvrant un ensemble de mécanismes par lesquels les détenteurs de capitaux peuvent réaliser un profit sans avoir à passer par la production ». Chevallier y rangeait alors quatre catégories d'opérations et sources de revenus :

1) l'« ensemble des profits spéculatifs : plus-values immobilières, plus-values sur stocks, spéculations sur titres, etc. » ;

2) les rentes « trouvant leur origine dans la maîtrise du marché plus que dans la production » ;
3) les « profits monétaires » ;
4) enfin la « vente de certaines catégories de services ».

La participation au capital et à la gestion d'une entreprise et au partage de ses résultats financiers sans « avance de capital », qui est le propre des « nouvelles formes », est une expression de plus de cette capacité que possède le capital concentré de s'accroître en se nourrissant d'une composante rentière. Cet attribut ne se manifeste pas seulement dans les rapports Nord-Sud. Au cours de la période 1975-1990, les pays industrialisés ont également vu un élargissement notable de la gamme des formes d'appropriation et de centralisation par la grande entreprise de valeurs produites, à l'extérieur de ses « frontières de firme », par d'autres entreprises plus petites ou plus vulnérables, à un titre ou à un autre. Les accords de coopération scientifique et technique avec des laboratoires publics ou universitaires, que nous examinerons plus loin, comportent souvent des ingrédients de ce type, de même que l'éventail de relations de sous-traitance industrielle sur lesquelles sont construites les « firmes réseaux ».

Coûts de transaction et internalisation

L'un des traits spécifiques, et aussi l'un des privilèges ou « avantages propres » de la grande firme, donc *a fortiori* de la FMN, est de constituer entre maison mère et filiales un marché interne (désigné depuis longtemps par F. Perroux comme l'« espace propre » de la « grande unité interterritoriale »). Présenter les choses de cette manière, c'est avant tout faire un constat, dont un certain nombre de conclusions peuvent évidemment ensuite être tirées, par exemple en ce qui concerne les sources de compétitivité ou le pouvoir économique d'une telle firme.

La nouvelle économie industrielle, dont l'un des initiateurs et chefs de file les plus connus est O. E. Williamson, ne l'entend pas ainsi. Il lui faut à tout prix justifier la formation de la grande firme, alors que son existence infirme le postulat de la concurrence parfaite, met à mal la souveraineté du consommateur et nous porte loin du terrain où l'orthodoxie régnante voudrait nous attirer. Parce qu'elle affronte ces questions alors que la théorie néoclassique les esquive ou les évacue, la théorie des «défaillances du marché» a très vite joui d'une légitimité considérable dans la profession économique. Williamson ne fait pourtant pas mystère de ce que son but est de montrer l'illégitimité théorique de l'action des autorités antitrust. Son livre est axé sur la démonstration que la grande dimension des firmes contemporaines et un degré plus ou moins élevé de concentration ne sont rien d'autre que des conséquences inévitables d'un univers économique à information imparfaite et à comportements opportunistes fréquents, lesquels rendent les marchés, en dépit du statut d'institution fondatrice du système économique actuel que ceux-ci possèdent, inaptes à jouer leur rôle[5].

Sans faire violence à Williamson, dont le style est clair et qui joue cartes sur table, on peut résumer sa conclusion ainsi : la concentration économique et la grande dimension des «hiérarchies» ne sont en aucune façon imputables aux firmes, mais uniquement aux marchés, dont les «défaillances» obligent les entreprises à internaliser des transactions après avoir absorbé les firmes avec lesquelles elles traitaient, ou à créer des unités de production nouvelles pour organiser les transactions au sein de son propre marché «interne», privé.

Puisque les causes de défaillance des marchés vont en augmentant, même de façon qualitative, dès que la firme s'internationalise, la théorie des coûts de transaction a été présentée par un important courant de la littérature anglo-saxonne comme fournissant la clé de la formation de la FMN et de sa décision de produire à l'étranger. Cette position a été défendue en particulier par A. Rugman et M. Casson. Le dernier a même dressé la liste type (par définition non exhaustive) des obstacles à l'échange international qui sont liés à l'imperfection des marchés et qui sont donc générateurs de coûts de transaction. Ces obstacles comprennent : l'absence de

---

5. Ce qui expliquerait et rendrait inévitables, donc justifiables, le recours à l'intégration, les acquisitions/fusions et la constitution de «hiérarchies» (le terme williamsonien pour désigner les grandes firmes), qui ne seraient rien d'autre que «les coûts de rédaction et d'exécution des contrats complexes» entre firmes indépendantes. Ces coûts, à leur tour, proviendraient du jeu combiné de facteurs tenant à l'environnement des firmes et de facteurs humains. Les premiers tiendraient à l'incertitude ou encore au caractère imparfait de l'information à la disposition de la firme au moment de prendre ses décisions. Les seconds relèveraient de la rationalité limitée et de l'opportunisme foncier qui caractériseraient le comportement des êtres humains.

contact entre l'acheteur et le vendeur, l'ignorance des désirs réciproques, l'absence d'accord sur le prix, l'absence de confiance dans l'adéquation des marchandises aux spécificités fixées au départ, la nécessité de déplacer les marchandises, l'existence de tarifs douaniers, de taxes sur les gains nés de la transaction, de contrôles des prix, de quotas, l'absence de confiance dans la restitution en cas de non-paiement. On le voit, la liste est longue ; on peut même se demander par quel miracle un commerce international entre firmes indépendantes peut malgré tout se produire !

Les auteurs qui adoptent cette approche sont conduits dans tous les cas à faire de l'internalisation le pendant nécessaire, en quelque sorte inévitable, de la multinationalisation. Pour reprendre une remarque de Michalet, dans cette approche, « la lutte contre les coûts de transaction engendre les multinationales » de façon presque naturelle. Elle permet de justifier la préférence pour l'investissement direct par rapport à l'exportation ou à la vente de licences. La réalisation de cet objectif ne doit pas seulement conduire les firmes à créer des filiales dans plusieurs pays à l'étranger ; elle les oblige aussi à les organiser très étroitement, sous un même contrôle, de façon à maîtriser l'internalisation internationale des coûts de transaction.

Il n'y a qu'une ligne de partage très étroite entre l'internalisation conçue comme moyen pour la firme de se défendre contre les imperfections ou « défaillances » du marché et l'internalisation comme instrument permettant à la firme de créer de nouvelles « imperfections » à son propre profit. Ainsi que le constate Dunning, pourtant proche de Rugman et Casson, chaque fois que « les entreprises préfèrent remplacer ou ne pas utiliser les mécanismes du marché, mais répartir leurs ressources en fonction de leurs propres procédés de contrôle, non seulement elles y gagnent, mais d'autres entreprises risquent d'y perdre (en particulier celles qui étaient leurs clients ou leurs fournisseurs avant l'intégration verticale, ou leurs concurrents avant l'intégration horizontale). L'internalisation constitue donc une motivation puissante pour les rachats et fusions et un instrument précieux dans la stratégie des oligopoleurs » (1981, p. 28).

La logique de l'internalisation est donc qu'elle offre un moyen non seulement de sauvegarder l'avantage monopolistique des firmes, mais encore de le créer et surtout de le renforcer. C'est ce que Rugman finit par concéder. Il reconnaît que « l'internalisation

▼▼▼

est un dispositif (*device*) pour conserver à la firme son avantage spécifique à une échelle mondiale », mais aussi que les filiales permettent aux multinationales de segmenter les marchés nationaux et d'utiliser la discrimination des prix pour maximiser leur profit au niveau mondial.

L'internalisation conduit donc à la formation de situations permettant l'appropriation de rentes. Il en va ainsi notamment pour la technologie, ce qui explique, selon Michalet, pourquoi « la plupart des tenants de la théorie [de l'internalisation] accordent une grande importance à son application à la technologie ». « Celle-ci, observe-t-il, est définie comme un bien collectif. Sa consommation ne réduit pas sa disponibilité ; le fait qu'un individu puisse y accéder implique que tous les autres individus peuvent y avoir également accès. La nature de ces biens les place en dehors du champ de l'économie puisqu'ils sont la négation de la rareté. Leur coût marginal étant nul, leur prix devrait l'être aussi. Voilà évidemment une situation qui n'a rien d'attrayant pour la firme privée qui a produit la connaissance et qui serait ainsi dans l'impossibilité de la valoriser. C'est à ce point que la théorie de l'internalisation va trouver une nouvelle occasion d'être utile. L'effet, l'accaparement de la technologie et du savoir-faire qui l'accompagne, va être réalisé par la création d'un marché interne à la firme. Du même coup, l'avantage technologique que détient cette dernière ne va plus se diluer sur le marché libre. L'internalisation va réaliser la métamorphose d'un bien intangible – un certain savoir, par exemple – en un élément patrimonial. » (1985, p. 81.)

La théorie des coûts de transaction vient donc légitimer les efforts de la grande firme cherchant à s'approprier des rentes. Pour quiconque se situant, ne fût-ce que partiellement, sur ce terrain théorique, la seule position scientifiquement honnête est celle de Dunning. À partir du moment où la défaillance du marché n'est en aucune sorte, pour la firme de grande dimension, surtout une FMN, un paramètre externe sur lequel elle n'aurait pas de prise, mais au contraire une situation qu'elle peut créer ou accentuer par sa propre action dans les domaines qui l'intéressent, cette firme doit être définie comme disposant, en plus de ses propres « avantages spécifiques à la firme », d'une très large gamme d'avantages compétitifs (tableau 4.3) découlant du privilège qu'elle détient de se mettre partiellement hors marché et d'accroître d'autant son pouvoir de négociation face à tous les autres agents économiques.

▼▼▼

Pour reprendre le cas de la technologie, l'« avantage spécifique résultant de l'internalisation » donne à la grande firme une capacité particulière pour faire fructifier ses brevets et licences de façon rentière, en négocier la cession et aujourd'hui l'échange croisé. Cette capacité, elle la doit à sa possession de l'atout unique : le marché interne de groupe transnationalisé et protégé, qui est né de la création de filiales ou de leur acquisition par fusion.

Tableau 4.3
Avantages liés à la multinationalisation et choix de localisation chez J. H. Dunning

Avantages spécifiques à la firme	Avantages nés de l'internalisation	Variables affectant les choix de localisation (positivement ou négativement)
A. *Avantages propres au sens strict* Propriété technologique. Dotations spécifiques (hommes, capitaux, organisation). B. *Avantages liés à l'organisation en groupe* 1. Économies d'échelle, économies d'envergure. Pouvoir de marché comme acheteur et comme vendeur. Accès aux marchés (facteurs et produits). 2. Multinationalisation antérieure. Connaissance du marché mondial. Apprentissage de la gestion internationale. Capacité à exploiter les différences entre pays. Apprentissage de la gestion des risques.	Économies de transaction dans l'acquisition des intrants (technologie inclue). Réduction de l'incertitude. Protection accrue de la technologie. Accès aux synergies propres aux activités interdépendantes. Contrôle de l'aval et des débouchés. Possibilité d'éviter ou d'exploiter des mesures gouvernementales (fiscalité notamment). Possibilité de pratiquer la manipulation des prix de transfert, la fixation des prix prédateurs, etc.	Ressources spécifiques du pays. Qualité et prix des intrants. Qualité des infrastructures et externalités (R-D, etc.). Coûts de transport et de communication. Distance psychique (langue, culture...). Politique commerciale (barrières tarifaires et non tarifaires, contingentement). Menaces protectionnistes. Politique industrielle, technologique, sociale. Subventions et mesures pour attirer les firmes.

Source : adaptée du tableau 1.1 dans Dunning, 1988. (On notera en particulier que Dunning n'utilise plus l'expression « avantages pays », et qu'il inclut dans les avantages propres à la firme une longue liste d'avantages liés à l'organisation en groupe et à l'antériorité dans la multinationalisation.)

Concentration internationale du capital et formation des oligopoles mondiaux

5.

La dimension des grands groupes, dont nous commençons à saisir la physionomie, s'est accrue de façon sensible au cours des années quatre-vingt. Le constat en a été fait par W. Andreff dès 1982. La crise a épargné les grands groupes, qui ont connu au contraire une croissance soutenue. Celle-ci a été marquée, ou plus exactement permise, par la nouvelle poussée de leur expansion internationale ainsi que par le recours massif aux fusions et aux acquisitions. Nous avons vu au chapitre 3 qu'une nouvelle vague de fusions est en cours depuis 1993. Dans le nouveau livre qu'il vient de consacrer aux multinationales, W. Andreff (1996) réaffirme, à juste titre, la position qu'il avait soutenue en 1982. Il place le mouvement de centralisation internationale du capital dans le contexte de croissance lente et de surproduction ouverte ou latente, dont nous avons parlé plus haut au chapitre 1 : « La crise augmente le nombre de firmes en difficulté et provoque des regroupements. La centralisation du capital est un moyen pour les FMN de se diversifier vers des secteurs rentables et des pays prometteurs ainsi que de prendre le contrôle de capacité de production redondante et concurrente pour les éliminer. Elle est un mode de recomposition des oligopoles et, lorsqu'elle est internationale, elle accroît la pénétration réciproque des marchés intérieurs des pays développés par leurs propre FMN. Pour celles-ci, c'est un moyen de faire croître leurs parts de marché mondial, même quand ce dernier n'est pas dynamique[1]. » Pour notre part, nous ajouterions que la centralisation du capital opérée au travers des fusions/acquisitions fait supporter aux firmes plus faibles le poids de la stagnation de la demande ; elle retarde le moment où la surproduction devient un problème incontournable même pour les plus grands groupes.

C'est aux États-Unis que les données relatives à la création d'entreprises nouvelles et à l'acquisition d'entreprises existantes de la part de firmes étrangères, tant en nombre de transactions qu'en valeur des investissements, sont les plus précises. Bien qu'elles soient moins détaillées, les données sur les opérations de concentration industrielle (fusions et acquisitions de parts majoritaires, acquisitions de parts minoritaires, création de filiales communes)

---

1. Andreff (1996), p. 55. Dans la première édition de *La Mondialisation du capital*, j'ai fait (p. 61) des remarques critiques à l'égard du livre de 1990 de W. Andreff sur les multinationales, que j'élimine de cette réédition, au vu des positions très nettes qu'il a exposées avec talent en 1996.

▼▼▼

menées par des entreprises des pays de l'UE mettent en évidence également le rythme rapide de la concentration des firmes, impliquant leur « rationalisation » et leur restructuration. La concentration s'est effectuée simultanément au plan national, à l'échelle communautaire et au niveau proprement international, c'est-à-dire « triadique ». Le nombre de fusions et acquisitions d'intérêts majoritaires en 1988-1989 a été plus de quatre fois supérieur au niveau enregistré en 1982-1983. Elles ont augmenté de manière significative surtout après 1987, la perspective du marché unique donnant de toute évidence un élan supplémentaire au processus conjoint de concentration et d'internationalisation[2].

Tableau 5.1
Acquisitions et créations de firmes par les capitaux étrangers aux États-Unis (en milliards de dollars)

	1985	1986	1987	1988	1989	1990	1991	1992	1993
Acquisitions en valeur	20	31	34	65	60	55	18	11	23
en nombre	390	555	543	869	837	839	561	463	553
Créations en valeur	3	8	6	8	11	11	8	5	3
en nombre	363	485	435	555	743	778	530	418	456

Ces données ne sont pas comparables aux chiffres concernant les flux d'investissements établis sur la base des balances des paiements.
Source : *Survey of Current Business*, mai 1995.

L'oligopole international ou mondial

La forme la plus caractéristique de l'offre dans le monde est aujourd'hui l'oligopole. L'existence de situations d'oligopole ne se déduit pas mécaniquement du degré de concentration. En effet, l'énoncé le plus général, mais aussi le plus fructueux, permettant de décrire l'oligopole tient à l'interdépendance entre firmes qu'il comporte, « les firmes ne réagissant plus à des forces imper-

---

2. Pour les fusions/acquisitions intéressant les groupes européens, voir *Économie européenne 1994*, n° 57, et les suppléments A, n° 3, mars 1995, et n° 7, juillet 1996.

sonnelles en provenance du marché, mais personnellement et directement à leurs rivales » (Pickering, 1974).

C'est pourquoi nous définissons l'oligopole mondial comme un « espace de rivalité[3] », délimité par les rapports de dépendance mutuelle de marché qui lient le petit nombre de grands groupes qui parviennent, dans une industrie (ou dans un complexe d'industries à technologie générique commune), à acquérir et à conserver le statut de concurrent effectif au plan mondial. L'oligopole est un lieu de concurrence féroce, mais aussi de collaboration entre groupes. Ceux-ci reconnaissent leur « dépendance mutuelle de marché » (Caves, 1974), de sorte que les rapports constitutifs de l'oligopole sont en eux-mêmes, de façon inhérente, un important facteur de barrière à l'entrée sur lequel d'autres éléments (tels que les coûts irrécouvrables ou le niveau des investissements de R-D) peuvent ensuite venir se greffer.

Le caractère mondialisé de la concurrence revêt deux sens différents

Le caractère mondialisé de la concurrence touche toutes les entreprises. Pour les entreprises purement nationales et les PME, européennes notamment, elle est pour une large part la conséquence directe de la libéralisation des échanges à la fois dans le cadre du GATT-OMC et du marché unique. Pour ces firmes, la concurrence mondialisée est une menace qui peut dans certains cas être tout à fait précise et identifiable, mais qui reste très souvent anonyme. Pendant une longue période, ces entreprises ont vécu relativement protégées. Elles ont bénéficié sans en avoir conscience des brides et des entraves que des luttes menées en 1936, 1945-1948 et 1968 par d'autres forces sociales qu'elles-mêmes avaient placées sur le libre jeu du marché capitaliste. Aujourd'hui, la concurrence mondialisée se dresse face à ces firmes (parfois encore artisanales, comme dans le cas de la pêche bretonne) comme l'expression des lois coercitives de la production capitaliste, auxquelles la libéralisa-

---

3. Nous n'utilisons pas ici le terme « espace » dans un sens géographique ou géopolitique, mais dans son acception conceptuelle de « milieu idéal ou abstrait » délimité par des rapports. Notre définition a sa source dans certaines des analyses de F. Perroux sur les formes de la concurrence.

tion et la déréglementation ont rendu aujourd'hui toute leur puissance dévastatrice.

Pour les grands groupes opérant dans des industries très concentrées au plan mondial, les choses n'en vont pas de même. Ces groupes connaissent leurs rivaux. Dans leur cas, la mondialisation de la concurrence *n'est pas anonyme*. Elle prend la forme, au contraire, d'une situation dans laquelle ils rencontrent leurs rivaux et parfois s'y heurtent « aux quatre coins de la planète » : très exactement aux trois pôles de la Triade, ainsi que dans les quelques autres pays et bouts de continent où un pouvoir d'achat – une « demande solvable » – existe. Pour ces groupes, le caractère « global » du marché ainsi que de la concurrence (ou rivalité) résulte autant de l'IDE sous la forme de l'« invasion mutuelle » par investissements croisés que de la libéralisation des échanges commerciaux. Pour eux, la mondialisation est synonyme de décloisonnement des oligopoles nationaux et de rivalité intense, mais elle signifie aussi la liberté d'action retrouvée, en particulier celle de pouvoir organiser la production en intégrant les avantages offerts par des appareils productifs ou des systèmes nationaux d'innovation distincts et en exploitant les différences dans le coût de la main-d'œuvre.

Les industries caractérisées par des structures d'oligopole mondial sont celles où, pour s'exprimer comme Caves, « les césures fortes dans la chaîne globale de dépendance réciproque » entre les oligopoleurs ont fait place à une situation dans laquelle l'« interdépendance » (entre oligopoleurs) « transcende » bel et bien les frontières nationales. Cette situation nouvelle n'est pas le produit de la « stratégie » d'une entreprise, ni même de plusieurs. Elle est le résultat de la libéralisation et de la déréglementation, ainsi que du processus de concentration que celles-ci ont provoqué. Les stratégies des firmes se sont intégrées comme des composantes de ce mouvement qui a fait boule de neige à mesure que chaque grand groupe a commencé à comprendre les nouvelles règles du jeu et a développé ses investissements à l'étranger en conséquence.

La mesure de la concentration mondiale

Le taux de concentration mondiale fournit une première approximation du nombre de rivaux oligopolistiques au sens propre du terme, à savoir ceux qui sont effectivement capables de soutenir une concurrence « globale », menée simultanément sur leur propre marché, sur ceux de leurs rivaux et sur les marchés tiers. Au terme du processus combiné d'investissement international croisé et d'acquisitions et fusions dont il vient d'être question, il est tombé à des niveaux correspondant, toutes choses égales par ailleurs, à ceux qui permettaient de diagnostiquer, il y a encore seulement vingt ans, l'existence d'une situation d'oligopole au plan national.

A la suite des travaux menés dans le cadre de la législation antitrust aux États-Unis dans les années cinquante, un accord s'était fait sur les indicateurs de la concentration. La part respective des quatre, huit et vingt premières firmes dans la production et les ventes était utilisée comme premier élément d'appréciation de la forme dominante de la concurrence dans une branche ou un groupe de produits. La plupart des auteurs considéraient que si la part des quatre plus grandes firmes dans la production, les ventes et le chiffre d'affaires d'une branche ou d'une classe de produits était inférieure à 25 %, une situation de concurrence imparfaite régnait. Dès que les quatre firmes les plus importantes détenaient plus de 25 % du marché, on s'accordait pour dire que la situation d'oligopole débutait. Entre 25 % et 50 %, cet oligopole était caractérisé comme faible et instable, mais, au-delà de ce point, il était considéré comme cristallisé et durablement constitué. Pour J. Bain (1968), les oligopoles hautement concentrés sont ceux où les huit entreprises de tête contrôlent plus de 90 % du marché et les quatre premières de 65 % à 75 % ; dans le cas des oligopoles très concentrés, les huit premières firmes détiennent entre 85 % et 90 % et les quatre premières entre 60 % et 65 % ; enfin, les oligopoles modérément concentrés sont ceux où le contrôle correspondant est de 70 % à 85 % et de 50 % à 65 %.

Le rapport TEP (OCDE, 1992) a réuni des données, encore fragmentaires, bien sûr, qui montrent que ces ratios sont désormais atteints au niveau mondial beaucoup plus souvent qu'on ne le reconnaît habituellement. Faisant écho aux craintes que les politiques d'ajustement structurel, qui ont largement favorisé le mouvement de concentration s'exerçant à l'échelle internationale, ne se heurtent désormais aux dangers d'une cartellisation internationale, ce rapport a suggéré que « le temps [était] peut-être arrivé de s'accorder sur l'identification et la mesure de l'oligopole international ». Il a donc proposé que les mesures de concentration (voir tableaux 5.2 et 5.3) qui ont commencé à être publiées dans un cer-

▼▼▼

tain nombre d'études de cas et d'études sectorielles, y compris dans des publications de l'OCDE, de l'UE, du Centre de développement de l'OCDE et des Nations unies (le Centre des Nations unies sur les entreprises transnationales, tant qu'il existait, et la CNUCED), soient désormais collectées de façon systématique et soumises à un examen périodique dans les instances internationales appropriées. Cela ne se fait toujours pas, bien que la Commission européenne se prononce maintenant publiquement sur les grandes fusions entre groupes américains et, évidemment, sur les fusions à caractère transatlantique. A l'OCDE, les études de cas de la DSST continuent à fournir des chiffres sur la concentration (voir en particulier OCDE, 1996).

Tableau 5.2
Concentration dans le marché des ordinateurs
Parts de marché en pourcentages

		IBM	4 prem.	10 prem.	Indice Herfindahl
Total ordinateurs	1984	41	53	67	0,181
(sauf périphériques	1988	28	45	64	0,097
et autres matériels)					
Dont : gros systèmes	1984	58	76	91	0,35
	1988	40	75	93	0,21
moyens systèmes	1984	22	43	62	0,076
	1988	17	42	64	0,070
micros	1984	37	60	77	0,166
	1988	24	46	69	0,089

Source : K. Flamm, 1990, à partir de l'enquête de *Datamation* portant sur les principales sociétés informatiques, pour différentes années.

Des formes très concentrées de la production et de la commercialisation à l'échelle internationale sont loin d'être une nouveauté. Dans l'industrie du pétrole ou de l'extraction et du traitement de métaux non ferreux (par exemple, l'aluminium), une concentration élevée a été depuis longtemps un trait dominant de l'offre. Ce qui est caractéristique de la phase dite de mondialisation, c'est l'extension de structures d'offre très concentrées vers la plupart des industries à forte intensité de R-D ou de «haute technologie»

Tableau 5.3
Autres indicateurs de la concentration mondiale

Automobiles	1981	10	entreprises assurant	70	% de la production mondiale
	1994	10	entreprises assurant	76	% de la production mondiale
Pièces en verre	1988	3	entreprises assurant	53	% de la production mondiale
pour automobiles		7	entreprises assurant	88	% de la production mondiale
Pneumatiques	1988	6	entreprises assurant	85	% de la production mondiale
Traitement de données/DRAM	1987	5	entreprises assurant	65	% de la production mondiale
		10	entreprises assurant	100	% de la production mondiale
Traitement de données/ASIC	1988	4	entreprises assurant	54	% de la production mondiale
		12	entreprises assurant	100	% de la production mondiale
Matériel médical	1989	7	entreprises assurant	90	% de la production mondiale
Produits de la pétrochimie					
Polypropylène	1980	4	entreprises assurant	34	% de la production mondiale
		8	entreprises assurant	50	% de la production mondiale
Polystyrène	1980	4	entreprises assurant	51	% de la production mondiale
		8	entreprises assurant	69	% de la production mondiale

Source : OCDE (Division de l'industrie), Centre de développement de l'OCDE.

ainsi que dans de nombreux secteurs de fabrication à grande échelle. Dans les industries à forte intensité de R-D, les exceptions majeures sont en fait les secteurs où les structures d'offre sont encore plus concentrées : c'est le cas des lanceurs spatiaux, des avions civils long-courriers, ou d'autres produits très spécialisés de l'industrie militaire. Dans ces industries, la disparition de l'un des quelques concurrents restant ne peut avoir d'autre effet que de conduire vers des situations de monopole pur et simple. La fusion entre Boeing et McDonnell Douglas est un pas évident dans cette voie.

Le décloisonnement des anciens oligopoles nationaux

Chez les économistes qui s'intéressent à la mondialisation, l'accord sur la nécessité d'étudier les conséquences de la concentration mondiale n'est pas encore général. Certains spécialistes continuent à porter leur attention surtout sur les conséquences, en matière de concurrence, du décloisonnement des anciens oligopoles nationaux.

L'accroissement du degré de concurrence sur chaque marché national considéré séparément est indiscutable. Dans des industries oligopolistiques, où l'effet de la libéralisation des échanges sur

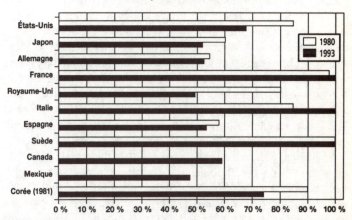

Source : OCDE (1996), à partir des données de l'AAMA.

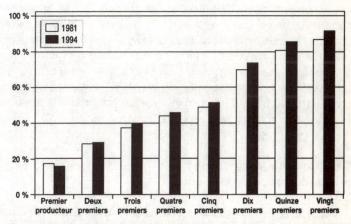

Source : OCDE (1996), à partir des données du CCFA.

la concurrence ne devient vraiment effectif que s'il se double d'une pénétration des rivaux par la voie de l'investissement direct, il est certain que le mouvement d'investissements croisés qui a eu lieu au long des années quatre-vingt a mis à mal les barrières industrielles protégeant les positions des oligopoles nationaux. Les auteurs américains sont évidemment particulièrement sensibles à ces effets. Pour un ensemble de raisons, les premières étant leur avance technologique et leur puissance financière, les oligopoles américains étaient particulièrement forts et efficaces dans la défense collective de leurs positions. On possède donc de nombreuses études, notamment dans l'informatique (Flamm, 1990 et 1992), sur les effets du décloisonnement de l'oligopole américain et son évolution sous l'effet de la concurrence japonaise.

En France, F. Sachwald (1994) a défendu la thèse de la réduction du degré de concentration dans l'industrie automobile à la suite du décloisonnement des oligopoles nationaux, tout en étant obligée de reconnaître qu'il y avait des exceptions dans certains pays. Le graphique 5.4 publié dans le chapitre sur cette industrie dans l'OCDE (1996) illustre bien la situation contrastée, mais le graphique 5.5 tiré de la même étude montre qu'indépendamment des situations nationales le processus de concentration mondiale s'est poursuivi de façon régulière. Le décloisonnement a entraîné le passage de l'oligopole national à l'oligopole mondial. Il a changé la nature et l'intensité de la concurrence, mais il n'a pas diminué les barrières à l'entrée dans l'automobile. Les « vrais rivaux » sont toujours moins nombreux (il n'est pas du tout sûr que les groupes français en fassent partie). En dépit de la situation de surproduction, les groupes les plus puissants ont décidé, conformément à la pratique de la rivalité oligopolistique, de s'engager dans une course aux investissements nouveaux pour épuiser les concurrents les plus faibles (*The Economist,* 10 mai 1997) et tenter ainsi de créer les conditions d'un contrôle oligopolistique des prix dans l'avenir (voir l'encadré page ci-contre).

Concurrence entre oligopoles ou concurrence systémique ?

C'est S. Hymer qui fut le premier à annoncer, dès 1970, que l'achèvement de la reconstruction des capitalismes européens et

■

Dans un article de 1970, W. W. Hymer et S. Rowthorn émettaient l'hypothèse que, après une période transitoire plus ou moins longue de rivalité oligopolistique accentuée, la formation d'une structure d'offre unique à partir de l'investissement international croisé aboutirait à une répartition des marchés en fonction des rapports de forces intra-oligopolistiques ainsi qu'à des accords de fixation des prix. Des indices de l'un et l'autre phénomènes sont identifiables, même si pour l'instant ils sont apparus dans le contexte de situations d'oligopole mixte au sens de Cotta (1978), c'est-à-dire avec l'intervention des États dans le jeu oligopolistique. Dans l'automobile, par exemple, une forme instable de partage des marchés existe, mais elle est le fait des « accords de restriction volontaire d'exportation » et des décisions relatives aux quotas de production par les filiales étrangères, dans l'élaboration desquels les groupes et les gouvernements sont parties prenantes et le rôle des États décisif. Dans les semi-conducteurs, l'intervention du gouvernement des États-Unis en 1979 pour freiner momentanément la guerre des prix engagée par les Japonais a abouti *de facto* à une fixation des prix dans le marché américain à un prix de monopole permettant aux oligopoles américains les moins compétitifs de vendre leurs produits (Flamm, 1990).

■

japonais et la renaissance des FMN dans ces pays allaient provoquer la transition d'une internationalisation du capital caractérisée par l'extension mondiale de l'oligopole domestique des États-Unis vers une situation qui verrait se constituer l'oligopole international proprement dit. Après presque vingt ans d'expansion internationale des groupes japonais et une dizaine d'années d'acquisitions/fusions transfrontières, celui-ci est désormais en place. Comme nous le verrons au chapitre 8, contrairement à ce que peut laisser entendre le terme d'« industrie globale » utilisé par M. E. Porter (1986), les industries, comprises comme appareils de production, sont très loin d'être intégrées au plan mondial. En revanche, *le marché mondial l'est*, et à un degré jamais atteint par le passé. Cela vaut, en particulier, pour les marchés internes des différents pays de l'OCDE, où la demande effective mondiale est concentrée, la seule exception partielle, qui fait tellement problème, étant le marché interne du Japon. Évoquant en 1974 « la possibilité que l'interdépendance transcende les frontières nationales », Caves avait estimé alors que

▼▼▼

celles-ci constituaient encore des « césures fortes dans la chaîne globale de dépendance réciproque ». Aujourd'hui, dans un nombre toujours plus grand d'industries, ce n'est plus le cas.

En 1988, la revue *Économies et sociétés* a publié un numéro spécial important sur la théorie de l'oligopole. Dans sa contribution, M. Humbert préfère la notion de « concurrence systémique » à celle d'oligopole. Dans la théorie classique de l'oligopole, note M. Humbert, celui-ci « est une structure stable d'un relatif petit nombre de producteurs qui, selon le principe dit "de P. Sylos Labini", sont censés maintenir les quantités produites même si un nouvel entrant apparaît ; celui-ci hésite et finit par renoncer sous la menace de voir le prix redescendre à un niveau où l'entrée ne saurait être profitable. Les oligopoleurs préféreront une concurrence douce, hors prix, privilégiant le délicat équilibre. On suppose en général une situation d'équilibre dite "de Nash" (1951), c'est-à-dire qu'aucune firme ne peut espérer améliorer sa position en changeant sa stratégie (même en supposant que les autres stratégies sont données et stables) ». Tout cela est indubitablement exact. On notera pourtant que lorsque R. Caves, dans son article classique de 1974, analyse l'IDE des groupes américains comme l'extension internationale de leur rivalité oligopolistique domestique, il casse déjà ce cadre statique et introduit de fortes variables stratégiques. Le caractère statique de la théorie peut être corrigé sans que l'approche en termes d'oligopole, soulignant explicitement le caractère concentré des structures d'offre, soit abandonnée.

Tout en constatant le maintien de niveaux élevés de concentration et la « survie dynamique des grands groupes » dans le nouveau contexte des années quatre-vingt, M. Humbert estime en effet que, compte tenu du déclin de la domination des oligopoles américains, l'irruption des Japonais, le changement technologique et l'incertitude accrue, l'étude des nouvelles stratégies des grands groupes et de leur interactivité suppose que soit « abandonnée une problématique réduite aux structures pour l'étendre au fonctionnement, ce qui s'appelle une approche systémique » (p. 256). C'est sans doute parce que l'« interactivité des stratégies » est pour nous l'*essence de l'oligopole,* que le terme semble devoir être maintenu. Il reste que certains des traits caractéristiques de l'oligopole mondial se rapprochent de ceux auxquels M. Humbert accorde le terme de « concurrence systémique ». Il en est ainsi en particulier du rôle joué par les États aux côtés de leurs grands groupes « nationaux », ce dont il sera question dans le prochain chapitre.

▼▼▼

D'autres raisons paraissent justifier le maintien du terme. D'abord, la notion d'oligopole traduit infiniment mieux les dimensions d'appartenance et de non-appartenance à une structure d'offre, ainsi que celles de la persistance de barrières à l'entrée (aujourd'hui des barrières dynamiques construites sur une hiérarchie de facteurs assez différents des facteurs classiques de Bain), d'effets de domination subis, etc. Ensuite, après une période initiale de flux et de profonde instabilité, rien ne permet de dire qu'on ne connaîtra pas de nouveau des situations plus stables où se réaffirmeront certains des traits classiques de l'oligopole dans le domaine de la fixation des prix.

Trois niveaux dans les stratégies de mondialisation des groupes

Le caractère oligopolistique de la concurrence implique la dépendance mutuelle de marché ainsi que l'institution de formes combinées de coopération et de concurrence entre les «vrais rivaux». Il ne signifie en aucune façon que les groupes ne se livrent pas à une rivalité forte, souvent féroce, au besoin d'intention «mortelle». L'arène est mondiale. Il faut donc que les stratégies des rivaux le soient également, de même que les modes de coordination, contrôle et gestion mis en œuvre au sein des groupes. Mais c'est toujours en exploitant de leur mieux les disparités nationales, et au besoin en les reconstituant, que les oligopoleurs mènent la concurrence[4]. Cela est vrai même au sein du «premier monde» que leurs stratégies collectives ont pourtant pour effet d'homogénéiser chaque jour un peu plus.

Trois niveaux essentiels sont à considérer. Le premier niveau est celui des «avantages propres au pays d'origine», ceux que chaque rival tire de son appartenance nationale. Le deuxième concerne l'acquisition des intrants stratégiques à la production, dont toute grande firme doit organiser l'approvisionnement au plan mondial.

---

4. Voir la remarque méthodologique importante de C.-A. Michalet à ce propos : «La mise en place d'un espace multinational intégré ne signifie pas que les FMN suppriment les disparités nationales. Elles n'en ont pas le pouvoir, et il n'est pas sûr que ce soit dans leur intérêt d'aller dans cette direction [si elles veulent continuer] à tirer parti des différences existant entre nations.» (1985, p. 83.)

Aujourd'hui, les intrants stratégiques sont essentiellement de deux ordres. Il y a d'abord les matières premières stratégiques, souvent situées, comme par le passé, à l'extérieur de la zone OCDE, dans des pays ou régions du tiers monde. Il y a ensuite les intrants scientifiques et technologiques localisés cette fois dans les pays de l'OCDE. L'interpénétration toujours plus étroite entre la science et l'activité économique fait de l'identification de ces intrants (ce qu'on nomme la «veille technologique») et de leur acquisition par des «accords de coopération technique» ou des opérations d'intégration verticale en amont une composante de la stratégie technologique des groupes et le complément de leur propre R-D. Comme nous le verrons dans les deux prochains chapitres, il s'agit aussi d'un champ où la concurrence entre les groupes est très vive, mais où leur collaboration mutuelle est également très importante.

Le troisième niveau est celui des activités «courantes», mais néanmoins décisives, de production et *surtout de commercialisation*. Aujourd'hui, ce sont les grands ensembles continentaux, marchés uniques ou «communautés», formés aux trois pôles de la Triade qui constituent le cadre géopolitique de l'intégration industrielle. C'est là que les FMN cherchent à tirer parti de la dimension et de l'homogénéité accrues de leurs marchés, mais aussi des disparités entre les pays d'une zone régionale/continentale, tant dans le domaine de la spécialisation de l'appareil productif qu'en matière de coûts salariaux, de législation du travail et de régime fiscal du capital. En raison du rôle joué aujourd'hui par la capacité des firmes d'être en prise directe avec leur marché, les grands ensembles «régionaux» (c'est-à-dire continentaux) sont également le lieu principal de la rivalité par investissements croisés : la capacité d'un groupe à conserver son statut de concurrent/rival effectif se mesurant à l'importance de sa présence dans les autres régions de la Triade que la sienne.

C'est à l'analyse du comportement des FMN en relation avec les premier et troisième niveaux de mondialisation que le chapitre 6 est consacré. Le rôle joué par la technologie dans leurs stratégies de mondialisation ainsi que la place qu'elle occupe dans les rapports de coopération et de concurrence entre rivaux font l'objet des chapitres 7 et 8.

La place particulière des États-Unis dans l'oligopole mondial

La première source de disparités dont la majorité des FMN jouissent, et qu'elles souhaitent généralement conserver, tient à leurs propres « avantages pays », ceux qui leur sont donnés par leur appartenance à un espace national. Ces avantages ne servent pas seulement à délimiter, aujourd'hui encore, les pays du « Nord » de ceux du « Sud », lesquels continuent à regrouper la majorité des pays et régions ayant connu une domination coloniale ou semi-coloniale. Ils constituent aussi des composantes centrales de la concurrence oligopolistique au sein des groupes industriels appartenant aux pays les plus riches (dont la répartition par origine nationale figure au tableau 5.6).

Les « avantages pays » résultant d'une appartenance nationale déterminée comprennent, dans les combinaisons les plus variées, les facteurs économiques, politiques et militaires. Nous parlerons plus loin des facteurs économiques, politiques et sociaux qui façonnent la « compétitivité structurelle » d'une économie, dont l'une des composantes est son système national d'innovation. Cependant, la position des États-Unis au sein du système financier mondial, leur puissance politique et militaire et la place qu'ils occupent dans la projection planétaire d'images et de mythes marchandisés sont autant de facteurs qui entrent dans les « avantages tenant à la nationalité » des FMN américaines (tous secteurs confondus), et qui pèsent sur le déroulement, sinon l'issue, des rivalités oligopolistiques. On retrouve ici la dimension dont les premiers chapitres ont toujours rappelé l'importance : celle du caractère hiérarchisé de l'économie mondiale et de la place que des puissances hégémoniques y occupent.

Le cas de figure actuel est celui d'une hégémonie américaine fondée sur une série de facteurs qui continuent à compenser très largement la perte de compétitivité industrielle indéniable des États-Unis[5], ainsi que les effets, y compris économiques, de

---

5. Grâce aux restructurations brutales du *re-engineering* (voir M. Albert, 1994) et à une gestion du rapport salarial selon les préceptes du néolibéralisme pur et dur, les groupes industriels américains ont récupéré une partie de leur compétitivité perdue. Ils ont également bénéficié dans les années quatre-vingt-dix des retombées technologiques des programmes militaires reaganiens de la décennie précédente — qui étaient dirigés, il ne faut pas l'oublier, à la fois contre l'URSS et contre le Japon (voir le chapitre de Y. Perez

Tableau 5.6
Les deux cents premières STN mondiales par pays d'origine (chiffres 1995)

Pays	Nombre de firmes	Chiffre d'affaires (en milliards de dollars)	Profits (en milliards de dollars)	Parts en % du chiffre d'affaires global	Parts en % des profits globaux
Japon	62	3 196	46	40,7	18,3
États-Unis	53	1 998	98	25,4	39,2
Allemagne	23	786	24,5	10	9,8
France	19	572	16	7,3	6,3
Royaume-Uni	11	275	20	3,5	8
Suisse	8	244	9,7	3,1	3,9
Corée du Sud	6	183	3,5	2,3	1,4
Italie	5	171	6	2,2	2,5
Royaume-Uni/ Pays-Bas	2	159	9	2	3,7
Pays-Bas	4	118	5	1,5	2
Venezuela	1	26	3	0,3	1,2
Suède	1	24	1,3	0,3	0,5
Belgique/Pays-Bas	1	22	0,8	0,3	0,3
Mexique	1	22	1,5	0,3	0,6
Chine	1	19	0,8	0,2	0,3
Brésil	1	18	4,3	0,2	1,7
Canada	1	17	0,5	0,2	0,2
Totaux	200	7 850	251	100 %	100 %
PIB mondial		25 223		31,2 %	

* Le total n'est pas exactement de 100 %, du fait que les pourcentages ont été arrondis.
Source : F. Clairemonte (1997).

l'affaissement social en cours, avec les déchirures profondes qui l'accompagnent. Ces facteurs sont d'abord financiers. Il suffit de rappeler ici le rôle mondial du dollar ; la capacité des États-Unis de mettre en œuvre la politique monétaire de leur choix sans se soucier outre mesure des répercussions qu'elle peut avoir sur pratiquement tous les autres pays, riches ou dominés et pauvres ; la possibilité de « compenser » le taux d'épargne le plus bas des pays de l'OCDE en drainant vers eux tous les capitaux voulus pour financer leur déficit budgétaire et pallier le sous-investissement. Ils sont militaires, ainsi que la guerre du Golfe mais aussi la dépendance de tous les autres pays par rapport aux décisions (ou non-décisions) des États-Unis le rappellent chaque jour. Ils sont ensuite diplomatiques ; pour ne citer que deux exemples récents, nous rappellerons la manière dont les États-Unis ont su faire prévaloir leur point de vue au GATT, ainsi que la façon dont ils ont utilisé leur poids diplomatique pour aider de grands groupes dans les télécommunications et l'armement à décrocher d'importants contrats au Moyen-Orient.

Enfin, ils sont « culturels ». A cet égard, l'un des éléments les plus décisifs du statut que les États-Unis conservent en tant qu'« économie nationale dominante se déployant hors du territoire national d'origine et impulsant une dynamique structurante dans l'espace mondial » (M. Beaud, 1987) tient au rôle de l'anglais comme langue « véhiculaire » mondialement dominante. Ce rôle est indissociable de l'emprise presque inégalée des États-Unis sur l'ensemble des industries des médias (où l'anglais sert alors à cimenter une « culture »). Cette emprise, à son tour, est indissociable de la place occupée par les États-Unis dans l'industrie des télécommunications, où les investissements à finalité militaire aussi bien que l'interconnexion avec une globalisation financière dont ils sont le centre leur donnent un avantage concurrentiel décisif.

Le rêve qui est projeté mondialement à partir de Hollywood ou de Anaheim (la petite ville californienne qui abrite le siège social du groupe multinational Disney) est celui du capitalisme et de la marchandisation totale des activités humaines à laquelle il aspire et

---

dans Chesnais, 1989). Mais le degré réel de cette récupération de compétitivité perdue, en dehors des industries de l'informatique et des télécommunications, est l'objet d'un vif débat entre économistes américains (pour une position très critique voir S. Roach, 1996).

vers laquelle il tend. Toutes les FMN en bénéficient par voie de conséquence, de même que l'ensemble des forces sociales attachées à l'extension et à la consolidation de l'emprise du capitalisme sur la planète. Pourtant, il n'est pas indifférent, pour le déroulement de la concurrence au niveau mondial et l'issue de la rivalité oligopolistique dans des industries placées très loin du secteur des médias, que ce soit les États-Unis qui projettent le «rêve mondial», et non un autre grand pays, et que l'image de la marchandisation soit essentiellement américaine. Les grands groupes japonais ou allemands ne s'y sont pas trompés. Plutôt que de tenter (au moins pour l'instant) de projeter une image capitaliste qui leur soit propre, ils se sont coulés dans le moule américain : Sony a acheté la Columbia (films et disques), mais a ensuite échoué dans sa tentative pour l'intégrer. De son côté, Bertelsmann a acquis le grand éditeur de disques RCA[6].

Il est parfois dit que les États-Unis demeurent la puissance hégémonique mondiale en quelque sorte «par défaut», plus exactement par le refus du Japon de se porter candidat à un rôle que sa puissance industrielle et financière l'autoriserait à jouer. Cette interprétation est erronée en ce qu'elle sous-estime le poids de ces facteurs pris dans leur ensemble. Il ne faut jamais oublier que la domination du capitalisme et celle de la «race blanche» ont été jusqu'à présent quasi synonymes, ni que l'hégémonie américaine bénéficie encore de celle exercée par l'Angleterre pendant plus d'un siècle, ni qu'elle peut encore faire appel (de façon toujours moins légitime) à la Déclaration d'indépendance de 1776, donc à l'Europe des Lumières.

Les « avantages firmes » tenant à la cohésion systémique de l'économie d'origine

Lorsqu'on se tourne vers les groupes originaires des pays, même grands, qui ne jouissent pas du statut américain et qui ne peuvent pas compenser une perte éventuelle de compétitivité à l'aide des mêmes moyens que les États-Unis, on se trouve confronté aux facteurs qui déterminent la compétitivité structurelle.

---

6. Voir A. Valladão (1993), et R. Barnett et J. Cavanagh (1994), ainsi que l'étude peu connue, à tort, de C.-A. Michalet sur « le drôle de drame du cinéma mondial » (1989), en particulier le chapitre sur les « majors ».

Ce qui sépare les groupes japonais et allemands des autres FMN, c'est le fait de pouvoir prendre appui sur des économies domestiques encore caractérisées par une forte compétitivité structurelle. Cette notion est née dans les années quatre-vingt, en raison de la nécessité de dépasser les limites tant de la « compétitivité prix » que de la « compétitivité hors prix[7] ». Elle est fondée sur une approche « holiste » qui s'intéresse aux facteurs qui affectent la cohésion systémique des économies nationales (Chesnais, 1986 et 1990). Elle repose sur l'idée que si la compétitivité prend appui par définition sur l'activité des entreprises, elle n'est pas le résultat de leurs seuls investissements et activités individuels. La compétitivité de chaque firme prise isolément possède une dimension systémique ou structurelle ; elle est une expression des attributs du cadre productif, social et institutionnel du pays.

Trois dimensions sont particulièrement importantes. Elles l'ont toujours été, mais elles le sont encore plus face à la mondialisation. La première a trait à la taille et à l'efficacité, donc à la compétitivité intrinsèque, du secteur des biens de capital ou biens d'investissement (machines-outils, machines spécialisées pour toutes les autres branches). En France, le rôle particulier de ce secteur et l'importance de ne pas manquer le virage de la microélectronique industrielle avaient été examinés par J. Mistral dans une série d'études faites entre 1976 et 1983. Le secteur des biens d'investissement français a sombré, tout comme celui du Royaume-Uni. Un ensemble de raisons y ont contribué, au premier rang desquelles il faut faire figurer, dans les deux cas, le poids écrasant des industries militaires, qui ont façonné en particulier les trajectoires de l'électronique professionnelle (Chesnais et Serfati, 1990 et 1992). En revanche, le Japon et l'Allemagne ont modernisé leurs industries de biens d'investissement et ont tout fait pour en préserver le rôle pivot dans la diffusion intersectorielle de technologie vers l'ensemble du système productif[8].

---

7. La compétitivité prix, fondée surtout sur le coût de la main-d'œuvre, a montré ses limites (voir J. Mathis *et al.*, 1988), en particulier depuis que la microélectronique et la production à « effectifs dégraissés » ont fait sérieusement baisser la part des salaires dans le coût total des produits. On trouvera une présentation des limites des approches traditionnelles et une longue discussion des nombreuses facettes de la compétitivité structurelle dans le rapport TEP, chapitre 11, OCDE, 1992.
8. Mistral a abandonné ses positions depuis, mais leur valeur explicative de la compétitivité japonaise et allemande demeure. Voir aussi pour une analyse plus récente Amable, Barré et Boyer (1997).

Le deuxième élément majeur de compétitivité structurelle a trait aux relations de la banque et du système financier avec l'industrie. Dans un contexte de mondialisation financière, de privatisation et de déréglementation, une bonne partie de la capacité de protéger l'innovation à long terme et de sauvegarder l'investissement (immatériel, en particulier) est entre les mains du système bancaire et financier. Deux aspects sont à considérer. Le premier a trait au rôle des banques et des marchés de capitaux dans le financement privé de l'innovation et des autres investissements immatériels, ainsi qu'à la durée de l'horizon temporel offert aux entreprises pour effectuer les investissements préparatoires du long terme. Le second aspect concerne le choix des banques de contribuer ou non à la survie des entreprises du pays, en particulier celles qui possèdent un potentiel technologique, au besoin en leur servant de bouclier contre les acquisitions et absorptions étrangères. De ce double point de vue, l'une des composantes de la compétitivité systémique de l'Allemagne est que les banques se reconnaissent encore une responsabilité à l'égard de l'industrie ; dans le cas japonais, les banques sont encore au moins en partie subordonnées à celle-ci[9].

Reste le large éventail de facteurs que la théorie économique désigne aujourd'hui sous le nom d'*externalités*. On y inclut les infrastructures et les services publics, le niveau de qualification de la main-d'œuvre, enfin la qualité du système de la recherche (centres de recherche publics et universités) et des infrastructures scientifiques. Ces externalités sont pour une large part le résultat de l'action et des investissements de l'État, ainsi que des autorités régionales et locales. Elles résultent aussi du comportement et des investissements des firmes elles-mêmes[10]. Le rôle de ces facteurs

---

9. Les interconnexions et, jusqu'à un certain point, la solidarité entre les groupes industriels et les banques membres des mêmes *keiretsus* ne jouent pas seulement dans le sens banque/industrie mais aussi dans le sens inverse. Les firmes industrielles ont été assez durement touchées par les multiples effets du double krach immobilier et boursier de 1989 et 1990. Elles ont dû aussi aider les banques de groupes à éponger les pertes subies. Voir Geoffron et Rubinstein (1996).

10. En effet, les travaux récents (notamment ceux impulsés par l'OCDE dans le cadre du programme TEP) ont contribué à montrer que, en dépit du fait que l'« environnement national » soit déterminé par les évolutions historiques et dépende dans une bonne mesure des politiques gouvernementales, cela ne signifie pas que les entreprises ne jouent pas un rôle important dans sa constitution. Même si les entreprises peuvent être tentées de considérer l'environnement national comme un facteur « externe » qui leur

dans la compétitivité systémique est plus ambigu. Lorsqu'elles se combinent avec les deux facteurs discutés plus haut, les externalités sont très certainement une source de compétitivité systémique. Dans le cas contraire, elles sont surtout une composante importante de l'« attractivité » d'un pays pour les FMN, l'un des éléments dans la concurrence que des « sites » se livrent pour attirer les investissements étrangers.

Dans le cas du potentiel de R-D, l'une des façons d'établir la ligne de partage entre une externalité, offerte, sous forme de ressources scientifiques et techniques à toutes les firmes, nationales ou étrangères, qui veulent en profiter, et un « système national d'innovation » (Freeman, 1987 ; Lundvall *et al.*, 1992 ; Nelson *et al.*, 1993) est de rechercher les manifestations ou non de cette interaction avec les autres dimensions de la compétitivité systémique. Indépendamment de leurs propres activités de R-D, la situation stratégique des entreprises dans l'économie capitaliste en fait l'élément dont dépend la valorisation compétitive de l'ensemble du système de recherche. L'efficacité des dépenses immatérielles effectuées par l'État dans la R-D et l'enseignement scientifique et technique dépendra en fait de la propension à innover des entreprises ainsi que de la qualité des relations qu'elles nouent avec les universités et les centres de recherche publics.

Les périls de l'IDE sortant massif

Le mouvement de l'internationalisation, en particulier dans la phase de mondialisation atteinte aujourd'hui, confronte les États, mais aussi les grands groupes, avec le problème très délicat de savoir jusqu'où l'internationalisation peut être poussée sans qu'elle entraîne un affaiblissement trop grave du tissu productif et des processus interactifs qui fondent l'innovation réussie et la compétitivité. Au Royaume-Uni, le gouvernement conservateur et les FMN ont opté pour la délocalisation sans limites. Ils ont affirmé à un

---

scrait « offert », en quelque sorte, celui-ci est en fait très fortement conditionné par les approches et les décisions communes des milieux d'affaires et de la direction des entreprises (Hollingsworth, 1992). L'environnement national fournira un climat propice à la compétitivité dans la mesure où la coopération sous diverses formes est reconnue et appréciée par la société en général et par les entreprises en particulier comme représentant une source spécifique de rendements croissants (C. H. Ferguson, 1991).

degré sans précédent dans l'histoire du Royaume-Uni un choix en faveur de la City et encouragé leurs grands groupes à se délocaliser. Jones (1993) a parlé de « processus de fuite » pour caractériser le degré de délocalisation atteint par les groupes britanniques : depuis le début des années quatre-vingt-dix, le rapport de la production à l'étranger de ces groupes au PIB avoisine 40 % par an. Inversement, le Royaume-Uni est le premier pays d'accueil de l'IDE en Europe (voir le graphique 1 du chapitre 6), et il a développé une politique d'attraction des investissements particulièrement active.

Les gouvernements conservateurs ont fait appel aux groupes étrangers, notamment japonais, pour venir exploiter à leur place les ressources productives du pays, en particulier une classe ouvrière qualifiée dont les groupes industriels britanniques ont voué eux-mêmes les enfants au chômage et à la marginalisation sociale, en transportant leurs activités essentielles ailleurs (Farnetti, 1994).

Les groupes étrangers n'ont pas pris pour autant en charge les investissements en R-D, ni la rénovation des liens constitutifs du système national d'innovation. Plus que pour tout autre pays industriel important, l'Italie comprise, la compétitivité industrielle du Royaume-Uni dépend du taux de change du sterling. Cette année (1997), ses firmes industrielles subissent de plein fouet la hausse de la livre qui a été provoquée par les marchés financiers pour des motifs propres – le choix temporaire du sterling comme devise de placement – qui n'ont rien avoir avec les célèbres fondamentaux. L'équilibre de la balance des paiements britannique repose sur l'exportation des produits pétroliers, sur la vente de certaines catégories de services financiers et aux entreprises. Elle repose surtout sur des flux entrants de revenus de l'IDE et sur des investissements de portefeuilles qui dépassent maintenant le tiers du PIB faisant de nouveau du Royaume-Uni, mais dans des conditions sensiblement différentes de la fin du XIXe siècle, le « pays rentier » analysé par le premier auteur d'une étude sociologique et politique majeure sur l'impérialisme, l'Anglais J. A. Hobson (voir Ietto-Gillies, 1992).

La France se trouve progressivement confrontée au même problème, l'un des clivages qui se dessinent étant celui qui sépare, à l'intérieur des cercles dirigeants, les partisans et les adversaires de la voie britannique. L'un des mots clés est l'« attractivité » de la

France pour l'investissement étranger, qui doit compenser les « succès » (lire les « impératifs ») de la mondialisation des principaux groupes français, Michelin étant sans doute le plus mondialisé de tous[11]. Depuis quinze ans, les principaux investissements français se sont faits aux États-Unis et dans l'UE, l'un des principaux motifs étant l'investissement croisé oligopolistique dont nous examinons la portée dans le chapitre suivant (J.-P. Thuillier, 1982).

---

11. Sur la notion d'attractivité, voir Michalet (1993).

Rivalité oligopolistique, localisation de la production industrielle et firmes réseaux

6.

Maintenant que nous avons donné un contenu à la notion de groupe industriel multinational, et commencé à définir ce que nous entendons par l'oligopole mondial, il faut examiner les facteurs qui commandent la capacité des groupes à mener une concurrence effective face à leurs rivaux, de même que ceux qui façonnent la manière dont ces groupes se déploient mondialement. Nous commencerons à examiner les « avantages pays » de quelques protagonistes importants, avant d'examiner leurs décisions de localisation de la production.

Celles-ci ne sont pas dictées seulement par le coût de la main-d'œuvre. Des exigences tout aussi contraignantes les orientent vers les pays ou régions où la demande est la plus forte et les marchés les plus porteurs, là également où leurs principaux rivaux doivent être affrontés dans un face-à-face direct. Dans la phase de la mondialisation, l'avenir des membres d'oligopole dépend, en effet, de leur capacité à porter la concurrence dans les bases arrière de leurs adversaires. En tant qu'oligopoles nationaux ou même continentaux, leur existence est menacée, à terme, s'ils se révèlent incapables de mener la rivalité dans un cadre « mondial », c'est-à-dire triadique.

A côté des oligopoles établis dans les industries de haute technologie et dans les grandes industries mécaniques, il existe des industries où l'existence des groupes repose au contraire de manière immédiate, et presque exclusive, sur leur capacité à tirer parti de la libéralisation des échanges et de la télématique afin de profiter des bas coûts de salaires et de l'absence de législation sociale pour « délocaliser » (J. Arthuis, 1993). Ces groupes ne sont pas des groupes industriels au sens propre du terme, mais différents types de « firmes réseaux », comme Nike, Benetton, qui s'est internationalisé hors d'Europe, ou Lacoste, de même que des chaînes de grands magasins ou des hypermarchés. Les uns et les autres fonctionnent par sous-traitance avec des entrepreneurs locaux situés en Asie ou au Maghreb ; ils n'ont même plus besoin de faire des investissements étrangers directs pour bénéficier des avantages offerts par les « délocalisations ». Nous examinerons ces aspects en fin de chapitre.

▼▼▼

« Industries globales » ? « Usines globales » ?

Dans un des livres qui ont le plus contribué à lancer le terme « globalisation », Porter se réfère de façon répétée à l'existence d'« industries globales ». Selon Porter, « le cadre approprié d'analyse dans l'élaboration de la stratégie internationale [de la firme] est l'industrie, parce que l'industrie est l'arène où l'avantage compétitif se gagne ou se perd ». Une industrie globale serait « une industrie dans laquelle la position concurrentielle d'une firme dans un pays est influencée de façon significative par sa position dans d'autres pays et *vice versa* » (1986, p. 17). Il établit pourtant une opposition entre les situations où « l'industrie internationale est une collection d'industries essentiellement domestiques – d'où le terme *multidomestique* » et les cas où « l'industrie internationale n'est plus simplement une collection d'industries domestiques, mais une série d'industries liées entre elles [Porter utilise le mot *linked*, mieux traduit par "interconnectées"], dans laquelle les rivaux se font concurrence sur une base vraiment mondiale » (*ibid.*, p. 18).

Derrière une apparence de grande clarté se logent plusieurs sources possibles d'ambiguïté. Le terme « industrie » renvoie à la fois à l'industrie comme base industrielle (ou appareil productif) et à l'industrie comme terme synonyme de marché, ou d'aire de concurrence, relatif à un produit homogène. De même, en ce qui concerne la relation entre le statut d'une « industrie » donnée et la stratégie des firmes, Porter s'exprime la plupart du temps d'une manière qui laisse à penser que ce sont surtout les stratégies des firmes, stratégies multidomestiques ou globales, qui déterminent le statut des industries, bien que, dans d'autres passages du livre, la relation paraisse plus complexe.

C'est à propos de la notion d'« intégration globale » que les difficultés les plus importantes se posent. « Dans une industrie globale, dit Porter, une entreprise doit intégrer d'une façon ou d'une autre ses activités sur une base mondiale afin de tirer parti des interconnexions [*capture the linkages*] entre pays » (p. 19). Cette intégration « mondiale » peut donc inclure celle de la production manufacturière comme telle. Celle-ci se ferait à un niveau géographique supranational, qui semblerait, dans le livre de 1986, pouvoir être continental mais aussi mondial.

Certains grands groupes industriels américains, mais aussi beaucoup de chercheurs (économistes et surtout géographes) ont été séduits par l'idée de l'« usine globale », c'est-à-dire d'une intégration mondiale très poussée, portant y compris sur la production industrielle comme telle, avec une répartition mondiale des tâches entre filiales. A quelques rares exceptions près, cette idée a tourné court. Dans leur présentation des modes d'internationalisation de la firme réseau japonaise, K. Imai et Y. Baba (1991) soulignent le caractère extrêmement centralisé et hiérarchisé du modèle proposé par Porter. Ils émettent des doutes sur sa viabilité comme modèle de portée générale, ne fût-ce qu'en raison de la segmentation des marchés et des problèmes de fidélisation de la clientèle auxquels la stratégie de l'« usine globale » ne peut pas répondre. La perte de la compétitivité industrielle d'un grand nombre de groupes américains, la formation de l'oligopole « triadique » et la constitution aux trois pôles de vastes zones de libre-échange ont mis fin à l'hypothèse de l'« usine globale ».

Les projets visant à organiser une division du travail interne aux groupes sur une base mondiale ont fait place plutôt à la « triadisation » de l'organisation de la production, de même que de l'acquisition d'une fraction variable mais souvent importante d'intrants et de la commercialisation. C'est ce que W. Ruibrok et R. Van Tulder (1995) nomment la « globalisation locale » ou « glocalisation ». Le terme n'est peut-être pas le plus approprié, surtout s'il est associé, comme chez eux (p. 180), à une opposition entre la « globalisation » qui donnerait lieu à un commerce intrafirme et la « glocalisation » dont naîtraient des échanges interfirmes. Ainsi que nous allons le voir plus loin, mais aussi dans le chapitre 11, l'organisation des opérations des groupes sur une base continentale crée, dans ce cadre, des flux d'échanges intrafirmes considérables.

Investissements croisés et concurrence oligopolistique

Ruibrok et Van Tulder font de la menace protectionniste et des tensions économiques entre grandes puissances l'explication principale tant des investissements entre les trois pôles de la Triade que de la « glocalisation ». Sans méconnaître le rôle de ces facteurs, il paraît nécessaire de souligner les interconnexions fortes entre l'investissement croisé et les exigences de la concurrence oligopolistique dans un contexte macroéconomique de croissance très lente.

L'investissement croisé correspond à deux impératifs : les impératifs classiques de la concurrence par différenciation du produit caractéristique de l'oligopole en toutes circonstances et les impératifs nouveaux, propres à la rivalité au sein de l'oligopole international.

Les stratégies de différenciation de l'offre et de fidélisation de la clientèle n'ont jamais pu être menées très efficacement de loin. Elles ont toujours supposé une certaine proximité des firmes par rapport aux consommateurs qu'elles ont choisi de cibler. Aujourd'hui, l'état de la demande dans une conjoncture morose et instable a renforcé la priorité accordée à des politiques de fidélisation de l'acheteur. Celui-ci est une firme industrielle dans le cas des intrants à la production, un consommateur « classique » dans le cas de biens finaux. Désormais, l'exigence de fidélisation de l'acheteur se confond avec la nécessité, propre à l'oligopole international, de contrecarrer la pression des rivaux sur ses propres marchés (aujourd'hui continentaux autant que nationaux).

Les positions d'un groupe au sein du tissu productif et du marché privilégié de ses rivaux manifestent son degré de capacité à mener une concurrence oligopolistique proprement « globale ». En économie industrielle internationale, E. Graham (1985 et 1990) est à l'origine d'une analyse initiale intéressante, qui étend la notion de « réaction oligopolistique » (Knickerbocker, 1973, et Caves, 1974) à l'investissement international croisé effectué aux États-Unis, d'abord par les groupes européens et ensuite par les groupes japonais. C'est uniquement en se montrant capable d'envahir le pays d'origine des firmes qui ont porté la rivalité oligopolistique chez lui qu'un membre d'un oligopole national « envahi » peut espérer sauvegarder ses positions. Deux raisons sont avancées par Graham : les avantages offerts par une internalisation plus étendue avec la possibilité d'effectuer des transferts et des « subventions croisées » entre filiales ; et la capacité accrue de rivalité qui suit la matérialisation de la menace de porter la concurrence de façon sérieuse chez les rivaux étrangers. D'autres travaux, émanant aussi bien de spécialistes de la gestion que d'économistes industriels (Hamel et Praholad, 1990), sont venus confirmer l'importance de cette seconde raison. Un large consensus s'est fait maintenant

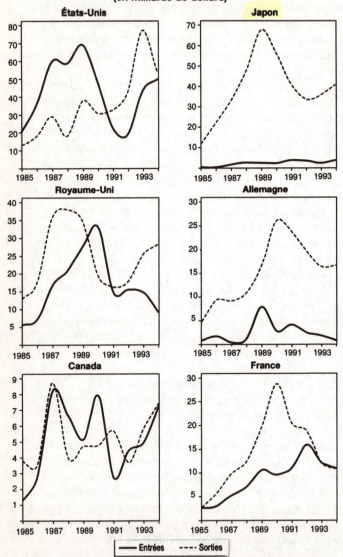

Graphique 6.1
Les asymétries de « l'invasion réciproque »
Flux d'IDE entrants et sortants (1985-1994)
(en milliards de dollars)

Source : Annuaire de l'investissement direct, OCDE, 1996 (données par pays).

autour de la proposition d'Ohmae (1985) concernant la nécessité pour tout « vrai » rival d'être un *global insider,* c'est-à-dire un concurrent qui a pied dans chacun des trois systèmes de production et marchés « triadiques ». Le problème étant que seuls les groupes japonais satisfont pleinement à cette exigence. Ainsi que le montre le graphique 6.1 (ci-contre), l'investissement international croisé entre les membres du G7 (seule l'Italie a un IDE faible à la sortie aussi bien qu'à l'entrée) de la Triade est marqué par une très forte asymétrie. En effet, la forme de détention du capital et la structure des *keiretsu* rendent les acquisitions de firmes japonaises difficiles, et une pénétration profonde de l'IDE dans le tissu industriel japonais presque impossible. On comprend que les Américains aient situé la question en bonne place des négociations commerciales bilatérales avec le Japon, mais on constate que sur ce point ils n'ont guère avancé.

Nos propres recherches (Chesnais, 1988 et 1990) nous ont conduit à identifier un facteur complémentaire important tenant à l'avantage qu'une firme tire de sa capacité à se mettre en prise directe avec le potentiel scientifique et technologique (ou encore le système national d'innovation) de ses rivaux. Nous laisserons cet aspect de côté ici avant de le retrouver au chapitre 7. Dans le cas des semi-conducteurs, le tableau 6.3 (p. 141) préparé par M. Delapierre et C. Milelli, traduit de façon très claire la position des rivaux dans cette industrie, en montrant l'infériorité des groupes européens qui n'ont pas pu prendre pied au Japon alors que les FMN américaines y sont parvenues... avec l'aide de leur État.

Les investissements étrangers des groupes français

Les protagonistes du débat lancé, en juin 1993, par la publication du rapport Arthuis sur les délocalisations industrielles ont présenté le niveau de salaire comme le déterminant principal des délocalisations. Cela est certainement vrai pour les groupes qui ont recours principalement ou exclusivement à la sous-traitance, ainsi que pour les firmes de négoce dont nous parlerons plus loin. En ce qui concerne les groupes dont le capital est engagé dans des industries technologiquement avancées, cela n'est pas le cas. La répartition internationale de leur IDE montre que ce sont des facteurs sensiblement différents qui façonnent leurs choix de délocalisation.

Tableau 6.2
Sites de production – hors unités d'assemblage et de test – des principales firmes mondiales de semi-conducteurs en 1992

Firmes	Japon	Asie[1]	États-Unis	Europe
Firmes américaines	8	2	31	10
Advanced Micro Devices	1[2]		3	
AT & T			3	1[3]
Harris	1[4]		4	
Intel	1[5]		7	1[6]
LSI Logic	1[7]		2	2[8]
Motorola	2[9]		3	2[10]
National Semiconductor			4	2[11]
Texas Instruments	2[12]	2[13]	5	2[14]
Firmes européennes		4	5	12
Philips		1[15]	2[16]	3[17]
Siemens		1[18]	2[16]	3[19]
SGS-Thomson		2[20]	2	6[21]
Firmes japonaises	50	3	7	4
Fujitsu	8[22]		1	1[23]
Hitachi	7		1	1[24]
Matsushita	3		1	
Mitsubishi	4		1	1[25]
NEC	8	2[26]	1	1[27]
Oki	3			
Sanyo	4			
Sharp	3			
Sony	4		1	
Toshiba	6[28]	1[29]	1	
Firme coréenne		2	1	
Samsung		2	1[30]	
Total	58	11	44	26

1 : hors Japon. 2 : *joint-venture* avec Fujitsu (1992). 3 : Madrid (Espagne). 4 : *joint-venture* avec Kawasaki Steel (1991). 5 : NBM Semiconductor – qui devient Nippon Steel Semiconductor en mars 1993 après l'entrée de Nippon Steel pour 56 % dans le capital de NMBS – va convertir une unité japonaise pour la production de mémoires flash 8M pour les seuls besoins d'Intel. 6 : Dublin (Irlande). 7 : *joint-venture*, Nihon Semiconductor, avec Kawasaki Steel : démarrage de la production en 1987. 8 : Grande-Bretagne ; *joint-venture* à Erfurt (Allemagne). 9 : dont le *joint-venture* avec Toshiba. 10 : Glasgow (Écosse) ; Toulouse. 11 : Greenock (Écosse), et Migdal Haemek (Israël). 12 : dont le *joint-venture*, KTI Semiconductor, avec Kobel Steel (1992). 13 : Taiwan : *joint-venture* avec Acer (1992) – Singapour : *joint-venture* avec Hewlett-Parckard et Canon. 14 : Avezzano (Italie), Freising (Allemagne). 15 : *joint-venture*, Shanghai (1991). 16 : en raison du rachat de Signetics en 1975 : 3 sites initiaux, mais abandon progressif de la production sur le site de Sunnyvale (Californie) au profit d'Albuquerque (Nouveau-Mexique) et Orem (Utah). 17 : Caen (France), Southampton (Grande-Bretagne), Hambourg (Allemagne). 18 : Singapour. 19 : Munich et Regensbourg (Allemagne), Villach (Autriche). 20 : Singapour ; *joint-venture* avec Shenzen Electronics Group (1993). 21 : Rennes, Grenoble et Rousset (France) ; Catania, Castelletto et Brianzi (Italie). 22 : dont le *joint-venture* avec Advanced Micro Devices (1992). 23 : Newton Aycliffe (Grande-Bretagne). 24 : Landshut (Allemagne), 1991. 25 : Alsdorf (Allemagne), 1993. 26 : Singapour ; Beijing (1994) : *joint-venture* avec Shoungang Corp. (60 %). 27 : Livingston (Écosse). 28 : dont le *joint-venture* avec Motorola. 29 : Bangkok (1992). 30 : vente en 1992 de l'établissement de San José (Californie) à un groupe d'employés. La nouvelle société, Integrated Circuit Works, servira de fonderie pour Samsung.

Source : d'après Integrated Circuit Engineering Corp., 1991-1993 ; M. Delapierre et C. Milelli (1994).

En 1995, la répartition du total des investissements par zones économiques montre que 20 % du stock de l'IDE sortant français se trouvaient aux États-Unis, principal pays d'accueil, et que 55 % étaient répartis entre les pays membres de l'Union européenne. Les quelques pays hors de la zone OCDE où l'on trouve une présence ancienne de l'IDE français incluent le Maroc, le Brésil et la Tunisie. L'implantation dans les « économies en transition », ainsi que dans les pays d'Asie du Sud, est demeurée limitée et ne croît pas très vite (Banque de France, 1997). Pour le petit nombre de groupes français en mesure de s'engager dans une véritable rivalité oligopolistique de type mondial, la poussée des acquisitions et fusions, notamment dans les années quatre-vingt, aux États-Unis, a relevé complètement de la logique de l'investissement croisé « triadique » offensif de la part de groupes qui cherchent à s'assurer des positions mondiales (voir tableau 6.3). La concentration des investissements en Europe ou dans des pays limitrophes de la CE est le fait de groupes aux ambitions et moyens moindres qui cherchent à maintenir leurs positions en tirant le parti maximal de l'intégration industrielle « régionale » au pôle d'origine de la Triade. Renault et Peugeot, qui ont été contraints d'abandonner les positions qu'ils avaient tenté de conquérir en Amérique du Nord, font actuellement partie de ce groupe. Certaines des prises de position de leurs dirigeants en découlent.

Tableau 6.3
Les dix groupes français les plus implantés à l'étranger selon l'effectif et le chiffre d'affaires

Groupes	Effectifs à l'étranger	Effectifs à l'étranger en % de l'effectif total	CA à l'étranger en % du CA total
Alcatel-Alsthom	124 000	58	68,0
Michelin	94 900	70	80,5
Saint-Gobain	70 400	67	72,5
Générale des eaux	68 500	34	27,0
Compagnie de Suez	63 000	80	50,0
Accor	60 100	73	53,0
Thomson	57 100	54	68,6
Lyonnaise des eaux	50 000	45	n.c.
Rhône-Poulenc	49 600	56	77,5
Schneider	47 500	47	50,0
Total 10 groupes	685 100	56	–

Source : DREE, avril 1993, (n.c. : non communiqué).

Les impératifs auxquels sont confrontés les groupes décidés à porter la concurrence directement chez leurs rivaux sont ceux du temps et de la taille critique nécessaire pour rendre leur menace effective. C'est ici qu'intervient le choix en faveur des acquisitions /fusions, dont C. Pottier (1993) a fait l'étude pour les groupes français qui avaient un retard particulièrement important à rattraper. Il constate que le contrôle des réseaux de distribution a été une motivation majeure des acquisitions françaises à l'étranger, notamment aux États-Unis : « En acquérant Uniroyal, Michelin prend le contrôle d'un réseau de distribution de *house brands*, qui offre, à faibles prix, des pneus bas de gamme d'origines diverses. C'est un marché dont la rentabilité est élevée et qui représente la moitié du marché américain du remplacement. En rachetant Rorer, Rhône-Poulenc se trouve à la tête d'un réseau de 820 visiteurs médicaux. Thomson place la conquête de réseaux de distribution au centre de sa stratégie en acquérant Telefunken et Ferguson en Europe, puis RCA-GE aux États-Unis. » Les acquisitions de ce type ne sont pas nécessairement rentables tout de suite ; elles peuvent être « anticipatoires » d'un marché à venir et avoir pour but de l'occuper avant l'arrivée d'autres rivaux ou en prévision de marchés qui sont encore virtuels ; elles peuvent même avoir pour objectif d'empêcher qu'un rival occupe la place en menant l'acquisition pour son compte. Dans le cas de Rorer, l'acquisition serait intervenue « un peu tôt pour Rhône-Poulenc, mais il ne fallait pas laisser passer l'occasion ». Le mouvement de acquisitions/fusions s'est ralenti avec la nouvelle récession américaine de 1992-1993, mais il s'est réamorcé en 1994, avec l'acquisition par Sanofi (Elf) de la grande filiale pharmaceutique de Kodak, Sterling Drugs, ainsi qu'avec des opérations de moindre envergure de Lafarge-Coppée et de la Lyonnaise des eaux.

Production flexible, proximité du marché et disparités salariales entre pays

Les dix dernières années ont été marquées par la formation de vastes zones combinant les avantages de la libre circulation des marchandises et de la persistance (ou même de la recomposition et de l'accentuation) de formes de disparités entre les pays et les régions ou les sites d'un genre particulièrement attrayant pour les entreprises. C'est le cas en particulier en Europe avec le marché unique et en Amérique du Nord avec l'ALENA. Dans ces zones, on a donc vu la *fusion* de ce que Michalet appelait, en 1985, en les distinguant et en les opposant encore en partie à l'époque, la «stratégie de marché» et la «stratégie de rationalisation de la production» des FMN.

Cette fusion a comporté la disparition, à peu près totale, des filiales relais, caractéristiques de la stratégie dite «multidomestique» de Porter. En revanche, elle a permis le plein essor des différentes variantes de stratégie de rationalisation de la production industrielle. Celle-ci est maintenant organisée à l'intérieur des différents pôles de la Triade, étant destinée à être vendue prioritairement au sein du grand marché continental où l'implantation d'une production intégrée internationalement a été décidée.

C'est à ce niveau et dans ce cadre que la grande majorité des FMN cherche à optimiser l'organisation internationale de la production manufacturière. Ce choix est commandé par deux facteurs. Le premier tient aux exigences, déjà notées, des politiques de différenciation de l'offre et de fidélisation de la clientèle avec ce qu'elles supposent comme proximité des firmes par rapport aux consommateurs qu'elles ont choisi de cibler. Le second a trait aux caractéristiques organisationnelles de la production flexible (B. Coriat, 1992) et à ses exigences en termes de proximité entre les donneurs d'ordres et leurs fournisseurs de pièces, de semi-produits et de services.

Avec l'introduction du système de la production flexible, l'importance respective des coûts salariaux et de la proximité des sites par rapport au marché, en tant que déterminants des choix de localisation de la production, se modifie. La mise en place de la «production à effectifs dégraissés» ne supprime pas l'intérêt des FMN pour les sites de production délocalisée à bas salaires. Elle pousse les groupes à les chercher plus près de leurs bases importantes, au sein même des pôles «triadiques».

Dans les grandes industries mécaniques et électriques (dont l'automobile est l'archétype), la baisse de la part des coûts de main-d'œuvre de moyenne ou de faible qualification dans le total des coûts de production a été largement décrite (Womack *et al.*, 1990). Selon C. Oman, elle serait passée d'environ 25 % en moyenne dans les années soixante-dix à 10 % aujourd'hui. Les salaires au Mexique sont certes supérieurs à ceux de la Thaïlande ou de l'Indonésie, mais la production flexible et l'automatisation permettent à Ford et à General Motors de «supporter» ce surcoût en contrepartie de l'avantage immense de pouvoir recentrer l'ensemble de leurs opérations d'approvisionnement et de production en Amérique du Nord, près de leurs bases. La dernière étude publiée par C. Oman souligne, par exemple, que, par rapport aux années précédentes, «la production destinée à l'Amérique du Nord qui mise sur des sites à bas salaires s'installe dans des zones à salaires moins élevés des États-Unis mêmes, ainsi qu'au Mexique [même avant l'ALENA] plutôt qu'en Asie ou une autre région». Par ailleurs, si la production délocalisée vers les économies à bas salaires d'Asie demeure largement orientée vers les marchés extra-régionaux, la nouvelle tendance qui se dessine est claire : l'investissement «se dirige de plus en plus vers ces pays dans l'optique de servir le marché asiatique, en expansion rapide».

En Europe, la situation n'est guère différente. L'effet conjoint de l'intégration de pays à niveaux de salaires très différents au sein d'un marché unique totalement libéralisé, de la liberté d'investissement étranger et des politiques néolibérales thatchériennes, que d'autres pays adoptent de part en part, signifie que *les écarts de salaires sont maintenant considérables à l'intérieur de la* CE (l'«association» de certains pays ex-socialistes ne pouvant que les creuser encore plus). Aucun groupe industriel n'a besoin de délocaliser sa production hors de la CE et de quelques pays limitrophes à l'Est pour trouver une main-d'œuvre qualifiée à bon marché. Les salariés et leurs organisations syndicales se sont vu imposer des conditions bien différentes de celles qu'ils avaient pu arracher à l'époque des «compromis fordistes». Cela se fait sous la menace du chômage, avec l'appui des nouvelles théories et politiques gouvernementales en matière de salaire et d'emploi, mais aussi avec le consentement de dirigeants syndicaux qui pensent qu'il n'y a «pas d'alternative».

L'intégration industrielle « continentale »

L'implantation d'usines ou d'unités de production dans différents pays a pour but de profiter des différentiels de niveaux salariaux, mais aussi d'économies de spécialisation. La décomposition technique des processus de production permet, dans des conditions données, d'obtenir des gains de spécialisation, ainsi qu'une plus grande homogénéité de chaque segment productif. Les activités peuvent aussi être disjointes dans l'espace et localisées librement, soit au niveau de filiales dans le cas de l'intégration complète, soit par sous-traitance internationale et approvisionnement à l'étranger.

Les gains de spécialisation peuvent être importants. Sans qu'il existe de marché régional, et encore moins de marché commun ou de «Communauté», on a assisté à la mise en place par les grands groupes japonais de formes d'intégration industrielle transnationales sur un ensemble de pays de l'Asie du Sud-Est, notamment dans le cadre de ce qui est nommé l'ASEAN. Dans le cas de l'automobile et de l'électronique, l'intégration industrielle transnationale a permis aux grands groupes japonais d'exploiter les économies de spécialisation et d'échelle offertes par les bases industrielles en

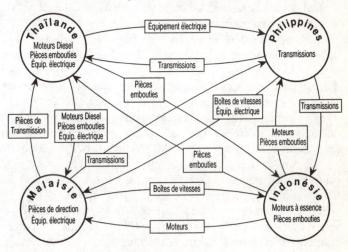

Graphique 6.4
Spécialisation et échanges intraentreprise réalisés par les filiales de Toyota du Sud-Est asiatique

Source : Far Eastern Economic Review (1989, p. 73).

Note : on peut consulter une mise à jour de cette figure dans le *World Investment Report,* UNCTAD-DTCI, 1996, p. 100.

formation dans ces pays. Ils ont pu se construire ainsi une deuxième plate-forme d'exportation située hors du Japon, mais en Asie. Ces pays reçoivent les biens d'équipement et certains intrants du Japon. Les réexportations vers le Japon sont très faibles. Les ventes se partagent entre les ventes à l'intérieur de la région et les exportations vers les États-Unis et l'Europe qui s'ajoutent aux exportations faites à partir du Japon (voir le graphique 6.4).

A la suite de Porter, mais aussi du géographe économique britannique P. Dicken (1986 et 1992), il a été habituel, dans la littérature, d'établir, par opposition au « multidomestique » (case b du graphique 6.5), une distinction assez tranchée entre deux stratégies d'intégration transnationale : l'intégration par spécialisation par produit (parfois nommée, de façon un peu trompeuse, « horizontale ») et l'intégration verticale (Savary, 1992). Dans tous les cas de figure – horizontale ou verticale, selon l'une ou l'autre variante du diagramme –, l'intégration transnationale entraîne un développement très important des échanges de produits finis ou semi-finis entre les filiales et entre les usines de différents pays, et donc d'un commerce – réputé « international » de la variété « intrafirme » et aussi, bien entendu, « intrabranche ». Ces formes d'échanges sont examinées dans le chapitre 11, dont certaines sections sont complémentaires de l'analyse faite ici.

En Europe, les deux stratégies ont d'abord été développées par des FMN américaines, à une époque où le Marché commun commençait à donner ses pleins effets, mais où on était loin du degré d'intégration correspondant au marché unique, et où les groupes européens profitaient encore peu de l'intégration industrielle transfrontières. Le cas type d'intégration par spécialisation par produit a longtemps été IBM. La création du Marché commun ainsi que l'existence de bases technologiques solides mais de traditions distinctes dans plusieurs pays lui ont permis d'adopter une division du travail par produit et de concentrer sur une seule usine la production de tel ou tel système ou gamme d'ordinateur. La règle affichée par IBM dans la période 1965-1985, « produire sur place l'équivalent de ce qui est vendu sur place », lui a permis d'apparaître comme un producteur national dans tous les pays, et de négocier l'accès à des marchés. Dans l'automobile, qui a été le laboratoire de l'intégration verticale sous ses différentes modalités, Ford et General Motors ont ouvert une voie que les groupes européens (Renault en particulier) adopteront ensuite très vite.

▼▼▼

Graphique 6.5
Formes d'internationalisation de la production industrielle

a — Production pour un marché mondial à partir d'un seul site avec exportations

b — IDE « multidomestique » avec filiales relais non spécialisées

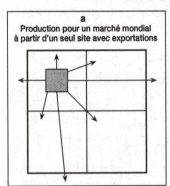
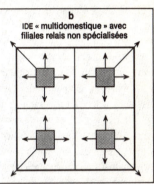

c — Production délocalisée avec des filiales spécialisées par produit à « mandat » mondial ou régional

d — Intégration verticale transnationale Spécialisation par stade pour un marché continental ou mondial avec filiales-ateliers et assemblage centralisé

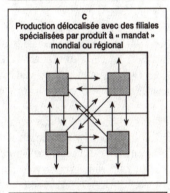
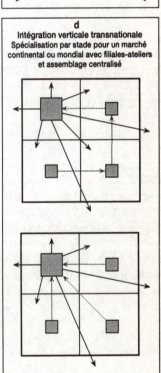

e — Production « à flux tendu » avec sous-traitance de proximité pour un « marché unique » continental

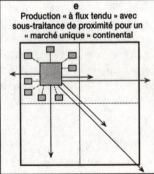

Source : adapté de P. Dicken (1992) et de J. Savary (1991).

▪ Unité de production — — — ▶ Flux de composant ——▶ Flux de produit fini

Dans le cas de la spécialisation par produit (case c du graphique 6.5), les filiales reçoivent un « mandat régional », qui est même souvent aujourd'hui « mondial ». Elles sont spécialisées sur une ou plusieurs lignes de produits qui ont le caractère de systèmes « complets », le groupe leur donnant une autonomie presque entière dans l'organisation de la production. Dans le pays d'implantation, la filiale a également pour mission de commercialiser la gamme complète des produits du groupe. Dans l'intégration verticale (case d du graphique 6.5), la spécialisation repose sur la décomposition technique du système productif. L'organisation peut se faire soit « en chaîne », soit « en grappe », l'unité d'assemblage final étant dans les deux cas le pivot de l'ensemble. Aujourd'hui, les groupes ont commencé à procéder au resserrement de leurs réseaux, à concentrer leurs filiales et à remplacer la production délocalisée organisée sur une base intragroupe par des approvisionnements externes organisée sur la base de la sous-traitance et des contrats de longue durée avec des firmes plus petites. Les groupes reportent le poids de la gestion de la force de travail sur la direction des PME. Mais ils ont aussi un effet de dislocation sur les solidarités ouvrières dans les usines des donneurs d'ordre (Pialloux, coord. 1996).

La mobilité intrinsèque du capital, combinée avec la variété des solutions techniques offertes et l'attrait de l'approvisionnement de proximité (le « juste-à-temps »), a commencé à conduire à une variété de schémas de localisation beaucoup plus grande que par le passé. Il sera alors de plus en plus difficile d'enfermer les options stratégiques des groupes dans des figures aussi simples que celles inspirées de P. Dicken (graphique 6.5). Mais tout indique que la case e (en bas à gauche) gagne du terrain aux dépens des cases c et d. Elle correspond aux modalités techniques et organisationnelles du *toyotisme* combinées à l'existence d'un « marché unique ». Elle conduit à un resserrement des rapports de sous-traitance et à leur *rationalisation*. Elle est destructrice d'emplois, parfois sur une échelle importante. Mais elle fait la fortune des régions où les salaires ont fléchi et la protection sociale s'est abaissée (par exemple l'Écosse). Enfin elle peut fournir l'occasion à certains groupes industriels de se « relocaliser » (Munhoud, 1996), c'est-à-dire de rapatrier des usines et des liens de sous-traitances à proximité de leurs bases principales.

▼▼▼

Coûts de coordination, technologies de l'information et concentration

Le groupe le mieux à même de livrer une véritable concurrence au sein d'un oligopole mondial est celui qui sera implanté – selon un ou plusieurs des cas de figure qui viennent d'être décrits – dans deux, sinon dans les trois pôles de la Triade. Là il lui faudra gérer à la fois des sites de production propres, des relations complexes de sous-traitance et des réseaux de commercialisation. Le groupe sera donc confronté en principe à la gestion de coûts «bureaucratiques» d'autant plus élevés qu'il opère dans un cadre «mondial» et non plus national. La capacité de supporter de tels coûts est présentée par certains auteurs comme représentant aujourd'hui la véritable limite à la concentration de la propriété du capital et à l'étendue des opérations des groupes. Cela exige des explications plus précises.

Dans les années cinquante, la Federal Trade Commission, chargée de mettre en œuvre la législation antitrust sous l'œil d'un Congrès alors très vigilant sur les conséquences du pouvoir de marché résultant de la concentration, avait mis au point une série d'indicateurs fournissant une présomption initiale quant à l'existence de situations et de conduites monopolistiques. L'un de ces indicateurs concernait l'écart entre le degré de concentration technique, c'est-à-dire la dimension des usines et sites de production résultant des caractéristiques des technologies de production, et le degré de concentration mesuré par les parts de marché. Dans les travaux classiques de Bain sur la concentration et les barrières à l'entrée, l'accent est également mis, aux côtés des avantages absolus en termes de coûts et de barrières liées à la différenciation des produits (budgets publicitaires et dépenses associées à l'«innovation de produit»), sur le rôle des économies d'échelle dans la production[1].

---

[1]. Cette liste de facteurs et leur hiérarchie sont caractéristiques du «fordisme» en son apogée et, plus spécifiquement, de ses traits particuliers dans le cadre américain. Les bouleversements technologiques de la fin des années soixante-dix et l'irruption de grands groupes japonais nullement disposés à s'intégrer, comme les groupes européens l'avaient fait, dans des règles de jeu oligopolistiques dictées par les firmes américaines, ont représenté autant d'éléments qui sont venus modifier la hiérarchie des facteurs constitutifs des barrières.

▼▼▼

Les avantages de la téléinformatique pour les groupes

La convergence des systèmes nouveaux de télécommunications par satellite et par câble, des technologies de l'information et de la micro-électronique a donné naissance à la téléinformatique parfois nommée « télématique ». Elle a ouvert des possibilités accrues aux grandes entreprises et aux banques de contrôler le déploiement de leurs actifs à l'échelle internationale et de renforcer l'assise mondiale de leurs opérations.

Les grandes entreprises et les institutions financières et bancaires disposent maintenant de réseaux mondiaux privés de télécommunications. Ceux-ci sont externes aux groupes, mais peuvent aussi les interconnecter à l'échelle mondiale (c'est le cas pour les marchés financiers mondialisés qui se sont constitués pour une part par l'interconnexion *en temps réel* des principales places financières nationales).

La téléinformatique permet l'extension des relations de sous-traitance, en particulier entre des firmes situées à des centaines ou des milliers de kilomètres les unes des autres, ainsi que la délocalisation de tâches routinières dans les industries faisant beaucoup appel à l'informatique. Elle ouvre la voie à l'éclatement des procès de travail et à de nouvelles formes de « travail à domicile ».

Les effets de la téléinformatique portent sur l'économie en main-d'œuvre aussi bien qu'en capital. Ils comprennent :
– une flexibilité accrue des processus de production (on peut fabriquer un plus grand nombre de produits avec le même équipement) ;
– la réduction des stocks de produits intermédiaires grâce aux méthodes de fabrication à flux tendus, qui permettent de lancer la production dès l'enregistrement de la commande ;
– la réduction des stocks de produits finals ;
– le raccourcissement des délais de livraison ;
– la diminution du fonds de roulement ;
– la diminution du délai de facturation ;
– l'emploi de moyens électroniques dans le domaine du franchisage et de la vente au détail.

Les partisans de la « nouvelle économie industrielle » (voir C. Antonelli, 1989), dont l'une des sources d'inspiration est le livre de Williamson, estiment que, en raison des coûts de transaction auxquels les firmes sont confrontées, la dimension des firmes ne sera pas déterminée uniquement par les caractéristiques des technologies de production (voir encadré ci-contre), mais également par les capacités de gestion « internalisées » qui permettront de réconcilier les contraintes qui obligent les firmes à internaliser leurs transactions avec leurs « coûts bureaucratiques ».

Nous avons déjà relevé le caractère largement apologétique des positions de Williamson. Nous constaterons ici simplement que la théorie de l'information imparfaite et la nécessité d'économiser les coûts de transaction conduisent à identifier un *nouveau type d'avantage stratégique* et donc à établir *une ligne de clivage supplémentaire* au sein de l'univers des firmes. D'un côté, on a les firmes qui sont en mesure de faire l'économie des coûts de transaction en organisant leur internalisation ; de l'autre, on a celles qui sont obligées d'en assumer le plein poids. Les effets de seuil ou de dimension initiale, les conditions d'accès au capital et l'expérience « managériale » nécessaire pour gérer l'intégration et économiser efficacement les coûts de transaction ont donc valeur eux aussi de barrières à l'entrée. Tous ces éléments peuvent être mobilisés pour expliquer l'extension prise par les industries concentrées.

Deux importants économistes industriels japonais, K. J. Imai et Y. Baba, ont montré que l'information représente l'une des variables clés dans la taille et la configuration de la grande firme internationalisée. Elle affecte aussi bien ses frontières que sa structure et sa gestion internes. « La montée en puissance de l'incertitude dans l'environnement économique a rendu la planification *ex ante*, et son contrôle une méthode de gestion dépassée. Les structures organisationnelles au moyen desquelles l'information est produite sont devenues de la plus haute importance pour la capacité d'adaptation des firmes aux conditions changeantes de la demande comme de la technologie. » (Imai et Baba, 1991, p. 398.) La taille et les moyens organisationnels indispensables à la maîtrise des informations nécessaires pour opérer sur les marchés mondialisés se présentent ainsi comme des éléments consubstantiels à l'existence de ces marchés.

Le lien avec le mouvement de concentration à l'échelle mondiale n'est pas difficile à établir. Puisque le caractère imparfait s'accroît dans la sphère internationale, accentuant d'autant le rôle stratégique de l'information, il s'ensuit que les coûts de transaction auxquels les firmes qui s'internationalisent doivent faire face ne peuvent que s'amplifier considérablement. *A contrario,* la nature, l'ampleur et la qualité de l'information, qui est nécessaire pour produire et vendre sur des marchés internationalisés et à laquelle la grande firme a accès, expliquent les sérieux problèmes de « viabilité informationnelle » auxquels les PME-PMI sont confrontées (voir M. Willinger et E. Zuscovitch, 1988).

La fusion des technologies des télécommunications et de l'informatique et la naissance de la télématique ont permis aux grandes firmes de mieux gérer les économies de coûts de transaction obtenues par l'intégration et de réduire les coûts bureaucratiques associés à ces coûts. Ces nouvelles technologies rendent aussi possible une meilleure gestion des nombreuses « relations nouvelles » (voir notre commentaire des analyses de Dunning au chapitre 4) au moyen desquelles la grande firme peut établir un contrôle strict sur une partie des opérations d'une autre entreprise sans avoir à l'absorber. C'est là l'originalité des firmes réseaux.

Externalisation et firmes réseaux

L'utilisation du terme « externalisation » peut renvoyer à deux processus qui sont distincts, même s'ils peuvent souvent se chevaucher. Une première acception du terme désigne l'extension ou l'approfondissement de la division du travail industrielle (qui inclut aujourd'hui les services), certaines activités, précédemment organisées de façon interne par les entreprises, se détachant pour devenir des branches séparées existant « de leur propre droit », pour ainsi dire. Les nouvelles branches dites des « services aux entreprises » tombent dans ce cas de figure, par exemple. La seconde façon d'utiliser le terme « externalisation » est de l'opposer à l'internalisation au sens de la théorie des coûts de transaction. C'est dans ce sens qu'on l'emploiera dans ce paragraphe.

Les vingt dernières années ont vu une extension considérable de la gamme des moyens qui permettent à la grande entreprise de réduire son recours à l'intégration directe et d'éviter d'avoir à étendre continuellement son marché interne (même mieux maîtrisé grâce à la télématique). Cette évolution a suscité de nombreuses discussions en économie industrielle. Dans le cas des accords de coopération technologique, par exemple, les nouvelles formes de relations entre firmes ont été caractérisées par certains auteurs comme se situant quelque part « entre les marchés et les hiérarchies » (P. Mariti et R. H. Smiley, 1983), et par d'autres comme entraînant une « remise en cause profonde du principe d'internalisation ». De même, les modalités récentes d'accords de sous-traitance sont présentées par certains comme un « partenariat de type nouveau » et par d'autres comme des formes nouvelles de « quasi-intégration verticale ».

Les modalités d'externalisation utilisées par les grandes firmes ne comportent pas de mise en cause des « hiérarchies ». Elles représentent au contraire des moyens permettant à des firmes d'établir des relations asymétriques à l'égard d'autres entreprises et de renforcer leur pouvoir économique. Ces firmes ont simplement à leur disposition une gamme nouvelle de procédures et de moyens d'action pour organiser, renforcer et consolider les « défaillances du marché », dans la perspective d'un rétablissement des formes stables de domination oligopolistique qui ont été affectées par la crise, le passage de l'oligopole domestique à l'oligopole mondial et les changements technologiques profonds.

La firme japonaise : *keiretsu* et « toyotisme »

La firme japonaise a été l'objet d'une grande attention de la part des théoriciens de l'entreprise aux États-Unis comme en Europe. Que l'on se place au niveau du groupe *keiretsu* ou de la firme individuelle, membre d'un *keiretsu* ou associée avec tel ou tel membre important d'un des grands groupes, la firme japonaise paraît être parvenue à tirer le plus grand parti des « formes nouvelles » de relations, sans perdre en aucune manière la maîtrise de ce que M. E. Porter nomme la « chaîne de valeur » de l'entreprise. La firme japonaise utilise toute la gamme des relations de coopération et de sous-traitance, mais elle n'a rien d'une *hollow corporation* du type qui fut dénoncé par *Business Week* dans un article de mars 1986 à propos de certains des fleurons de l'industrie américaine.

Commençons par la forme *keiretsu*, c'est-à-dire la forme adoptée par les groupes industriels et financiers de très grande dimension, fortement diversifiés mais à structure lâche et très décentralisée. Cette forme d'entreprise a été décrite par les observateurs non japonais comme étant celle qui « atteint à la fois la dimension et les avantages de la coordination de l'intégration verticale du type occidental et la souplesse de la décentralisation. Son but est une coopération et un flux d'information réciproques entre les partenaires plutôt qu'une hiérarchie rigide de haut en bas [...]. Puisque les membres d'un groupe industriel sont coordonnés au moyen de leurs relations avec la même grande banque et la même grande société commerciale, tant par les liens de participation au capital que par les équipes de direction, ils sont à même de partager les laboratoires de recherche, le personnel d'accompagnement (comme les comptables et les responsables de la commercialisation) et, s'il le faut, les capacités de production » (Altshuler et *al.*, 1985).

Le *keiretsu* se définit donc par un réseau dense de liens de coopération entre membres du groupe : en ce sens, c'est déjà une firme réseau, à ceci près que les liens de collaboration aux plans financier, technologique, industriel et commercial, que les membres du *keiretsu* établissent entre eux, relèvent à la fois de la coopération entre partenaires égaux et de la formation d'un marché interne. Mais le marché interne du groupe *keiretsu* diffère sensiblement du marché interne de la firme multidivisionnelle de type américain, car il repose sur des dosages savants et en évolution constante, de ce que K. J. Imai et B. Itami ont appelé de façon imagée l'« infiltration mutuelle de l'organisation et du marché ». Se référant explicitement à O. E. Williamson (1975), un autre économiste industriel japonais, A. Goto, précise que, si l'on se place du point de vue de l'entreprise, celle-ci, « en constituant un groupe ou en s'associant à un groupe formé, peut faire des économies par rapport aux coûts de transaction qu'elle serait obligée d'encourir si la transaction avait eu lieu sur le marché », et, en même temps, elle peut éviter les « déséconomies d'échelle ou les pertes de contrôle au niveau de la gestion centrale qu'elle aurait risquées si elle avait étendu ses activités et procédé elle-même à la transaction[2] ».

---

2. Goto fait remarquer que, si Williamson indique bien que les *zaibatsu* (un autre terme pour désigner cette forme originale des structures de groupe japonaises) pourraient représenter un mode alternatif aux hiérarchies, il le fait dans une note de bas de page en précisant qu'il n'approfondira pas son analyse car il s'agit, selon lui, d'un phénomène « culturellement spécifique ». Goto répond fort justement qu'il n'y a aucune raison pour

Le second niveau auquel on peut étudier l'expérience japonaise est celui de la gestion toyotiste de la production, des rapports de travail et relations professionnelles et de la gestion des stocks. Ici encore, le problème essentiel est de savoir si le fait de procéder – sur la base d'un contrat d'approvisionnement à long terme – à une forme de « délocalisation » de la production d'une partie des composants fabriqués précédemment dans l'usine centrale du groupe vers des entreprises juridiquement indépendantes constitue une « rupture radicale » avec le principe d'internalisation (la rupture radicale signifiant nécessairement, à l'intérieur de la théorie Coase-Williamson, le retour vers des situations beaucoup plus proches du marché). Ici encore, tout semble indiquer que le mouvement formel d'externalisation s'accompagne d'une série de mesures drastiques dont le but est d'étendre vers l'extérieur, notamment vers les sous-traitants, les exigences et les moyens de coercition liés aux « hiérarchies ». On est en présence d'une adaptation de l'internalisation aux contraintes mais aussi aux opportunités nouvelles offertes par les technologies de l'information.

Internalisation des externalités et quasi-intégration

A cet égard, il est intéressant de citer une récente étude italienne qui inclut des études de cas sur Fiat, Benetton (voir graphique 6.6), Miroglio, Grupp Finanziaro Testile (GFT) et le secteur des télécommunications. Le chapitre de synthèse, rédigé par C. Antonelli, adopte le terme de « firme réseau » (*impresa rete* ou *network firm*), dont il offre cependant une définition qui fait de cette forme de firme essentiellement une forme alternative (et supérieure) d'organisation des « hiérarchies ».

L'une des principales conclusions d'Antonelli indique que dans ces firmes « la télématique a conduit à l'adoption de nouvelles formes de quasi-intégration reposant sur l'électronique, qui semblent être caractérisées par de *puissants effets centripètes* fondés largement sur la possibilité, qui *croît avec la dimension*, *d'internaliser d'importantes externalités s'appuyant sur les réseaux*

---

que ce « troisième mode » d'« infiltration mutuelle de l'organisation et du marché » soit considéré comme étant uniquement une institution japonaise.

(network externalities) ». Antonelli estime, de même, que l'introduction de la télématique conduit à «une baisse des coûts moyens de la coordination [...], laquelle a [...] des effets sensibles sur la dimension des firmes des activités organisées de façon interne [...] permettant ainsi à des firmes plus grandes de fonctionner efficacement» (souligné dans le texte). Cela tient en particulier au fait que, «grâce à la comptabilité électronique et à la possibilité d'exiger des rapports instantanément (*on-line reporting*), chaque filiale ou entreprise coordonnée a la possibilité de vendre sa production sur les marchés internes à des prix fixés indépendamment du marché (*shadow prices*), de défendre ses prétentions face aux autres membres du groupe pour l'obtention de nouveaux investissements, ou de transférer des ressources excédentaires à de nouveaux projets d'investissement» (Antonelli, 1988, p. 27).

De son côté, D. Leborgne (1987) a montré dans ses travaux sur la «quasi-intégration verticale» comment l'automation flexible fondée sur la microélectronique conduit à une prolifération de savoir-faire spécialisés, à un approfondissement de la division du travail. De même, la production flexible ne fait qu'accentuer l'importance de la maîtrise d'une succession de séries courtes. Or la complexité de l'intégration des opérations modulaires croît plus que proportionnellement au nombre des maillons à intégrer : de ce fait, une certaine désintégration technique permet un contrôle plus serré des coûts et de la qualité. Alors la gestion assistée par ordinateur des flux externes, c'est-à-dire entre les firmes, ainsi que la plus grande précision de la fabrication permettent aux firmes principales de coordonner des sous-traitances à flux tendu : un réseau de firmes spécialisées.

A des raisons techniques, il faut ajouter, dit-elle, le rôle des pressions économiques et financières. L'importance des risques sur la recherche-développement, sur les immobilisations en haute technologie, et plus généralement sur les immobilisations en capital fixe pousse à leur «mutualisation» entre plusieurs propriétaires du capital. La «déverticalisation» des grandes firmes en réseaux de firmes spécialisées ou le regroupement de firmes dans un tel réseau peuvent être une réponse à l'ensemble de ces pressions.

Dans cette double perspective, la firme réseau se présente donc, également, moins comme une «rupture» avec les hiérarchies et l'internalisation que comme une nouvelle façon d'organiser et de gérer celles-ci, ainsi que de maximiser les possibilités d'«internali-

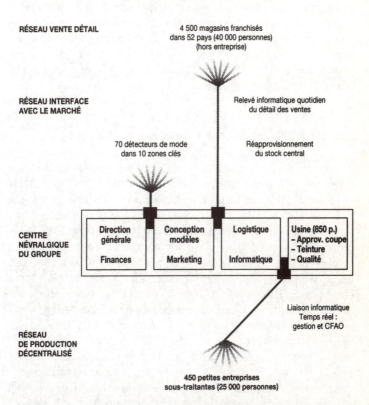

**Graphique 6.6
L'exemple Benetton**

Source : adapté de Octave Gelinier, *Stratégie de l'entreprise et motivation des hommes*, Éditions d'Organisation, Paris, 1990, p. 114.

ser » les « externalités » (c'est-à-dire les avantages externes au sens d'Alfred Marshall), offertes par le fonctionnement en réseau.

C'est à la même conclusion que conduit l'examen de beaucoup d'accords de coopération technologique[3]. Lorsqu'ils interviennent entre des partenaires de tailles et de puissances différentes, ces

---

3. Nous renvoyons ici à nos travaux sur les accords de coopération technique, ainsi qu'à l'ensemble des études dont nous avons rendu compte à cette occasion (F. Chesnais, 1988 et 1990).

accords relèvent essentiellement d'une stratégie d'appropriation de ressources en dessous de leur valeur. C'est un moyen d'obtenir au moindre coût et, au besoin, dans des conditions léonines pour la petite firme ou le laboratoire universitaire ou public des connaissances scientifiques et techniques essentielles aux opérations des oligopoleurs des firmes plus grandes et plus puissantes qui sont partenaires aux accords. C'est la situation la plus courante dans le domaine de la biotechnologie.

Les délocalisations sans investissement direct

La notion de délocalisation a reçu depuis quelques années des extensions qui vont au-delà de l'acception initiale du terme, alors synonyme d'implantation à l'étranger liée à un investissement direct. F. Sachwald (IFRI, 1994, chap. 2) en a fait un inventaire très clair des principales extensions du terme, notamment celles du rapport Arthuis (1993), qu'elle commente.

La première extension, qui ne lui pose pas problème, concerne les participations minoritaires. La seconde, qu'elle estime « beaucoup plus gênante », est relative à l'« amalgame entre délocalisations et importations en provenance des pays à bas salaires ». Ici, l'extension comporte à son tour deux modalités : 1. les « délocalisations sans apport de capitaux » ; et 2. « les délocalisations résultant du négoce international ». Le premier cas est celui des groupes industriels dont l'existence repose au contraire de manière immédiate, et presque exclusive, sur leur capacité à tirer parti de la libéralisation des échanges et de la télématique afin de profiter des bas coûts de salaires et de l'absence de législation sociale pour « délocaliser[4] ». Ce sont les différents types de « firmes réseaux » qui se sont inspirées de l'exemple de Benetton (qui s'est internationalisé lui-même hors d'Europe dans des pays où son comportement est peut-être loin de celui qu'il a en Italie). La première d'entre elles

---

4. L'importance des modes d'internationalisation autres que l'IDE, notamment la sous-traitance internationale, est soulignée à juste titre dans l'article de C. Pottier (1996). En revanche, il est erroné de dire que la poussée – toute relative d'ailleurs – des IDE hors de la zone OCDE au début des années quatre-vingt-dix s'est faite en direction des pays à bas salaires. Comme le *World Investment Report* de 1994 l'a montré, les critères de choix de la localisation de ces IDE sont, par ordre d'importance, la dimension et le taux de

est Nike. Les collections sont conçues au siège du groupe, dans l'Oregon (qui a moins de 500 salariés américains), où la capacité de *design* est concentrée, de même que la stratégie commerciale. Les patrons des nouveaux modèles sont transmis (par un réseau de télécommunications télématiques privé) à Taiwan, où se situe un deuxième chaînon important du groupe. C'est là que sont fabriqués les prototypes, qui serviront de modèle pour la production industrielle de masse. Celle-ci se fera en Asie du Sud-Est, mais uniquement là où les contrats de sous-traitance les plus avantageux peuvent être arrachés – on a vu Nike quitter des pays à mesure que les salaires augmentaient ou que la syndicalisation prenait naissance. Un des pays vers lequel le groupe a «déménagé» ses contrats internationaux de sous-traitance a été la Chine continentale. Car il ne faut pas s'y tromper : pour l'instant la mise en concurrence de l'ouvrier nord-américain ou européen avec l'ouvrier chinois (voir la citation de P. N. Girard dans le chapitre 1) est bien plus souvent le fait d'une entreprise américaine ou européenne qu'il ne l'est d'un groupe industriel chinois exportateur.

Le second cas de figure est celui des «délocalisations résultant du négoce international», qui porte sur l'approvisionnement en produits industriels standardisés, là où les coûts sont le moins élevés. Ce cas de figure ne concerne pas seulement les intrants et demi-produits, mais aussi les produits finis de consommation de masse que les grandes chaînes commerciales ou les hypermarchés peuvent désormais aller chercher très loin, en établissant leurs propres contrats de sous-traitance avec des producteurs locaux et en commercialisant les produits sous leurs propres marques. Ce système est pratiqué dans l'habillement, par exemple, par toutes les grandes chaînes de magasins. Les grands groupes de la distribution américains (Sears, Bloomingdale) ont été les premiers, mais ils ont été vite suivis par les groupes commerciaux et grands magasins populaires européens.

---

croissance du marché intérieur, la confiance dans la conduite de la politique macroéconomique (et de la politique de défense des investissements étrangers...) et la qualité des infrastructures de transport et communications. Les qualités de la main-d'œuvre ne viennent qu'en quatrième position et concernent son niveau de formation autant que le niveau des salaires en soi.

Pour peu qu'on adopte une problématique dans laquelle le concept clé est celui du *capital,* c'est-à-dire une masse financière d'une certaine dimension, dont le but est l'autovalorisation avec profit, l'extension n'est pas gênante. Elle est même tout à fait légitime. Aujourd'hui, le capital de négoce, pour peu qu'il dépasse un certain seuil en termes de taille et de capacité d'organisation, peut adopter les combinaisons les plus variées, associant les formes qui sont propres au capital engagé dans la production et celles qui caractérisent le capital se valorisant comme capital commercial concentré. De même, dans une problématique de répartition de la valeur ajoutée à différents points de la « chaîne de valeur » mais aussi de croissance des pays en développement, il n'est pas du tout indifférent que le commerce international ait lieu à l'initiative de ce capital et traduise l'existence de *barrières industrielles à l'accès des marchés* autrement puissantes que celles dont le GATT se préoccupe. C'est ce qui ressort de l'examen du tableau 6.7. Celui-ci

Tableau 6.7
Formes de délocalisation dans le textile et concordance/discordance des avantages compétitifs et comparatifs
(unité 100 = production uniquement dans la CEE)

	CEE (1)	CEE avec délocalisation partielle dans le Maghreb (2)	Taiwan/Hong Kong (3)
Filature	13	11	8
Tissage	10	8	5
Impression	22	+1 ← 8	20
		+1	
Confection	35	16	20
			+2
Collection Marketing Commercialisation	20	+1 ←	30
Coût total	**100**	**80**	**85**

Source : Boston Consulting Group, *Les Mécanismes de la compétitivité dans les industries du textile et de l'habillement de la CEE*, mars 1984.
(1) Coût d'un produit totalement fabriqué dans la CEE = 100.
(2) Coût avec délocalisation partielle dans le Maghreb = 80.
(3) Coût d'un produit totalement fabriqué en Asie puis vendu dans la CEE = 85.
N.B. : les « + » représentent les coûts de transport.

compare trois filières de production et de commercialisation. La première est intégrée verticalement sur le plan domestique. La deuxième donne lieu à la sous-traitance du troisième stade de production, moyennant ce qui est nommé en droit commercial un « trafic de perfectionnement passif » auquel correspond un régime douanier d'exception. La troisième est le cas de figure, nullement général, d'exportations authentiques à partir de Taiwan ou de Hong Kong. Ici les avantages résultant de coûts de production inférieurs en amont de la filière sont détruits par la perte de contrôle de la chaîne de valeur au niveau de la commercialisation. On est en présence d'un exemple chiffré de ce que représente le contrôle de l'accès au marché, sans lequel le cycle de mise en valeur du capital ne se boucle pas. L'exploitation des opportunités offertes par la sous-traitance internationale, aussi bien que le contrôle de l'accès au marché des pays de l'OCDE au moyen de barrières industrielles plutôt que commerciales, a conduit à la généralisation de ce qu'un chercheur américain (G. Gereffi, 1994 et 1995) désigne comme des « filières internationales contrôlées par l'aval » (*buyer-driven international commodity chains*), par opposition à celles dont la configuration est commandée à partir de l'amont.

La technologie dans le déploiement mondial des groupes

7.

« C'était naguère aux politiques de la science et de la technologie qu'il revenait de gérer les ambitions et les espoirs – autant que les imperfections, les impuissances, voire les accidents – du progrès technique. L'irruption de la logique de marché dans le monde de la science et de la technologie a changé tout cela [...]. L'abord des problèmes renvoie aux besoins de l'économie marchande qui pousse à l'internationalisation des marchés. [...] Un fusible a sauté : celui qui aménageait entre les scientifiques et les marchands un espace où les enjeux pouvaient être perçus avec plus de grandeur. »

G. Ferné, *Science, pouvoir et argent : la recherche entre marché et politique*, Paris, 1993.

Les investissements en R-D sont les dépenses industrielles parmi les plus concentrées au monde. Une concentration particulièrement élevée par pays, qui se double d'une concentration souvent très importante par firme (voir encadré ci-dessous). Les grands groupes industriels mondiaux ont invariablement des dépenses de R-D très élevées. La technologie est une dimension centrale de leur déploiement international. Elle est aussi l'un des champs les plus déterminants où se nouent les rapports de coopération et de concurrence entre rivaux.

Quelques traits actuels majeurs de la technologie

Les transformations survenues depuis la fin des années soixante-dix dans les relations entre la science, la technologie et l'activité

La concentration des dépenses de R.D.

En 1995, l'ensemble des pays de l'OCDE a dépensé environ 410 milliards de dollars PPA. Dans ce total, les États-Unis comptent pour environ 43 %, les pays de l'UE pour près du tiers (32,5 %), le Japon pour 18,5 % et l'ensemble des autres pays de l'OCDE pour à peine 6 %. Plus de 95 % du total mondial des dépenses de R-D sont ainsi effectués dans les pays de l'OCDE.

La R-D effectuée dans l'industrie est marquée par un très fort degré de concentration des ressources au sein d'un groupe restreint de grandes entreprises, dont les budgets de R-D dépassent ceux de presque tous les ministères (Défense et Énergie exceptés), même dans les grands pays. Les chiffres publiés par la National Science Foundation à la fin des années soixante-dix montraient que bien plus de 50 % de la R-D industrielle américaine étaient financés par les vingt premiers groupes industriels. Les données publiées dans les années quatre-vingt sur la concentration de la R-D industrielle au Japon sont venues confirmer cette conclusion et montrer qu'elle n'était pas propre aux États-Unis. Les cinq premières firmes assurent environ 70 % de la R-D dans l'automobile, 55 % dans l'électronique, 50 % dans le textile, 78 % dans la sidérurgie ; seules les industries chimiques connaissent une répartition plus large des capacités de recherche industrielles.

Dans le cas de la France, selon les chiffres officiels, 7 % des firmes identifiées comme faisant de la R-D (cent cinquante entreprises environ) reçoivent 90 % des contrats et aides d'origine publique et concentrent industrielle ont fait de la technologie un facteur de compétitivité souvent décisif, dont les traits affectent pratiquement l'ensemble du système industriel (entendu au sens large, comprenant donc une partie des services). L'accent peut être mis sur les points suivants.

Les liens entre la connaissance scientifique fondamentale et la technologie se sont considérablement resserrés. Plus qu'à toute époque, on assiste à une interpénétration entre la technologie industrielle à but compétitif et la recherche de base «pure», sans parler de la «recherche fondamentale orientée», dont le rôle est toujours plus important. L'exemple le plus clair, bien sûr, se trouve dans le domaine de la biotechnologie, où les «sciences du vivant» sont en prise presque directe avec les processus industriels. Parallèlement, toutes les technologies critiques contemporaines se

entre leurs mains 75 % du potentiel de recherche industrielle. Les enquêtes industrielles professionnelles indiquent une concentration encore plus grande : quelque vingt groupes français assurent les deux tiers des investissements en R-D. La situation est sensiblement la même au Royaume-Uni. Parmi les cinq premiers pays industriels, seule l'Allemagne possède un tissu significatif d'entreprises de dimension moyenne disposant d'une capacité de R-D.

Cette concentration élevée des dépenses de R-D (concentration nettement supérieure dans beaucoup de cas à la concentration de l'offre industrielle) ne peut pas être considérée comme «naturelle», intrinsèquement nécessaire ou porteuse d'efficiences. S'il existe des seuils minimaux d'investissement en R-D et donc des tailles critiques d'entreprise en termes de valeur ajoutée et de *cash-flow* (qui varie d'une industrie à l'autre), ces seuils correspondent à la dimension d'entreprises moyennes (500 à 2 000 employés) et ne postulent pas la concentration de la R-D au sein de très grands groupes industriels. Les enquêtes américaines et britanniques ont toujours montré que, par rapport à leur taille, les entreprises moyennes innovent plus et ont un «rendement des dépenses de R-D» supérieur à celui des grands groupes : leur flexibilité, la moins grande rigidité de leur hiérarchie interne, le niveau de qualification moyen supérieur de leur personnel sont autant de facteurs explicatifs de ces performances.

Source : G. Ferné (coord.), 1993, et OCDE, 1996.

caractérisent par leur forte capacité de diffusion intersectorielle. Elles offrent des opportunités de renouveler la conception de nombreux produits et d'en inventer de nouveaux. Plus important encore, elles exigent la transformation des procédés dominants de fabrication aussi bien que des techniques de gestion dans l'ensemble du système industriel.

De nombreuses percées technologiques récentes ont été le résultat de fertilisations réciproques (ou «combinatoires») entre des disciplines scientifiques et des techniques distinctes : c'est le cas des nouveaux matériaux nés de la rencontre entre la chimie appliquée, les matériaux classiques et la programmation industrielle informatisée par micro-ordinateur. Dans les cas où ces synergies sont importantes, il devient possible d'identifier des grappes technologiques (GEST, 1986), c'est-à-dire des groupes d'activités industrielles et de services établis autour d'une base technologique commune (en particulier dans les domaines de la microélectronique et de la biotechnologie). Dans d'autres cas, la technologie présente désormais des traits systémiques marqués. Ceux-ci ne caractérisent pas seulement les domaines d'élection des grands systèmes (télécommunications, technologie spatiale, systèmes d'armes) mais concernent aussi des technologies moins spectaculaires quoique tout aussi révolutionnaires, comme, entre autres, la conception et la fabrication assistées par ordinateur.

Indépendamment de leur impact sur la croissance macroéconomique et le niveau de l'emploi, dont la nature et l'ampleur sont controversées, ces développements ont modifié les paramètres de la compétitivité microéconomique ainsi que les comportements concurrentiels des entreprises. Tous les facteurs qui viennent d'être énumérés les ont contraintes à augmenter sérieusement leurs dépenses (ou investissements immatériels) en R-D. Par ailleurs, le coût de ces dépenses dans les charges des entreprises a augmenté sensiblement. La hausse a été particulièrement forte dans l'informatique (semi-conducteurs, ordinateurs) et la pharmacie, mais elle concerne pratiquement tous les secteurs. L'effet conjoint de l'augmentation du niveau des dépenses exigées par les transformations des «paradigmes technologiques» et de leur coût explique l'accroissement de la part de la valeur ajoutée investie dans la technologie.

Prises dans leur ensemble, ces transformations ont entraîné des changements dans la composition des «ressources spécialisées complémentaires» (Teece, 1986). Celles-ci sont définies comme les ressources qui manquent à une entreprise, tout en lui étant pourtant nécessaires pour mener à bien la mise au point et la commercialisation d'une innovation et pour bénéficier des flux de valeur ajoutée et des quasi-rentes d'entreprise auxquels elle doit pouvoir normalement prétendre.

Tout se conjugue pour faire pression sur les firmes afin qu'elles coopèrent, soit avec plus faible qu'elles-mêmes, soit entre égaux. Dans un contexte de changement technologique rapide, les accords de coopération et les alliances stratégiques[1] sont un moyen permettant à des entreprises de se procurer, au moindre risque et en gardant la possibilité de se désengager, les ressources complémentaires et les intrants technologiques essentiels. Ils sont aussi l'un des principaux instruments des politiques de compétitivité (également nommées «politiques commerciales stratégiques» par des auteurs comme P. Krugman). Dans le prolongement du chapitre précédent, il faut donc commencer par situer les stratégies «privées» des firmes dans le cadre des relations avec leurs États respectifs.

Coalitions États-groupes et concurrence systémique

Les alliances et accords sont le moyen par excellence permettant à plusieurs entreprises de se coaliser pour la mise au point accélérée de technologies (mise en commun d'une fraction des ressources en R-D, échanges croisés des connaissances détenues par chacun), de même que pour leur appropriation et leur protection. Ces alliances et accords se nouent souvent sur une base mondiale, mais ils scellent également les efforts déployés par les membres de l'oligopole de tel ou tel pays pour assurer, avec l'aide de leur État, leur compétitivité internationale face à leurs rivaux : efforts qui ne peuvent aboutir aujourd'hui que s'ils sont menés collectivement (F. Chesnais, 1988 et 1990).

Pour les États, la technologie a toujours été considérée comme un domaine qui touche à la souveraineté (G. Ferné et *al.*, 1992).

---

1. Le sens de la distinction est expliqué au chapitre 8.

Dans les pays qui ont construit une industrie d'armement en rapport avec la place occupée par l'armée dans l'État, cela est encore plus fortement le cas (F. Chesnais et C. Serfati, 1992). La place encore occupée par la politique technologique résulte de ces facteurs, mais elle traduit aussi la tentative des États de conserver une fonction et un rôle face au processus de mondialisation.

Aux trois pôles de la Triade, les plus grands groupes ont donc, dans plusieurs industries, pu intéresser leurs gouvernements (et en Europe la Commission de l'UE) à la mise sur pied et au financement de très grands programmes qui donnent un contenu à l'idée de «concurrence systémique» (M. Humbert, 1988). Les industries en question appartiennent à la catégorie des «industries stratégiques», en raison notamment de leurs liens avec le secteur militaire et spa-

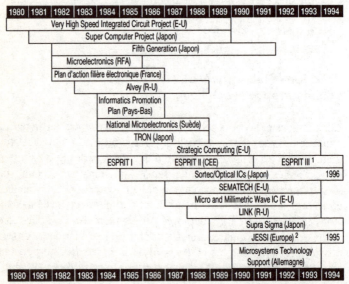

Graphique 7.1
Les principaux programmes publics dans le domaine de l'industrie informatique et des semi-conducteurs

1. Le 4e programme-cadre pour la recherche et le développement couvre la période 1994-1998 : il maintient la priorité accordée aux technologies de l'information.
2. JESSI bénéficie d'un financement conjoint, ESPRIT et Eurêka. Les technologies de l'information représentent 14,6 % du total des projets Eurêka mais 42,8 % du montant total des financements (Conférence ministérielle 1993, *Eureka News*, n° 22, septembre 1993).

Source : OCDE (1992). Actualisation de M. Delapierre et C. Milelli (1994).

tial. L'industrie électronique, en particulier, a vu l'établissement de grands programmes comportant simultanément une aide publique souvent élevée et la formation, dans le contexte de la concurrence triadique, d'accords importants de création et de partage de R-D et de technologie sur une base nationale ou communautaire. Les programmes les plus connus des années quatre-vingt (voir graphique 7.1) ont été les projets impulsés aux États-Unis par le Pentagone, VHSIC et SEMATECH ; les projets japonais VLSI et « ordinateurs de cinquième génération » ; et, en Europe, les deux programmes ESPRIT de l'UE et le projet JESSI du programme Eurêka.

L'appartenance à de très grands programmes nationaux n'a pas empêché les plus grands groupes, surtout américains et japonais, d'établir, parallèlement, des accords intratriadiques, dont l'effet est de consolider la hiérarchie entre firmes au sein même de l'oligopole mondial. C'est ce que nous verrons au chapitre suivant.

Les cinq dimensions du déploiement technologique des FMN

Pour certains auteurs, l'internationalisation de la technologie se réfère essentiellement à la localisation à l'étranger d'une partie de la R-D. C'est l'hypothèse notamment de K. Pavitt et P. Patel, du SPRU, qui affirment que la sphère de la technologie représenterait un « cas important de non-globalisation » (1991). Lorsqu'on mesure l'ampleur du processus de mondialisation, une telle approche paraît singulièrement réductrice. Il est indiscutable que le caractère stratégique de la technologie donne au laboratoire central des groupes un rôle particulier dans l'orientation et la coordination du travail des autres unités. Il est également certain que la R-D n'est jamais délocalisée au même degré que la production. Mais on ne peut pas s'en tenir là. Ce n'est qu'en considérant la technologie dans plusieurs dimensions, dont cinq ont été présentées de façon schématique dans le tableau 7.2, que la portée du déploiement international des groupes industriels peut être appréciée pleinement dans ce domaine si important[2].

---

2. Puisque le terme « internationalisation de la technologie » a provoqué des débats particulièrement stériles, j'emploie systématiquement l'expression « déploiement interna-

La première dimension, qui a toujours été la mieux étudiée, concerne la production privée de technologie, moyennant la combinaison des intrants obtenus à l'extérieur avec l'activité propre de R-D du groupe. Cette activité est organisée à la fois dans les laboratoires situés dans le pays d'origine que dans des laboratoires situés à l'étranger. Elle peut conduire à des innovations qui sont connues parce qu'elles sont brevetées et matérialisées dans des produits. Mais elle donne lieu également à la production de connaissances, portant en particulier sur les procédés de production (le savoir-faire ou *know-how* industriel), qui demeurent «tacites», spécifiques au groupe et qui ne circulent qu'à l'intérieur de son espace propre.

La deuxième dimension a trait à l'organisation à l'échelle mondiale des activités de veille technologique et d'acquisition d'intrants spécialisés (connaissances scientifiques abstraites aussi bien que technologies complémentaires déjà testées) auprès des universités, des centres de recherche publics et des petites firmes de haute technologie. Dans le cadre d'un projet de recherche donné, elles ont pour but d'aider le groupe (ou une filiale) à acquérir les intrants complémentaires qui peuvent contribuer à la réussite mais aussi à la réduction des délais de l'innovation. En raison de ce qui a été dit au début du chapitre, les activités de veille et d'acquisition ont pris une importance particulière et bénéficient de moyens considérables. Tous les grands groupes les mènent à l'échelle internationale en parallèle avec leurs activités propres de production de technologie.

L'acquisition d'intrants spécialisés peut également se faire à l'aide de ce que l'on nomme les «alliances stratégiques» portant sur la technologie. Celles-ci lient de grands groupes entre eux. Elles représentent une troisième dimension décisive de l'internationalisation. Cette dimension ne concerne rien d'autre que la concrétisation de la reconnaissance oligopolistique et la formation de barrières à l'entrée de type industriel. Ses effets sont importants tant pour le déroulement des rapports de rivalité à l'intérieur de la

---

tional des FMN dans le domaine technologique». Il est évident que ni les pays de l'OCDE, ni les grands groupes industriels n'ont la moindre intention d'«internationaliser leur technologie» dans le sens de la mettre à disposition des autres pays ou des autres firmes. Au contraire, la protection est plus stricte que jamais.

Tableau 7.2
Cinq modalités du déploiement technologique international des FMN

	Organisation institution	Moyen intermédiaire	Moyen final
Production privée de la technologie sur une base multinationale.	FMN	IDE	Unités de R-D dans les filiales ; laboratoires affiliés créés ou intégrés par acquisitions/fusions.
Acquisition de la technologie à l'étranger par achat ou par relations asymétriques.	Firmes de toutes catégories et organismes de recherche.	Différentes modalités de veille technologique.	Achat de brevets, acquisition de licences et de *know-how* industriel.
	FMN	IDE	Accords technologiques avec des universités ou des PME-PMI étrangères.
Échange croisé de savoirs et de technologies avec l'étranger par collaboration, partenariat et échanges entre égaux.	Communauté scientifique : universités, associations d'ingénieurs…	Réseaux internationaux de scientifiques et d'ingénieurs.	Échanges entre laboratoires, travaux conjoints, échanges informels.
	FMN	Reconnaissance mutuelle au sein des oligopoles mondiaux.	Alliances stratégiques tech. avec d'autres FMN.
Protection des connaissances et des innovations à l'étranger.	Firmes de toutes catégories et organismes de recherche.	Équipes de spécialistes du droit international des brevets.	Dépôt de brevets à l'étranger.
	Scientifique indiv. ou en équipe.	Revues scientifiques internationales.	Publications.
Valorisation du capital technologique hors du pays d'origine ou sur une base multinationale.	Organismes de recherche.	Dépôt de brevets suivis de publications, conférences, expositions…	Vente de brevets et cession de licences.
	Firmes de toutes catégories.	*idem* + Recherche de marchés étrangers	*idem* + Exportations
	FMN	*idem* + IDE	*idem* + Production et ventes des filiales étrangères.

Source : F. Chesnais, à partir de D. Archibugi et J. Michie (1994).

Triade que pour les chances d'entrée de nouveaux rivaux véritables.

La quatrième dimension de l'internationalisation est celle que la grande firme mène individuellement par ses dépôts de brevets à l'étranger et, collectivement, par sa participation avec d'autres groupes à l'établissement de normes, en particulier lors de processus de « normalisation par anticipation » (voir au chapitre suivant, pour l'analyse de ce phénomène nouveau).

La cinquième dimension est celle de la mise en valeur internationale des technologies produites par le groupe. La FMN est le seul acteur du système d'innovation à avoir le choix entre trois formes de mise en valeur de ses activités de R-D : la production de biens pour l'exportation fondée sur ses innovations de procédé ou incorporant les innovations de produit ; la vente des brevets ou la cession de licences donnant le droit d'utiliser ses innovations ; enfin et surtout l'exploitation des technologies au niveau du groupe dans son ensemble. C'est ici que se situe la circulation de la technologie au sein de l'espace privée des groupes, dont l'étude a été faite autrefois de façon précise par C.-A. Michalet (1985). Nous renvoyons à son livre pour cet aspect afin de nous concentrer sur les quatre autres.

Dans le tableau 7.2 nous avons cherché à montrer la manière dont la FMN est le seul « acteur » intervenant dans les systèmes de recherche et d'innovation à pouvoir agir au niveau des cinq dimensions. Les autres intervenants (y compris les entreprises « mononationales » domestiques) sont limités à deux ou, au maximum, trois dimensions. C'est au niveau des cinq dimensions prises comme un tout que s'effectuent les choix de centralisation et de décentralisation des lieux de décision et de mise en œuvre de la politique technologique globale du groupe. Dans la littérature, ces choix sont généralement étudiés pour la R-D prise isolément ; il importerait de les intégrer dans une approche plus large relative à l'internationalisation de la technologie.

Les missions des laboratoires à l'étranger

L'établissement de laboratoires à l'étranger, les modalités choisies à cet effet (acquisition/fusion ou investissement nouveau), la nature des missions assignées à ces laboratoires et, enfin, les formes de division des tâches et de coordination des décisions à l'intérieur des groupes sont des éléments qui ont tous subi une transformation importante au cours des vingt dernières années. L'évolution a été un peu similaire, et souvent concomitante, à celle que les filiales de production ont connue.

La règle en matière d'organisation et de localisation de la R-D a généralement toujours été sa centralisation dans le pays d'origine du groupe. Cela découle de tout ce qui a été dit tant du caractère stratégique de la technologie pour l'entreprise que de l'enracinement des groupes dans leur économie d'origine, dont ils tirent une partie de leurs «avantages spécifiques de firme». Nous en avons parlé dans le chapitre précédent. C'est «chez eux» que les groupes ont développé leur compétence technique, leur marché le plus important et leur expérience commerciale. Enfin, pendant longtemps, les problèmes de gestion, de communication et de coordination ont également milité en faveur de la centralisation poussée des activités de R-D.

Lorsqu'on considérait les exceptions à la règle de la centralisation, il convenait d'établir d'emblée une distinction entre les groupes qui bénéficiaient d'un marché domestique important et ceux appartenant aux pays qui sont «petits» de ce point de vue (la Suisse et les Pays-Bas mais aussi le Canada). La nécessité, pour les FMN originaires de ces pays, de délocaliser leur production plus tôt que d'autres afin de se mettre en prise directe avec des marchés importants expliquait la décentralisation plus précoce et plus significative d'une partie de leur R-D. Elle pouvait même concerner des aspects tout à fait stratégiques de la R-D et conduire à l'établissement à l'étranger du laboratoire le plus important.

Dans le cas des groupes jouissant d'un marché domestique porteur, la délocalisation de la R-D relevait d'une logique différente. Pendant les années soixante-dix, on rencontrait trois types de laboratoires (Pearce, 1989). Le premier type était le *laboratoire d'«appui»*, dont les missions se limitaient à l'adaptation des produits et des procédés aux conditions locales de l'économie d'implantation dans le cadre d'une internationalisation «multidomestique». Il était généralement créé dans le cadre de filiales relais au moyen d'investissements nouveaux. Quelques grands groupes américains avaient assigné à ces unités, dès les années soixante, une mission complémentaire de veille technologique et de centralisation de connaissances scientifiques et de technologies vers le laboratoire principal (Fusfeld, 1985). Il est maintenant reconnu que c'est aussi un motif important de l'implantation ou de l'acquisition de laboratoires aux États-Unis par les groupes européens et japonais (Dunning et Narula, 1995).

Le deuxième type, beaucoup plus rare à l'époque, était le *laboratoire spécialisé*, exécutant des programmes de R-D organisés par la direction des groupes sur la base d'une division internationale du travail scientifique. Dans ce cas, encore assez exceptionnel en dehors de l'industrie pharmaceutique, la R-D délocalisée correspondait à la création de laboratoires spécialisés, dont les tâches étaient fixées dans le cadre de programmes de recherche établis sur une base internationale. C'est IBM qui est allé le plus loin dans cette voie et qui fournissait, jusqu'au début des années quatre-vingt, le modèle de référence en termes d'organisation et de contrôle. Les laboratoires n'étaient pas liés fonctionnellement aux unités de production ; ils menaient des travaux de recherche « fondamentale orientée » ou appliquée, dans le cadre de programmes conçus et gérés directement par le laboratoire central à partir d'une stratégie globale de recherche et de centralisation des connaissances.

Le troisième type de laboratoire, identifié par une partie des études de cas, était le *gros laboratoire relativement autonome*, situé auprès d'une filiale importante ayant reçu du groupe un « mandat mondial » pour la conception, la production et la vente d'un produit ou d'une ligne de produits. Ces deux catégories de laboratoires avaient, bien sûr, également une mission complémentaire de veille technologique et d'interface avec le système de recherche et d'innovation du pays d'implantation.

Les tendances récentes de la R-D délocalisée

Aujourd'hui, les deux derniers types de laboratoires (spécialisé et relativement autonome) l'emportent sur le premier (d'« appui »). Le rôle des laboratoires qui sont nés comme laboratoires « d'appui » s'est transformé, en relation avec l'importance prise par la R-D liée à des productions sur commande (*customised R-D*). Mais il faut élargir le cadre des transformations en cours. B. Madeuf, G. Lefebvre et A. Savoy (1997) remarquent que la décentralisation aussi bien que la délocalisation peuvent difficilement être discutées aujourd'hui indépendamment des facteurs qui poussent à l'intégration, aussi étroite que possible, de la R-D aux autres fonctions d'entreprise, en particulier le *marketing*. Le modèle d'organisation de l'innovation dit «interactif», considéré comme le plus efficace (Kline et Rosenberg, 1986), exige précisément un degré de décentralisation assez poussé, dont l'ampleur dépend de la configuration des relations «utilisateurs-producteurs» (Lundvall, 1992). Dans leur étude récente de l'industrie de l'informatique et des semi-conducteurs, M. Delapierre et C. Milelli (1994) constatent ainsi que «le rapprochement avec la clientèle conduit de plus en plus à l'installation de centres de recherche sur les principaux marchés, dans le cadre de la mise au point de logiciels ou de circuits intégrés [adaptés] à la demande» (p. 252). Dans le cadre de groupes fortement multinationalisés, ce facteur va jouer dans le sens de la décentralisation des fonctions de R-D.

De façon plus générale, la mondialisation a poussé un nombre croissant de groupes à adopter (ensemble avec la forme de *holding* financier) un mode d'organisation multidivisionnel comportant la création de divisions semi-autonomes responsables de la gestion des différents produits (ou lignes de produits) ou des différentes zones géographiques. Cela a conduit à des changements dans la localisation de la R-D dans l'organigramme des groupes. Tout en conservant un service central de R-D relativement important, beaucoup de groupes ont décentralisé une partie significative de leurs recherches auprès des principales divisions par produits. Dans certains très grands groupes diversifiés de la chimie-pharmacie (où ces «divisions» sont en elles-mêmes des FMN de taille importante), se situe maintenant le pivot de la R-D, et l'on y trouve les véritables laboratoires centraux. Ces changements organisationnels sont souvent effectués au moment d'une grande opération d'acquisition/fusion. Lorsque la firme acquise est étrangère et possède des laboratoires importants, la décentralisation de la R-D va de pair avec sa délocalisation géographique.

Cette tendance explique la généralisation du modèle associé initialement à IBM, à savoir l'organisation d'une répartition internationale des tâches entre des unités qui ont le statut de «laboratoires intégrés internationalement» (Papanastassiou et Pearce, 1994). L'évolution correspond aux nouvelles possibilités de coordination et de contrôle offertes par la télématique. Celle-ci a accru de manière qualitative les moyens de gestion et de contrôle par les groupes d'une R-D internationalisée. Jusqu'au milieu des années soixante-dix, une des raisons souvent évoquées par les FMN, notamment américaines, dans les enquêtes pour justifier leur refus d'étendre leurs activités de R-D à l'étranger, concernait la difficulté de garantir une surveillance et un contrôle adéquats. L'enquête réalisée par C. Antonelli (1985) auprès de 40 FMN américaines et européennes a montré les changements d'attitude provoqués par l'introduction de la télématique. L'un des motifs principaux reconnus comme ayant joué en faveur de l'adoption des nouveaux équipements tiendrait aux possibilités nouvelles offertes dans le domaine de la « mise en œuvre internationale des capacités de R-D, résultant de l'interaction accrue entre les filiales et la maison mère ainsi que de l'établissement d'une division du travail plus poussée, correspondant aux besoins techniques et au potentiel scientifique, tant des pays hôtes que des firmes apparentées ».

Potentiels techniques et « invasion réciproque »

La R-D est l'un des terrains où s'exerce la rivalité par « invasion réciproque ». Les grands groupes américains de la pharmacie et de l'informatique avaient compris, dès la fin des années soixante, l'intérêt de se mettre en prise avec les potentiels scientifiques européens en biologie moléculaire ou en mathématiques. La volonté de grandes firmes européennes des mêmes secteurs de se placer en prise directe avec le potentiel scientifique et technologique (ou système national d'innovation) de leurs rivaux américains a sous-tendu beaucoup d'opérations d'acquisition/fusion en direction de l'Amérique du Nord. Selon C. Pottier, au cours des années quatre-vingt, l'objectif aurait eu peu de poids dans les acquisitions des groupes français, qui ont cherché à rattraper leur retard dans les années quatre-vingt-dix. En revanche, dans le cas des autres groupes européens, en particulier pharmaceutiques, l'acquisition de laboratoires situés aux États-Unis a été un motif très important de leur IDE. Ces groupes ont même réussi à créer ou acquérir des laboratoires au Japon. De leur côté, les FMN japonaises de la pharmacie ont également installé des centres de R-D en Europe (F. Guelle [1989] en a identifié sept) et aux États-Unis³.

---

3. L'industrie pharmaceutique a toujours eu des contraintes spécifiques de délocalisation de la R-D. Indépendamment de la nécessité d'accéder à des sources de connaissances

Ces opérations doivent être mises en relation avec les activités de veille technologique et d'acquisition d'intrants spécialisés (connaissances scientifiques abstraites aussi bien que technologies complémentaires déjà testées) auprès des universités, des centres de recherche publics et des petites firmes de haute technologie. Le caractère stratégique de ces activités a été expliqué plus haut. Ce sont elles qui assurent l'«internalisation des externalités» dans le domaine de la R-D, ou, plus crûment, le «siphonnage» des technologies évoqué par H. Bourguinat (voir chapitre 3). Même lorsqu'elle ne prend pas la forme d'un «vol», cette internalisation peut avoir lieu moyennant des contrats de coopération technologique «léonins», terme utilisé par un rapport américain pour définir les relations entre les groupes industriels et les petites firmes de biotechnologie (OTA, 1984).

Les PME appartenant à la catégorie des «quasi-laboratoires» (c'est le cas notamment de la majorité des petites firmes en biotechnologie) ont été la cible préférée des groupes étrangers pour les accords de coopération comme pour les fusions (Chesnais, 1988 et 1990). Les acquisitions de cette catégorie de firmes font souvent suite à une collaboration dans le cadre d'accords scellés par des avances de «capital-risque d'entreprise» (*corporate venture capital*). Ce fut le cas pour la série d'accords qui a précédé et préparé l'acquisition par la FMN suisse Hoffman La Roche (60 % du capital) de la plus importante firme de biotechnologie de Californie, Genentech.

Depuis le début des années quatre-vingt-dix, les petites firmes américaines de l'électronique ont à leur tour été l'objet de beaucoup d'attentions de la part des groupes japonais (M. Delapierre et C. Milelli, 1994, p. 260). Lorsqu'une FMN a créé ou acquis des laboratoires à l'étranger, ceux-ci sont chargés du travail de rapprochement et de négociation préparatoire à des accords. Autrement, ce sont des équipes spécialisées dans les filiales qui sont chargées de le mener à bien.

Les études les plus récentes sur le fonctionnement des laboratoires américains créés par des groupes étrangers ou acquis par

---

scientifiques particulièrement importantes – hier au Royaume-Uni, aujourd'hui, pour les biotechnologies, aux États-Unis –, la nécessité de conduire des tests cliniques, en vue de l'obtention de l'autorisation administrative de mise sur le marché et de l'adaptation des produits à des pathologies spécifiques, a exigé l'établissement de laboratoires dans les principaux marchés nationaux même lorsque l'état de la rivalité oligopolistique avec les firmes des pays d'accueil ne le rendait pas indispensable.

▼▼▼

eux lors de fusions-acquisitions (Florida, 1997) montrent que le statut reconnu à ces laboratoires au sein des FMN s'élève, et que leur autonomie dans la définition de leurs objectifs et de leurs programmes de R-D s'accroît. Il y a de moins en moins souvent transplantation des modes de gestion de la R-D en vigueur dans les laboratoires centraux situés dans les pays-sources de l'IDE. Nos propres discussions avec des chercheurs industriels suggèrent que c'est même l'inverse qui se produit de plus en plus. Les procédures spécifiquement américaines se diffusent au sein des groupes à mesure que le personnel de recherche de haut niveau recruté aux États-Unis prend des responsabilités dans les laboratoires centraux ou se voit confier la direction de laboratoires dans d'autres pays.

Les différences par pays dans le degré de délocalisation de la R-D

Il faut maintenant revenir à la R-D comme telle et aux thèses de K. Pavitt sur son faible degré de délocalisation. Les nombreux changements qualitatifs dont nous avons parlé l'emportent, sans aucun doute, sur les changements strictement mesurables. L'analyse des derniers est difficile, de surcroît, en l'absence de données synthétiques et comparables, à l'exception des chiffres sur les dépôts de brevets aux États-Unis. Mais ceux-ci ne sont malheureusement pas totalement fiables. En effet, dans de nombreux groupes, la prise de brevet, signe du contrôle sur la technologie et sur son exploitation et domaine réservé de la direction du groupe, continue à être centralisée (voir Bertin et Wyatts, 1986, et Desranleau, Etemad, Seguin-Dulude, 1988). Il n'y a guère que dans les cas où la filiale est un laboratoire important (Genentech, par exemple) ou possède au moment de la fusion un portefeuille de brevets propre que l'on peut être sûr qu'il n'en soit pas ainsi. Beaucoup de travaux se servent de ces données de façon peu critique et les utilisent pour «tester» des hypothèses à l'aide de calculs.

Le tableau 7.3 synthétise les chiffres rassemblés par K. Pavitt et P. Patel sur l'origine des dépôts de brevets des plus grandes FMN. Il indique une très grande diversité dans le degré de prise de brevet à l'étranger par les groupes de différents pays, entendu comme indicateur du degré de délocalisation de leur R-D à l'étranger. Dans le cas des États-Unis, d'autres données corroborent l'idée que les groupes américains n'auraient pas poussé l'internationalisation de leur R-D bien au-delà du degré atteint dans les années soixante-dix. Les résultats d'enquêtes paraissent indiquer, avec les réserves qui s'imposent, qu'entre 1960 et 1978 la part de R-D délocalisée de la R-D industrielle était passée de 2 % à 10 % du total, mais qu'en 1982 cette part était retombée à 9 %. B. Madeuf et ses collègues (1997) estiment, sur la base de recoupements entre différentes sources, qu'à la fin de la décennie 1980-1990 ce pourcentage pouvait se situer à un peu plus de 12 %. Ce faible degré d'expansion va dans le sens des conclusions des travaux de F. Scherer (1992) quant au caractère défensif des stratégies oligopolistiques des groupes américains. Leur internationalisation est suffisante pour assurer leur activité de veille, d'acquisition et de centralisation. Un écart demeure entre l'étendue de leur R-D (mesurée par les indicateurs de dépenses et d'emploi scientifique) et les prises de brevets à partir des filiales. Le caractère très centralisé de la gestion des groupes

Tableau 7.3
Localisation géographique des activités des grandes firmes selon l'origine du dépôt de brevet aux États-Unis : 1985-1990
(Parts en pourcentages)

Nationalité	A l'intérieur	A l'étranger	Dont : États-Unis	Europe	Japon	Autres
Japon (143)	98,9	1,1	0,8	0,3	...	0,0
États-Unis (249)	92,2	7,8	...	6,0	0,5	1,3
Italie (7)	88,1	11,9	5,4	6,2	0,0	0,3
France (26)	86,6	13,4	5,1	7,5	0,3	0,5
Allemagne (43)	84,7	15,3	10,3	3,8	0,4	0,7
Finlande (7)	81,7	18,3	1,9	11,4	0,0	4,9
Norvège (3)	68,1	31,9	12,6	19,3	0,0	0,0
Canada (17)	66,8	33,2	25,2	7,3	0,3	0,5
Suède (13)	60,7	39,3	12,5	25,8	0,2	0,8
Royaume-Uni (56)	54,9	45,1	35,4	6,7	0,2	2,7
Suisse (10)	53,0	47,0	19,7	26,1	0,6	0,5
Pays-Bas (9)	42,1	57,9	26,2	30,5	0,5	0,6
Belgique (4)	36,4	63,6	23,8	39,3	0,0	0,6

Note : le nombre de firmes situées dans chaque pays est mis entre parenthèses.
Source : P. Patel et K. Pavitt (1994).

américains, le fait que la plupart de leurs laboratoires ont été le résultat d'investissements nouveaux, enfin la force du syndrome «*not invented here*» pourraient aider à expliquer cet écart.

Quel indicateur choisir dans le cas du Japon ?

C'est assurément dans le cas du Japon qu'on constate la plus grande différence entre l'internationalisation de la technologie – entendue comme activité mondialisée de veille et d'acquisition/siphonnage (au besoin au moyen de l'espionnage industriel et du vol de connaissances) – et l'internationalisation de la technologie entendue comme activité formalisée de R-D. La première remonte à la fin du XIXe siècle. La création du MITI, à la fin des années cinquante, a permis de coordonner l'activité mondialisée de veille et d'acquisition à partir de l'État, jusqu'à ce que les groupes reconstitués prennent le relais. En revanche, la création par les groupes japonais de laboratoires à l'étranger a effectivement débuté tardivement, à partir de 1985 seulement, de sorte que la R-D faite dans les filiales ne représente qu'environ 1 % du montant des ressources consacrées à la R-D au Japon (F. Guelle, 1989).

Selon une étude de la Science and Technology Agency (août 1989), on dénombre 188 laboratoires établis par des entreprises japonaises dans le monde, employant 4 378 chercheurs. Ces chiffres sont très bas si on les compare avec les 16 400 chercheurs employés à l'étranger en 1983 par les 23 groupes allemands de l'échantillon étudié par Wortmann (1990), ou avec les 76 200 chercheurs employés hors des États-Unis par les FMN américaines en 1982, selon l'enquête menée par le département du Commerce. La moitié de ces 188 unités de recherche se trouvent aux États-Unis. Les chiffres pour la R-D et ceux pour le dépôt de brevets correspondent. Leur niveau faible pourrait s'expliquer, encore aujourd'hui, par la nature des missions qui leur sont confiées. Une enquête de L. Peters (1990) auprès de 100 filiales industrielles japonaises aux États-Unis constate que 50 déclarent faire un peu de R-D, en précisant que celle-ci porte surtout sur l'adaptation des produits au marché américain[4]. La plupart des technologies viennent des socié-

---

[4]. L'étude, au demeurant intéressante, de R. Florida (1997) n'établit malheureusement pas de distinction entre les pays d'origine des FMN en fonction des buts assignés par les groupes aux laboratoires de leurs filiales américaines.

tés mères. La conclusion de l'enquête de Peters (qui a toujours défendu la présence des firmes japonaises aux États-Unis) met l'accent sur l'importance de l'activité de veille technologique de leurs filiales, en notant que celle-ci paraît efficace et bien intégrée aux autres parties de l'activité globale des groupes. En somme, le « siphonnage » fonctionnerait bien.

La situation différenciée des groupes européens

Ainsi que le tableau 7.3 le montre, le montant des dépôts de brevets effectués à l'étranger par les laboratoires situés auprès des filiales, comme par les entreprises de haute technologie intégrées aux groupes industriels à la suite d'acquisitions, s'accroît de façon significative lorsqu'on passe des chiffres américains ou japonais pour se tourner vers les FMN européennes. La part des dépôts de brevets effectués à l'étranger est évidemment très élevée dans le cas des groupes belges (Solvay), néerlandais (Shell, Philips, Azko), suisses (Nestlé, les trois grands groupes de la chimie-pharmacie) et suédois (Erikson). Leur internationalisation a été très précoce et elle s'est encore accentuée depuis quinze ans. Le cas du Royaume-Uni est plus frappant. S'agissant du pays où le capitalisme a développé ses assises technologiques les plus anciennes et où, jusqu'aux années soixante-dix, les dépenses de R-D égalaient celles de l'Allemagne ou de la France, le degré de délocalisation des groupes britanniques pose problème. Il est l'expression, au niveau de la R-D, de la déconnexion croissante de ces groupes par rapport à leur pays d'origine. Il traduit, à la fois comme conséquence et comme cause aggravante, l'affaiblissement du système d'innovation du Royaume-Uni, qui ne saurait survivre à un tel degré de désintérêt des plus grands groupes à son égard.

Dans le cas des trois autres plus grands pays européens (Italie, Allemagne et France), la part des dépôts de brevets qui est faite par des composantes des groupes situées hors du pays d'origine exprime un degré d'enracinement national fort en ce qui concerne l'exécution de la R-D. Dans le cas de l'Italie, cependant, la R-D industrielle est circonscrite à un très petit nombre de groupes : Olivetti, qui s'est développé en direction des États-Unis au travers d'une alliance stratégique avec ATT, et Fiat, dont les alliances technologiques sont surtout européennes.

▼ ▼ ▼

La seule enquête allemande disponible à l'étranger est celle publiée en anglais par M. Wortmann (1990) portant sur un échantillon de 23 groupes. La part de la recherche délocalisée, mesurée sur les effectifs de R-D, représentait 17 % en 1983. Même si la R-D délocalisée a augmenté depuis vingt ans, l'intensité de R-D dans les filiales étrangères est inférieure non seulement à celle de la partie nationale des activités des FMN, mais aussi à la moyenne nationale dans les différentes branches de l'industrie allemande. Pour les raisons expliquées plus haut, l'acquisition et la fusion de laboratoires à l'étranger ainsi que la délocalisation de la R-D sont beaucoup plus avancées dans le cas de la chimie-pharmacie que dans les autres secteurs importants de l'industrie allemande.

La R-D internationalisée des groupes français

Dans le cas français, les chiffres traduisent les particularités du système d'innovation, qui a été construit à partir de l'État[5] et dont le point de gravité s'est ensuite déplacé lentement vers le secteur des entreprises (tant publiques que privées). Ils expriment également le mouvement tardif d'internationalisation des groupes français, toutes fonctions comprises.

La première enquête à être réalisée sur l'internationalisation des groupes français en matière de R-D a récemment été effectuée par le LAREA (1993) pour le compte du ministère de la Recherche. Les données portent sur un petit échantillon comportant seulement 15 groupes. Ceux-ci possèdent au total 56 laboratoires en France, dont 12 résultent de fusions ou acquisitions. Parmi les 15 groupes étudiés, 4 ne possèdent aucun laboratoire à l'étranger bien qu'ils réalisent plus de la moitié de leur CA hors de France. Le fait mérite d'être souligné. Les 11 autres groupes ont établi 36 laboratoires à l'étranger qui se répartissent en 14 créations, 16 rachats et 6 laboratoires possédés en commun (*joint-venture*), auxquels s'ajoutent les unités de recherche clinique (URC) propres à la pharmacie.

L'implantation de laboratoires à l'étranger a eu lieu en deux vagues distinctes. Les plus anciennes implantations se sont faites

---

5. Voir notre travail sur le système d'innovation français (1993), ainsi que ceux de J.-J. Solomon (1986) et E. Cohen (1992).

dans la Communauté européenne et ont pris la forme de création de laboratoires, en particulier dans la pharmacie et les matériaux. A partir de 1980, le mouvement s'est accéléré et diversifié géographiquement (vers les États-Unis en particulier), se faisant surtout par rachat et formation de *joint-ventures*. Le montant global de la R-D réalisée à l'étranger reste faible : pour 7 entreprises sur 11, la part des effectifs des laboratoires délocalisés est inférieure à 20 %. Dans le cas des laboratoires situés en France, le rattachement fonctionnel dominant s'effectue au niveau de la division « produit », indicateur, selon le LAREA, du fait que les laboratoires fonctionnent sur une base globale et sont spécialisés dans un produit ou une ligne de produits pour l'ensemble du groupe. Dans le cas des laboratoires situés à l'étranger, le mode de rattachement dominant se fait au niveau de la filiale locale (20 cas sur 36), suivi par le rattachement à la division produit (13 cas).

En se tenant sur le seul terrain de la délocalisation de la R-D industrielle, on aboutit donc à une situation où les données de P. Patel et K. Pavitt traduisent le fait que mis à part les petits pays hautement industrialisés et le cas notable du Royaume-Uni, les groupes industriels ont continué, jusqu'en 1990, à maintenir dans leur pays d'origine la partie la plus importante de leur potentiel de recherche. L'industrie pharmaceutique est la seule exception majeure. Mais la réponse demeure incomplète tant qu'on n'a pas pris en considération les autres dimensions des stratégies technologiques globales des groupes industriels. C'est l'objet du prochain chapitre.

Technologie, coopération oligopolistique et barrières à l'entrée

8.

L'internationalisation de la technologie de la part des FMN ne se limite pas à leurs activités de R-D, de veille technologique et de centralisation et d'appropriation des connaissances. Elle inclut les mesures prises par les groupes pour protéger leurs technologies privées et en interdire l'imitation ou une utilisation qui n'aurait pas leur accord, en vertu du droit des brevets et des instruments juridiques internationaux qui ont été renforcés en 1993. Mais elle comprend également la formation d'«alliances stratégiques» internationales entre les grands groupes, ainsi que la mise au point de normes industrielles moyennant une coopération qui peut commencer dès la phase de développement technologique.

La prise de brevet à l'étranger

La prise de brevet à l'étranger correspond à deux objectifs. Dans les pays où les firmes (ou les organismes de recherche) pensent avoir une possibilité plus ou moins certaine d'exploiter leurs innovations, elles préparent une production sur place, des exportations ou encore des ventes de brevets ou des cessions de licences. C'est le cas entre les pays de la Triade, où la part des dépôts de brevet effectués par des firmes ou des organismes de recherche étrangers dans le total des dépôts est élevée. En 1990, cette part était de 45 % aux États-Unis. En Europe, l'Office européen des brevets a enregistré un niveau semblable de brevets déposés par des firmes ou institutions extérieures à ses pays membres. Mais le taux est beaucoup plus élevé pour les pays européens pris individuellement ; en Allemagne et en France, il était respectivement de 68 % et de 84 %.

Ces chiffres traduisent un degré d'internationalisation qui est bien supérieur à celui des échanges, dont nous allons parler au chapitre 9. Ils se sont accrus de façon importante pendant les années quatre-vingt. Pour D. Archibugi et J. Michie (1994), ils manifestent une autre modalité encore de l'«invasion réciproque» entre rivaux. Ici encore, comme le montre le tableau 8.1, seul le Japon fait exception : le taux de pénétration n'y est que de 11,5 %. Cela tient aux spécificités institutionnelles du système japonais et traduit, comme d'autres indicateurs, le faible degré de pénétration du Japon par les firmes américaines et européennes.

Tableau 8.1 L'internationalisation des dépôts de brevets		
Système national d'innovation	Pourcentage des brevets déposés par les firmes nationales	Pourcentage des brevets déposés par des firmes étrangères
Japon	88,5	11,5
États-Unis	55,1	44,9
Allemagne	32,6	67,4
Royaume-Uni	21,5	78,5
France	16,2	83,8
Suisse	7,9	92,1
Suède	6,9	93,1
Pays-Bas	5,3	94,7

Source : Archibugi et Michie (1993), sur la base de la banque de données OCDE-DSTI.

Dans les pays où les firmes n'ont pas d'activités, et n'ont peut-être aucune intention d'en avoir (la majorité des PED), la prise de brevet permet de protéger les innovations et d'entamer des procès en cas d'imitation, ainsi que d'en interdire l'exploitation par d'autres firmes (qu'il s'agisse de firmes du pays en question ou de firmes étrangères). De ce fait, l'étendue de la prise de brevet au plan international est l'un des éléments qui traduit aussi bien l'ampleur géographique du déploiement d'une firme que l'importance qu'elle accorde à la protection de ses positions monopolistes, à l'extraction de redevances à caractère rentier et à l'exercice d'un pouvoir de stérilisation des innovations si elle l'entend ainsi. Les grands groupes américains ont toujours accordé la plus grande importance à cette protection. Ce sont eux qui ont imposé l'inclusion, au terme de l'Uruguay Round, en 1993, des TRIP (*trade-related aspects of intellectual property rights*).

Le traité qui a clos le *round* et créé l'OMC en décembre 1993 comporte des dispositions très importantes qui organisent l'« harmonisation par le haut » (J.-P. Frétillet et C. Véglio, 1994, p. 118) de la protection de la « propriété intellectuelle ». Elles imposent à tous les pays, quel que soit leur niveau de revenu et de développement, l'adoption, d'ici à la fin du siècle, des systèmes de protection en vigueur dans les pays capitalistes avancés, en premier lieu aux États-Unis. Elles prévoient que les nouvelles formes de protection qui pourraient être créées à l'avenir soient étendues à tous les pays, par une extension du domaine d'application de la « clause de la nation la plus favorisée». L'application de ce principe, ainsi que la mise en place de «procédures de règlement des conflits», c'est-à-dire de moyens de contrainte et de sanction contre les «fauteurs», rendent ce texte bien plus contraignant que toutes les conventions internationales antérieures sur la propriété industrielle et intellectuelle (les traités de Paris et de Berne). Aux yeux des États-Unis et de leurs alliés au GATT, c'était là un des importants «défauts» de ces conventions. L'Office mondial de la propriété intellectuelle (l'OMPI), qui les administre, va désormais être relégué à un rôle de second rang.

Les études sur les résultats de l'Uruguay Round soulignent que c'est le chapitre important où les Américains ont, pour l'essentiel, obtenu gain de cause[1]. A bien des égards, les tensions entre les grands pays industriels sur le «volet agricole» ou l'aéronautique ont servi d'écran à ce chapitre des négociations, permettant de faire oublier que les pays les plus riches avaient imposé leur loi aux plus faibles. Le nouvel arsenal juridique permet aux grandes firmes de parfaire les obstacles à l'accès à la technologie. Les pays comme le Brésil ou l'Inde, qui ont eu des velléités de politique technologique indépendante, doivent être mis au pas définitivement. De nouveaux concurrents ayant la force de la Corée ne doivent pas pouvoir surgir. Il faut surtout que les rentes technologiques soient perçues en toute tranquillité. En effet, lorsqu'on considère l'importance des barrières à l'entrée de type industriel que nous allons examiner maintenant, les règles introduites dans le traité de l'Uruguay Round ont un caractère parfaitement démesuré. Elles sont une manifestation de puissance politique, ainsi que l'expression de la volonté d'imposer aux pays pauvres un tribut supplémentaire à côté de celui que représentent les intérêts de la dette.

Oligopoles et réseaux d'alliances

Les «alliances stratégiques» désignent les accords de coopération portant sur la technologie, constitués au sein des oligopoles entre

---

1. Voir par exemple, B. Hoekman et M. Kostecki, respectivement haut fonctionnaire et consultant de la Banque mondiale, qui écrivent (1996, p. 156) : «L'issue finale des négociations indique que les industries pharmaceutiques, cinématographiques et informa-

grands groupes. On les distinguera ainsi des coopérations technologiques que les grands groupes industriels organisent, chacun pour leur propre compte, avec des firmes ou organismes moins puissants financièrement, que ce soit à l'initiative du laboratoire central de la société mère ou à celle de ses plus importantes filiales ou entreprises associées. Les alliances forment ce que Delapierre et Mytelka (1988) nomment les «réseaux qui constituent l'oligopole proprement dit, par l'organisation de l'ensemble des activités au travers du tissu des relations contractuelles entre ses membres».

La physionomie de ces réseaux peut maintenant être saisie analytiquement et même graphiquement grâce aux travaux entrepris par J. Hagedoorn et ses collègues à l'université du Limbourg, à Maastricht, sur la structure des alliances internationales dans les industries fondées sur des technologies génériques. En appliquant des méthodes analytiques assez élaborées aux quelque 4 000 accords contenus dans la base de données du MERIT, ces chercheurs ont pu identifier des grappes d'alliances entre concurrents oligopolistiques et étudier leur évolution dans le temps, tant du point de vue de la densité que de la stabilité des partenariats. La visualisation est obtenue en dessinant des graphiques à deux dimensions qui sont le résultat d'un procédé de mise à l'échelle non métrique. Dans le graphique 8.2, les lignes pleines renforcées indiquent une coopération très étroite (sept accords de coopération ou plus). Dans le cas des technologies de l'information, les chercheurs du MERIT soulignent la manière dont certains grands groupes ont accentué leur situation de «centralité», au sein d'un réseau d'alliances qui s'est considérablement resserré dans l'intervalle où ils ont pu l'observer.

---

tiques qui ont obtenu l'inscription des TRIPS [propriété intellectuelle liée aux échanges] à l'ordre du jour [de l'Uruguay Round] ont obtenu beaucoup, sinon tout, ce qu'elles voulaient obtenir au départ des négociations. [...] Les pays en développement ont fait des concessions bien supérieures aux prévisions les plus optimistes qu'on pouvait faire en 1986, au départ des négociations.»

**Graphique 8.2
Structure des partenariats stratégiques dans les technologies de l'information, 1985-1989**

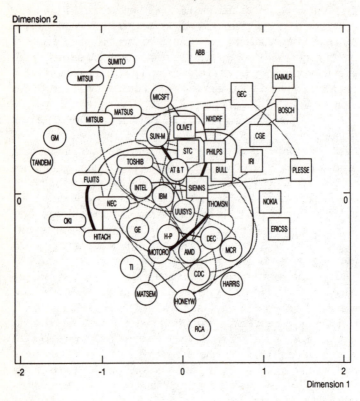

Légende :

7 alliances ou plus	▬▬▬▬▬
5 ou 6 alliances	───────
3 ou 4 alliances	··············
Entreprises européennes	☐
Entreprises japonaises	⬭

Source : Hagedoorn et Schakenraad, « Leading Companies and the Structure of Strategic Alliances in Core Technologies », *MERIT Research Memorandum 90-001*, Maastricht, 1991.

La méthodologie du MERIT

Les techniques d'analyse des réseaux comprennent la mise à l'échelle multidimensionnelle non métrique et l'analyse par groupes. Pour saisir la « tendance structurelle à la centralisation » des alliances dans le cadre de réseaux en grappes, les chercheurs du MERIT (Institut de recherche économique appliquée à la technologie) ont calculé un indice de densité qui se définit comme le ratio du nombre effectif de liens entre entreprises (k) et du nombre possible de liens $n\,(n\text{-}1)/2$, où n représente le nombre de points dans le réseau. La densité des réseaux dans les technologies de l'information a beaucoup évolué, passant de 23 % pendant la première moitié des années quatre-vingt à 40 % au cours de la seconde moitié de la décennie. Ces chiffres indiquent que, depuis 1985, 40 % de tous les liens théoriquement possibles entre les 45 entreprises sont aussi observés de façon empirique. En d'autres termes, ainsi que le souligne Hagedoorn et Schackenraad (1990), on peut parler d'un « réseau très intense et dense dans les technologies de l'information ». Cette densité élevée s'explique en partie par le large champ d'application et par les liens étroits entre tous les domaines des technologies de l'information : en somme, elle caractérise un oligopole technologique construit autour d'une technologie générique.

Appropriabilité des innovations et oligopole

Pour bien mesurer la portée de ce tissu très dense de réseaux d'alliances dans les industries de haute technologie, une nouvelle parenthèse théorique s'impose. La théorie contemporaine de l'innovation[2] souligne l'importance des « régimes d'appropriation », c'est-à-dire du degré avec lequel une innovation peut être protégée (allant de régimes « forts », où la technologie se révèle très difficile à imiter, à des régimes « faibles », où elle apparaît comme presque impossible à protéger). Cela permet de comprendre un facteur important qui sous-tend les alliances. Durant une période de chan-

---

2. Pour une synthèse, voir G. Dosi, C. Freeman et *al.* (1988), ainsi que les premiers chapitres du rapport TEP (OCDE, 1992).

gement technologique rapide et radical (également nommé «paradigmatique»), le régime d'appropriation sera le plus souvent sérieusement affaibli, et aussi, par voie de conséquence, les barrières à l'entrée. Celles-ci seront consolidées d'autant plus rapidement que l'effort est mené de façon collective, soit par les firmes déjà en place, soit par les firmes nouvelles les plus importantes lorsqu'on a affaire à l'émergence d'une industrie absolument nouvelle. Cela s'est vérifié dans les industries technologiquement avancées qui sont nées à la fin du XIXe siècle. Dans des conditions différentes et en s'appuyant sur des moyens quelque peu distincts, cela se passe de nouveau aujourd'hui.

L'analogie historique, avec toutes ses limites, bien sûr, est intéressante à rappeler. Dans ses travaux sur l'industrie des gros équipements électriques, R. Newfarmer (1978) a montré la manière dont l'interdépendance et l'action collective entre les grandes firmes qui ont construit un oligopole mondial (et même un cartel très efficace) en moins de vingt ans se sont manifestées d'abord dans le domaine technologique, avant de s'exercer ensuite dans le domaine de la commercialisation et des prix. Sur la lancée des accords passés entre General Electric et Westinghouse en 1896, les principales firmes mondiales ont procédé à de très nombreux échanges croisés de licences, tant pour des besoins de complémentarité technologique que pour élargir la gamme des produits offerts sur des marchés nationaux déterminés. Cette coopération a ensuite été consolidée, dans les années vingt, par la constitution de pools de brevets possédés en commun par plusieurs firmes (soit par dépôt propre, soit par achat à des inventeurs isolés, soit comme conséquence de fusions). Les domaines choisis étaient ceux où la technologie évoluait encore rapidement, et où seule la possession d'un ensemble important de brevets permettait de couvrir toutes les éventualités du développement des trajectoires. Le principal pool était aux États-Unis. Il était constitué par RCA, ITT, General Electric et Westinghouse et était administré par RCA. Plus de quatre mille brevets étaient possédés en commun par ces groupes. La base nationale de la législation sur les brevets a exigé ensuite la répétition de l'opération dans tous les pays importants. Dès le départ, les échanges croisés de licences ont été accompagnés d'accords portant sur le partage des marchés, avant de conduire, après le krach de Wall Street, à la formation d'un cartel international formel doté d'une administration située à Zurich.

▼▼▼

Partage de savoirs et commercialisation croisée

Aujourd'hui, on ne trouve pas de cartels, du moins pour l'instant. En revanche, on rencontre le réseau d'alliances très dense constitué entre les plus grands groupes de chaque secteur, mis en évidence par les schémas du MERIT. Dans certains cas, ceux-ci sont liés par des affinités culturelles et historiques[3]. Dans d'autres cas, les alliances lient un certain temps des rivaux «impitoyables». Dans d'autres cas encore, l'alliance n'est que l'antichambre de l'absorption (par exemple, entre Fujitsu et le groupe britannique ICL).

Le partage des coûts astronomiques de la R-D, que peu de groupes peuvent supporter seuls[4], ainsi que l'échange de connaissances technologiques, par échanges croisés et d'autres formules, servent de fondement à un pourcentage important d'alliances. Cependant, toutes les bases de données montrent que des dispositions portant sur la commercialisation y occupent également une place importante. Nous avons déjà mis cette dimension en évidence dans notre travail de 1986-1988 sur les premières bases de données sérieuses telles que celles émanant du bureau d'étude italien FOR (Chesnais, 1988). Ici, nous reproduisons un tableau (tableau 8.3) du MERIT qui suggère que les considérations stratégiques portant sur le marché et la commercialisation pourraient être encore plus importantes aujourd'hui qu'il y a huit ans. Deux séries de motivations l'emportent de loin sur toutes les autres. La première a trait à l'exploitation de complémentarités ou synergies technologiques (conduisant à des échanges croisés) ainsi qu'à l'acquisition d'intrants complémentaires permettant de réduire les délais de mise au point des innovations. La seconde série (les deux dernières colonnes) concerne la collaboration au niveau du marché comme tel. La part des motivations relatives à la conquête des

---

3. Par exemple Siemens et Philips, à qui le groupe allemand doit son relèvement rapide à la suite du dépouillement de tous ses brevets en 1945.
4. Pour prendre quelques exemples de coûts de projets de recherche, de conception et de développement technologique : dans l'aéronautique civile, la mise au point du Boeing 767 a coûté près de 1,5 milliard de dollars au début des années quatre-vingt ; aujourd'hui, les estimations de coût pour un avion semblable de nouvelle génération est de 2,5 milliards. Dans les télécoms, les systèmes de commutation numérique de l'année 1985 ont coûté entre 1,3 et 1,8 milliard de dollars en dépenses de R-D. Dans la pharmacie, le coût de la R-D et des essais cliniques d'un médicament nouveau se situe entre 200 et 250 millions de dollars (pour une seule substance active).

Tableau 8.3
Motivations des alliances stratégiques à caractère technologique, secteurs et domaines technologiques, 1980-1989

	Nombre d'alliances	Coût/risques élevés	Manque de ressources financières	Complémentarité technologique	Réduction du délai d'innovation	R-D fondamentale	Marché : accès/structure	Techniques de suivi Implantation sur un marché
Biotechnologie	847	1	13	35	31	10	13	15
Technologie des nouveaux matériaux	430	1	3	38	32	11	31	16
Technologie de l'information	1 660	4	2	33	31	3	38	11
Ordinateurs	198	1	2	28	22	2	51	10
Automatisation industrielle	278	0	3	41	32	4	31	7
Microélectronique	383	3	3	33	33	5	52	6
Logiciel	344	1	4	38	36	2	24	11
Télécommunications	366	11	2	28	28	1	35	16
Autres	91	1	0	29	28	2	35	24
Total, base de données	4 182	6	4	31	28	5	32	11

NB : les motivations sont exprimées en pourcentage, les firmes ayant souvent donné deux motifs à leurs alliances.
Source : MERIT/CATI, Hagedoorn et Schakenraad (1991).

marchés (accords de commercialisation croisée sous des variantes multiples) est, de toute évidence, remarquablement élevée[5].

On comprend pourquoi certaines études d'économie industrielle n'hésitent pas à utiliser les termes de « coalitions » (Porter et Fuller, 1986) ou de « collusions » (Jacquemin, 1985 et 1987) en parlant des alliances stratégiques entre grandes firmes. Comme nous le soulignerons plus loin, ces coalitions et collusions ne sont pas stables ; elles n'excluent pas la concurrence la plus féroce entre coalisés, soit après la dissolution de l'alliance, soit même au cours de sa mise en œuvre. Mais cela n'empêche pas de les caractériser pour ce qu'elles sont, ni de mesurer les possibilités de cartellisation ultérieure.

Les barrières à l'entrée aujourd'hui

Dans les travaux classiques de l'économie industrielle américaine des années cinquante, et notamment chez J. Bain, le principal théoricien des barrières à l'entrée, l'accent est mis sur trois séries de facteurs : 1, les avantages absolus en termes de coût qui incluent aussi bien l'accès privilégié à des sources de matières premières ou autres facteurs de production que la possession de techniques de production et technologies jouissant d'un degré de protection relativement efficace à l'égard des firmes rivales ; 2, les économies d'échelle dans la production, auxquelles une grande importance est accordée à l'époque ; 3, les barrières liées à la différenciation des produits (budgets publicitaires et dépenses associées à l'« innovation de produit ») et au contrôle de réseaux de distribution importants.

Il n'y a pas lieu, comme certains le préconisent, de faire litière de l'approche de Bain. Il faut seulement lui apporter une série de modifications et de qualifications. La principale modification, dont la portée est évidemment essentielle, concerne la nature de la « matière première », autour de laquelle les avantages absolus en termes de coût s'acquièrent aujourd'hui, et les façons dont son accès est gardé.

---

5. Le recensement fait par A. Mouline (1996) des alliances dans l'industrie des services informatiques montre la part importante des alliances à but commercial ou d'organisation du marché.

Cette matière première clé correspond aux connaissances scientifiques et techniques. Elles incluent à la fois les connaissances scientifiques et techniques, toujours plus abstraites mais codifiées (donc publiques pour ceux qui ont reçu la formation pour les déchiffrer), et la masse des connaissances scientifiques et techniques « tacites » (donc secrètes à un degré ou à un autre), qui résultent aujourd'hui de combinaisons, variant d'une industrie à l'autre, entre les savoirs ouvriers accumulés au cours de la production et les connaissances résultant des nouvelles technologies. La matière première clé est donc très chère, et, puisqu'elle est également tacite en partie, elle ne peut être acquise sans négociation avec ceux qui la détiennent. Dans le cas de technologies génériques, les barrières doivent être construites à la fois en amont et de façon très souple.

Dans le domaine des techniques de production automatisées par exemple, un certain nombre de grands utilisateurs, particulièrement dans l'industrie automobile, travaillent en étroite coopération avec les grands groupes électroniques qui leur fournissent équipements ou logiciels. L. Mytelka et M. Delapierre ont étudié ce type de relation pour la CGE. Ils concluent que, dans le cadre de relations producteurs-utilisateurs entre grands groupes, « l'oligopole s'établit par des mécanismes de contrôle en commun des connaissances et de la production. La création de liens, en amont du marché final, entre les principaux acteurs détermine les conditions d'appropriation et d'accumulation des connaissances et la répartition des capacités de production. La concurrence peut alors s'exercer du côté des produits spécifiques, différenciés. La définition en commun de l'orientation technologique fixe un certain nombre de normes d'opération qui laissent ouvertes les directions de valorisation et conserve la fluidité des contours du marché ». (M. Mytelka et L. Delapierre, 1988, p. 77).

Le second aménagement concerne l'introduction de la dimension temps. Elle est implicite chez Bain, qui a travaillé à l'apogée du fordisme, dans un contexte de trajectoires technologiques balisées et de « rattrapage » technologique des firmes et du pays en tête. Aujourd'hui, la dimension temps est devenue centrale. C'est sur ce point que se situe l'apport des travaux évoqués au chapitre 4, relatifs au rôle joué dans les barrières à l'entrée par les économies d'échelle dynamiques et les économies d'apprentissage. Ces dernières jouent à la fois sur la vitesse des innovations et le coût des produits qui incorporent ces innovations.

On mesure la portée des alliances entre grands groupes par rapport au premier aspect des barrières à l'entrée. Comme nous l'avons vu en commentant le tableau de J. Hagedoorn, leur but est d'assurer aux groupes qui se lient, en principe de façon réciproque, des avantages privilégiés et peut-être décisifs en matière de coût et de rapidité de l'innovation.

L'actualisation de l'approche de Bain doit également porter sur les économies d'échelle, qui sont différentes, certes, de celles du fordisme, mais pas moins décisives, ainsi que sur les barrières liées à la différenciation des produits et au contrôle de réseaux de distribution importants. Dans le cas de la pharmacie, les recherches faites au cours des vingt dernières années ont montré que les autorisations de mise sur le marché, les procédures préparatoires, l'accès au corps médical, de même que la protection tarifaire et non tarifaire aidaient en fait à consolider la dernière catégorie d'avantages «bainiens» pour les firmes en place. Si elles sont une source de coûts pour les firmes, elles pénalisent surtout les petites firmes et les entrants potentiels (F. Chesnais, 1986).

L'exemple des barrières dans l'électronique

Pour être vraiment pertinente, l'étude des barrières à l'entrée doit être menée secteur par secteur. La rareté des études de cas industriels, tombées aujourd'hui en défaveur parce qu'elles sont «descriptives», les rend précieuses, surtout lorsqu'elles sont bonnes. C'est le cas du travail de D. Ernst et D. O'Connor (1992) sur l'industrie électronique, dont l'un des objectifs est de montrer la manière dont les barrières se sont élevées de nouveau dans les années quatre-vingt, contribuant à rendre la situation des entrants potentiels, comme les firmes coréennes, beaucoup plus difficile que dans la décennie précédente.

Cinq catégories de barrières d'entrée sont aujourd'hui essentielles dans cette industrie. La première a trait aux économies d'échelle, qui ne portent pas uniquement sur la production, mais aussi sur l'apprentissage technologique, les seuils d'investissements et les économies de gamme. La deuxième concerne les barrières liées aux investissements immatériels complémentaires à la R-D *stricto sensu*, qui sont nécessaires pour le développement de la base de savoirs et de compétences, de même que pour les services complémentaires de soutien.

Les deux formes suivantes de barrières tiennent au fonctionnement de l'industrie sur la base de relations contractuelles échappant au marché conventionnel. Ce sont les barrières à l'entrée et à la sortie des échanges organisés dans le cadre de relations contractuelles de réseau, en particulier les accords d'approvisionnement pour les composants de base, soit comme vendeur, soit comme acquéreur. Le sort d'une entreprise peut se jouer tant sur l'approvisionnement en intrants complémentaires que sur la commercialisation de sa production dont les clients sont d'autres entreprises soit du même secteur, soit de secteurs technologiquement liés.

La dernière catégorie de barrières concerne les normes et les barrières réglementaires et les stratégies de limitation de l'accès aux marchés mis au point par les alliances entre États et grands groupes de telle ou telle nationalité (en particulier américains et japonais). L'effondrement de la norme « compatibilité IBM » a ouvert des batailles importantes ayant pour enjeu la formation de standards ouverts ou le maintien dans l'anarchie de standards propres à tel groupe ou alliance de groupes. Les barrières réglementaires n'ont jamais été si nombreuses, affectant directement ou indirectement les coûts d'entrée dans un nombre croissant de secteurs ou de segments de marché de l'industrie électronique. D. Ernst et D. O'Connor remarquent que, si ce sont l'Inde et le Brésil qui ont été mis en accusation pour leurs politiques de « réserve de marché », les plus grands pays ont mis au point des moyens autrement efficaces pour défendre les « marchés naturels » des groupes nationaux.

Oligopoles et normes industrielles

L'établissement de normes techniques est indissociable de la production et de la commercialisation standardisées. L'origine du processus remonte au XIXe siècle, mais il a été accéléré et constamment étendu sous l'effet du fordisme. Les entreprises actives dans telle ou telle branche en ont souvent eu l'initiative et la maîtrise. Lorsqu'elles ne l'avaient pas, la norme s'établissait sous l'égide de l'organisme public national de normalisation mais avec leur participation étroite. L'établissement d'une norme comporte nécessairement l'affrontement d'intérêts contradictoires. Il se fait sous l'effet de nouvelles exigences technologiques, mais il reflète également les positions initialement occupées sur le marché, en fonction des rapports de forces relatifs des firmes et des organisations concernées en termes financiers et d'organisation, ou simplement parce qu'elles se trouvent au bon moment au bon endroit. C'est ainsi que, la plupart du temps, les usagers sont insuffisamment ou pas représentés dans les discussions relatives à l'établissement de normes. S'il est acquis que les normes sont avantageuses d'une manière générale, cela ne signifie pas nécessairement que chacun en tirera profit.

Le processus de formation des normes a longtemps été national. Plus tard, l'internationalisation s'est faite, soit par la coopération et la négociation entre les organismes de normalisation nationaux, soit par l'extension progressive des normes d'un pays leader à mesure que son produit ou son procédé s'imposait dans la concurrence. Dans les cas où un produit est parvenu à s'imposer très rapidement et très largement sur le marché international, se présentant comme « unique » et « indispensable », la firme propriétaire peut prétendre imposer ses propres normes aussi bien aux utilisateurs qu'aux autres producteurs. Tel a été le cas, pendant trente ans, dans l'industrie des ordinateurs, où IBM a pu obtenir la reconnaissance *de facto* de ses normes et renforcer son emprise en créant le partage entre les produits « compatibles IBM » et les autres.

Le « standard IBM » s'est érodé, puis effondré sous l'effet de changements techniques complexes dont le groupe a perdu la maîtrise. Le producteur de logiciel, Microsoft, a tout mis en œuvre pour imposer dans le domaine des logiciels un « standard dominant », dont les principales victimes sont la firme Apple et le « système Mac ». L'événement ne relève pas des seuls problèmes de la coordination bureaucratique, même facilitée par la télématique, ni des pesanteurs et du conservatisme propres à toute grosse « hiérarchie ». Il tient à la transformation fondamentale de la structure du marché mondial de l'informatique : en 1980, les matériels (*hard-ware*) représentaient 68 % du marché ; en 1995 leur part était tombée à 45 % face aux logiciels et aux services informatiques (Genthon, 1995).

Dans d'autres industries, les traits systémiques des technologies critiques, ainsi que les interfaces et les synergies dont il a été question à de nombreuses reprises, font que les normes sont aujourd'hui presque nécessairement le fait de coalitions de firmes. Elles sont établies dans le cadre de leurs alliances technologiques. Dans le cas de très grands projets, elles en constituent même l'un des objectifs et aboutissements principaux, sans que rien ne permette, très souvent, que tous les intérêts politiques et sociaux qui devraient l'être soient pris en considération.

Dans les domaines des technologies avancées, ces stratégies collectives de fixation des normes sont d'autant plus efficaces qu'elles sont élaborées tôt dans le développement et le lancement de produits. En effet, un aspect caractéristique de la normalisation dans les industries oligopolistiques de haute technologie est qu'elle tend de plus en plus à intervenir en préalable à la détermination des produits. L'étude déjà citée des chercheurs du CEREM, de Paris-X, montre comment « la complexité des produits impose de combiner des technologies et des éléments différenciés, ce qui pose la question de l'organisation de la complémentarité qui permet cette nécessaire combinatoire. Un standard d'interface s'impose pour assurer les conditions mêmes d'assemblage du produit final, qu'il s'agisse d'une automobile, d'un avion, d'un réseau de télécommunications ou d'un système de fabrication intégrée. Les constructeurs sont alors amenés à définir en commun ces normes d'interconnexion. Ils peuvent ainsi s'entendre sur des cadres d'organisation de l'industrie, dans la mesure où la norme n'est pas techniquement neutre et qu'elle est porteuse de certaines orientations techniques. Standardisation et différenciation sont à nouveau réconciliées, dans la mesure où les produits de chaque fabricant sont assurés de trouver, dans l'offre des autres, l'environnement nécessaire à leur mise en fonctionnement » (M. Delapierre et L. Mytelka, 1988, p. 79).

L'exemple des télécommunications

Défini de cette façon, le processus est commun à toutes les industries oligopolistiques de haute technologie. Sa signification s'accroît encore dans des industries telles que celle des télécommunications. Là, le caractère vraiment global des systèmes actuels, le rôle joué dans le processus de mondialisation par la télématique mais aussi le nombre extrêmement réduit d'offreurs rendent les enjeux particulièrement importants. Après les fusions de la CGE avec ITT (formation d'Alcatel), de Siemens avec GTT (États-Unis) et de Plessey avec GEC (Royaume-Uni), le nombre de groupes en présence sur le marché des télécommunications est tombé à huit, mais quatre groupes assurent 70 % des ventes. Certains travaux de l'OCDE permettent de prendre la mesure des modes actuels de normalisation, ainsi que la position de force des principaux acteurs, c'est-à-dire les grands groupes et aussi les grands États, pour autant que les administrations concernées comprennent les enjeux et sachent ce qu'elles veulent.

La normalisation des technologies de l'information (TI) et des communications est devenue un processus extrêmement complexe en termes de procédures et d'organisation. On sait que les implications stratégiques de la normalisation en matière de TI sont considérables : elles détermineront l'avenir des groupes comme tels, auront une incidence sur les avantages concurrentiels des

Tableau 8.4
Répartition des parts du marché international de la commutation publique 1982-1987 (en %)

	1982	1984	1986	1987
AT & T (États-Unis)	25,5	26	28	26
Northern Telecom (Canada)	4,1	8	8	13
ITT (États-Unis)	11,7	6	}18**	}18**
Alcatel (France)	3,0	12		
GTE (États-Unis)	7,0	6	}13**	}13**
Siemens (Allemagne)	7,0	11		
Philips (Pays-Bas)	–	–	2*	–
Italtel (Italie)	2,5	2	2	2
Ericsson (Suède)	6,7	8	8	8
GEC (Royaume-Uni)	5,2	3	3	3
Plessey (Royaume-Uni)	1,7	3	4	3
Fujitsu (Japon)	1,0	2	2	3
NEC (Japon)	5,6	7	8	9
Autres	19,0	6	2	2
Total	100	100	100	100

* Coentreprise avec AT & T.
** En 1986, Alcatel et ITT avaient fusionné, de même que GTE et Siemens.
Source : C. Antonelli (1991), à partir d'entretiens avec des dirigeants d'Italtel.

pays et influenceront même le développement de technologies entières et leur diffusion (OCDE, 1992c). L'interrelation entre les TI et d'autres technologies a donc conduit un cercle de plus en plus large d'organismes de normalisation à s'y intéresser, y compris au niveau international et, en Europe, au niveau communautaire. Le caractère démocratique du processus et sa visibilité n'en ont pas été renforcés pour autant. La lenteur des procédures formelles de même que la complexité accrue des problèmes font que la normalisation est de plus en plus souvent préparée, au niveau tant national qu'international, dans le cadre de délibérations informelles (OCDE, 1992c). Très souvent, c'est au stade informel que se réalise le consensus entre les principaux acteurs (industriels, prestataires de services, grands utilisateurs de l'industrie et des services).

Le montant des dépenses de R-D, l'irréversibilité des investissements très élevés mis en œuvre, mais aussi les rendements croissants d'adoption dont bénéficient les systèmes adoptés en premier[6] sont devenus autant d'incitations qui poussent à élaborer des « normes par anticipation ». Celles-ci commencent à être esquissées dans le cours même de la phase de R-D, éliminant ainsi la compétition entre des technologies alternatives. La conclusion du rapport de l'OCDE est lucide : « La norme ainsi obtenue est finalement appliquée avant même que des décisions formelles n'aient été prises. Il est donc très difficile à des tiers d'exercer une quelconque influence sur le résultat final s'ils n'ont pas participé aux travaux dès le début, parce qu'ils n'y ont pas été invités ou parce qu'ils n'ont pas même connu l'existence de ces étapes informelles. En l'occurrence, certains gouvernements n'ont pas nécessairement conscience de l'importance, voire de l'existence, de ces discussions informelles avant qu'elles ne soient terminées. Les normes par anticipation contribueront aussi à exclure les représentants des utilisateurs du processus de normalisation, puisque, par définition, une norme par anticipation doit anticiper les besoins, les demandes et jusqu'à l'existence même des utilisateurs qui n'existent pas encore. » Et l'OCDE de faire la seule recommandation à sa portée, à savoir que « la confusion des frontières entre la R-D et les

---

6. Il s'agit des courbes d'apprentissage dont l'effet est la réduction du coût unitaire en fonction de l'expérience cumulative de la production. Les travaux sur les « rendements croissants d'adoption », les avantages aux firmes en place et les irréversibilités qu'elles créent sont dus à B. Arthur et à P. David (voir OCDE, 1992, et Foray, 1990).

activités de normalisation justifie désormais la constitution d'une nouvelle génération de comités et d'organisations au niveau tant national qu'international, intervenant à l'interface entre la R-D et la normalisation ».

Tel est le cadre dans lequel se met en place le futur système, mondialisé mais fortement excluant, des réseaux à larges bandes, les prétendues « autoroutes de l'information ». Leur établissement pourrait sceller la mort (ou en tout cas, la marginalisation totale) d'INTELSAT et conduire à une configuration de « désertification informationnelle » pour des continents entiers[7]. Les enjeux du secteur des télécommunications sont donc particulièrement cruciaux. Mais l'élaboration de « normes par anticipation » tend à devenir une dimension de tous les grands programmes de R-D qui se forment entre les grands groupes oligopolistiques et les principaux États, aux différents pôles nationaux (ou communautaires) de la Triade. Les recherches dites « précompétitives » menées en coopération incluent, de plus en plus souvent, des négociations qui visent à assurer la fixation d'un cadre technique de détermination des solutions concrètes ultérieurement incorporées dans les produits finals élaborés par chacun des partenaires. Pour les grands groupes, les conditions de formation d'un marché et sa relative stabilité : les solutions conçues par chacun des participants ont moins de chance d'être remises en cause par l'apparition inopinée d'une alternative technologique totalement différente. Mais la contrepartie est la formation de barrières à l'entrée pour toutes les autres firmes, l'apparition de situations de « verrouillage » technologique (Foray, 1990) et la détermination du cours des trajectoires technologiques au profit d'un très petit nombre d'intervenants.

La coopération comme instrument de rivalité oligopolistique

Pour terminer ce chapitre, il faut sans doute préciser que le tableau final n'est pas un « super-impérialisme » stable, à la manière de Kautsky, constitué d'oligopoles maîtrisant parfaitement les bar-

---

7. L'expression est de B. Lanvin de la CNUCED (1991). Voir également le chapitre 9 sur l'internationalisation des services.

rières à l'entrée et organisant leurs rapports dans la coopération paisible. Le processus est bien celui caractérisé par M. Delapierre et L. Mytelka sous le titre « décomposition, recomposition des oligopoles ». Le processus est combiné et il est permanent. La décomposition se fait sous l'impact de changements techniques dont le rythme et les trajectoires sont difficiles à contrôler, mais les tendances à la recomposition sont tout aussi fortes et rapides. L'exemple le plus récent est celui de l'explosion de l'oligopole organisé autour d'IBM et des constructeurs de gros ordinateurs sur la base de l'intégration verticale de la filière composants/ordinateurs ; elle a été suivie de la recomposition immédiate, par voie d'alliances, d'oligopoles très forts à chaque niveau, notamment celui des microprocesseurs, où Intel a plus de 60 % du marché, et celui des logiciels d'exploitation et d'application, où Microsoft l'a emporté sur ses rivaux pour imposer son système mondialement.

La relation entre les groupes oligopolistiques combine une dimension de concurrence et de coopération. Ce sont de puissants moyens de rivalité oligopolistique dont certains grands groupes ont fait les frais (par exemple Olivetti dans ses rapports avec ATT). Les accords ou partenariats entre firmes presque égales ou ceux conclus par les FMN de taille plus modeste qui luttent pour s'ouvrir l'accès aux marchés oligopolistiques mondiaux dominés par des entreprises bien établies doivent en effet être perçus comme « le prolongement de la concurrence, mais par d'autres moyens ». Par opposition aux *joint-ventures* classiques, les alliances stratégiques ne sont pas nécessairement conçues pour durer. Les motivations des partenaires peuvent être tout à fait agressives. Hamel, Doz et Pralahad (1988) ont analysé des situations qu'ils estiment tout à fait typiques où l'accord était un moyen pour l'entreprise d'« extorquer au concurrent des compétences, de réduire sa capacité de mener des actions autonomes (en le privant de compétences essentielles pour prendre des initiatives en matière de concurrence) afin de le rendre de plus en plus dépendant de la poursuite d'un partenariat au sein duquel il ne cesse de céder du terrain ».

Le problème crucial des partenariats stratégiques est donc souvent celui de l'équilibre précaire des rapports de force entre partenaires et la menace de l'empiétement d'un partenaire sur l'autre. Porter et Fuller ont ainsi proposé une typologie du choix de l'allié et des motifs qui poussent à l'alliance : « 1) La possession d'une source convoitée d'avantage compétitif, 2) une complémentarité,

3) une identité de vue concernant les stratégies internationales, 4) un faible risque à devenir concurrent dans le domaine même de la coopération, 5) une compatibilité des structures organisationnelles, 6) la nécessité de s'associer avant que cela soit fait par d'autres firmes rivales. » (Porter et Fuller, 1986, p. 341.)

C'est dans ce cadre que se situent les choix offerts aux PME ainsi qu'aux entreprises des petits pays industrialisés, autres que les FMN dont il a été question (Walsh, 1987). Les structures oligopolistiques et les barrières à l'entrée laissent à ces entreprises peu de choix, sinon de rechercher des formes de coopération avec les grandes entreprises dans l'espoir d'accéder à un marché plus large ou de rattraper certains aspects de leur retard technologique. L'espoir qu'une entreprise d'un petit pays a de parvenir à des accords dépend de son pouvoir de négociation ; celui-ci est lié à son expérience et au degré de domination qu'elle exerce sur son propre marché, et surtout aux difficultés d'appropriation de sa technologie. Dans le meilleur des cas, la voie passe par l'association et l'alliance. Toutes les entreprises qui sont parvenues à menacer des groupes plus puissants ont commencé par être leur allié subordonné. Aujourd'hui, c'est cette possibilité qui est interdite aux firmes de la majorité des PED, ainsi que le montre le graphique 3.9 que nous avons présenté au chapitre 3.

▼▼▼

Les services, « nouvelle frontière » pour la mondialisation du capital

9.

Dans le secteur des services, il y a primauté de l'investissement par rapport à l'échange. Le vecteur principal de l'internationalisation y est l'IDE, dont l'essor est récent. Il date des années soixante-dix, mais le décollage n'intervient que dans la seconde partie des années quatre-vingt, en liaison directe avec le processus de libéralisation et de déréglementation. En 1970, l'IDE dans le secteur tertiaire représentait 32 % du stock total de l'IDE sortant des pays capitalistes avancés. En 1980, cette part avait atteint 37,7 %, et, en 1990, elle avait dépassé la moitié du total, soit 50,1 %. Au cours de la même période, on a assisté, en revanche, à un recul de la part des services totaux dans le commerce mondial. En 1970, ceux-ci représentaient 29,1 % des exportations et 28,7 % des importations des pays de l'OCDE ; en 1994, les pourcentages respectifs étaient 27,2 % et 26,4 %. En 1994, la part des seuls services marchands dans le total du commerce mondial atteignait à peine 20 % (OMC, 1996 tableau 1.8). Entre 1981 et 1990, le stock d'IDE dans le secteur tertiaire s'est accru au taux annuel de 14,9 % (avec une accélération à partir du milieu de la décennie, ce taux passant à 22,1 %), alors que celui du secteur manufacturier a connu une progression annuelle de 10,3 % durant la même période. Cette croissance est particulièrement spectaculaire dans les services financiers, les assurances et l'immobilier, ainsi que dans la grande distribution concentrée.

Les ressorts différenciés de l'internationalisation

Dans certaines activités, comme le transport maritime et le négoce, l'internationalisation est ancienne. Pour s'en tenir aux phases les plus récentes, dans beaucoup de cas, l'internationalisation des firmes de services a suivi la grande vague de multinationalisation des FMN industrielles de la période 1965-1975. Il en est ainsi des services aux entreprises comme l'audit, la publicité, le conseil en gestion. L'homogénéisation de la demande de biens de consommation finale aussi bien que de produits intermédiaires, autour des normes de « consommation » du capitalisme avancé, qui sont intensives en services même lorsqu'elles concernent les biens, a contribué évidemment à un tel processus. Pour une part, l'internationalisation des services a été le fait des groupes industriels, soucieux de garder la mainmise sur certaines importantes activités de services qui sont complémentaires à leurs opérations centrales.

▼▼▼

C'est le cas notamment du commerce de gros. Mais le processus d'internationalisation des services est aussi le résultat d'une stratégie de conquête de nouveaux marchés par les groupes originaires du secteur. Elle a commencé à s'affirmer dans la dernière partie des années quatre-vingt à travers la vague de fusions/acquisitions, sans précédent dans les industries de service et s'est poursuivie à partir de 1994 et surtout 1995 (voir UNCTAD-DTCI, 1996). Le graphique 9.1 illustre bien ce processus d'autant plus remarquable que les données concernent seulement les fusions à contrôle majoritaire. La valeur cumulée des fusions/acquisitions du secteur des services est supérieure à celle des mêmes opérations dans les deux autres secteurs quatre années sur huit. La dimension plus petite des firmes de services explique bien sûr que la valeur moyenne des opérations soit nettement inférieure à celles de l'énergie et du secteur manufacturier.

**Graphique 9.1
Tendances sectorielles mondiales des fusions/acquisitions transfrontières, 1988-1995
(opérations à contrôle majoritaire seulement)**

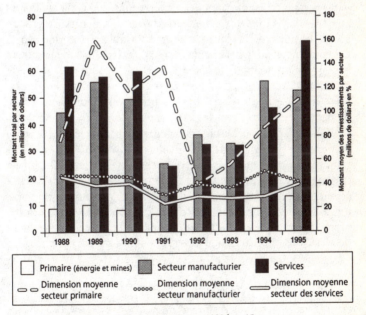

Source : UNCTAD-DTCI, *World Investment Report*, 1996, p. 15.

La thèse généralement soutenue pour expliquer l'importance de l'IDE dans les services tient à la nature particulière des prestations vendues, ainsi qu'au caractère intrinsèquement imparfait des marchés. Le rôle joué par les relations de proximité et les contacts directs avec la clientèle dans la commercialisation des services confère à l'IDE un statut privilégié dans la conquête et l'occupation des marchés.

Ces éléments sont indéniables, et nous y reviendrons. Mais l'essor contemporain de l'IDE dans les services a des ressorts encore plus puissants. Dans le cas des grandes infrastructures, qui ont été organisées sur la base du service public dans la plupart des pays, ainsi que dans le secteur financier, il fallait que le mouvement de libéralisation et de déréglementation ait fait sauter le verrou de législations nationales contraignantes. Dans les industries de services où les contentieux sont les plus lourds (télécoms, assurances, transport, médias), celles-ci portent le plus souvent sur l'investissement étranger (droit d'installation, limitations des participations étrangères, etc.). Les grands groupes de services américains s'y sont employés activement, en constituant notamment l'un des *lobbies* les plus actifs au cours des négociations de l'Uruguay Round au GATT – la *Coalition of Service Industries*[1]. En Europe, le processus a bénéficié de puissants appuis au sein même de la Commission et a été hâté par la mise en place du marché unique et la négociation du traité de Maastricht. Dans le cadre de l'OMC, cette pression s'exerce de plus belle. La première réunion plénière de l'OMC à Singapour, en avril 1997, a porté essentiellement sur le démantèlement des obstacles à l'investissement dans les télécoms.

Vu sous l'angle des besoins du capital concentré, le double mouvement de déréglementation et de privatisation des services publics constitue une exigence que les nouvelles technologies (la télématique, les « autoroutes de l'information ») sont venues servir à point nommé. Actuellement, c'est dans le mouvement de transfert à la sphère marchande d'activités qui étaient jusque-là étroitement réglementées ou administrées par l'État que le mouvement de mondialisation du capital trouve ses occasions d'investir les plus

---

1. Le chef de file de ce lobby était American Express, dont le président du conseil d'administration était également le chef de la délégation américaine aux négociations du GATT pour les services. Voir F. F. Clairmonte, dans *Le Monde diplomatique* de janvier 1991 : « Les services, ultimes frontières de l'expansion pour les multinationales. »

▼▼▼

importantes. La déréglementation des services financiers en un premier temps, puis, dans les années quatre-vingt-dix, la mise en route de la déréglementation et de la privatisation des grands services publics (en particulier les transports aériens, les télécommunications et les grands médias) représentent la seule « nouvelle frontière » qui s'offre à l'IDE sur la base des rapports actuels entre les pays et entre les classes sociales. Alors que la croissance du secteur manufacturier se heurte à la montée brutale du chômage, à la marginalisation dans les échanges de nombreux pays et à la répartition de plus en plus inégale du pouvoir d'achat, des activités comme les « industries multimédias » sont les seules à offrir des chances d'expansion.

Les grands groupes privés ne sont pas seuls à se déployer dans les domaines qui ont été fermés jusqu'à une date récente à la mise en valeur capitaliste directe. En organisant leur déréglementation et leur privatisation par étapes, les grandes entreprises publiques ainsi que les *nomenklaturas* qui les dirigent (en France, les élites issues des « grandes écoles ») ont pour objectif de s'incorporer dans le mouvement d'internationalisation en tant que participants de premier plan. France Télécom en est un parfait exemple.

Aux trois pôles de la Triade, les industries de services susceptibles de s'internationaliser sont en général très concentrées au niveau national, même en dehors des secteurs organisés sur la base de monopoles publics. De ce fait, l'internationalisation par l'IDE a revêtu d'emblée les modalités de la rivalité oligopolistique et de l'investissement croisé. C'est pourquoi les fusions et les acquisitions ont revêtu plus d'importance dans le mouvement de mondialisation des services que dans celui du secteur manufacturier. Dans les services, la concentration a également progressé de pair avec l'internationalisation (J.-P. Thuillier, 1993).

Les impasses de l'approche résiduelle

L'analyse de l'internationalisation des services se heurte à des problèmes théoriques importants. Ceux-ci n'incombent pas à l'« économie des services » comme telle, qui compte de bons spécialistes et des chercheurs originaux (de Bandt et Gadrey, 1994), mais à la carence d'un cadre théorique global qui permettrait de mieux apprécier la place que les services occupent désormais dans le mouvement d'ensemble du capitalisme contemporain et de son mode d'accumulation. Le courant théorique dominant en économie qui s'est formé, depuis la fin du XIXe siècle, par apports, mais aussi par exclusions, successifs (le *mainstream economics,* dans la terminologie anglo-saxonne) a délimité le champ des services par la plus pauvre des méthodes, c'est-à-dire de façon résiduelle. Quelles que soient leurs caractéristiques ou leur place par rapport à la production ou à la consommation des ménages, les activités de services sont regroupées dans une catégorie «fourre-tout». Elles sont toutes censées faire partie du «tertiaire», secteur dont les frontières sont définies tout bonnement par exclusion. En effet, toute activité ne pouvant être rangée ni dans le secteur manufacturier ou la construction, ni dans l'agriculture ou l'extraction minière appartient au tertiaire.

Lorsqu'on s'intéresse à l'internationalisation des services, on constate l'extrême faiblesse de cette approche. En effet, il n'y a aucune coïncidence entre l'IDE dans les services et l'IDE des firmes appartenant au secteur des services. Toutes les études portant sur l'IDE dans les services soulignent que ce sont autant des FMN industrielles que des firmes spécialisées dans les services qui le réalisent. La constatation vaut pour la plupart des grands pays investisseurs, dont les statistiques sont suffisamment désagrégées pour établir le secteur d'origine des firmes investissant à l'étranger dans les services (notamment dans le cas de la France et de l'Allemagne).

L'opposition entre le secteur industriel et les services est donc battue en brèche aussi bien du fait de l'accroissement continu du contenu en services des produits du secteur manufacturier que de la diversification des groupes industriels en direction des industries de service. Ces *Transnational Integral Conglomerates* seraient, selon F. F. Clairmonte et J. Cavanagh (1984), l'expression incarnée du capitalisme moderne. En attendant l'élaboration d'une théorie qui rende compte de la place actuelle des services dans l'accumulation, on se bornera à fournir un début d'interprétation de l'intérêt que les groupes industriels portent aux services au point d'y investir à l'étranger de façon assez importante[2]. Deux élé-

---

2. J. H. Dunning (1993) a présenté une application de sa théorie éclectique, ainsi que du «paradigme» du triple avantage de la FMN : avantages propres, avantages liés à l'internationalisation et choix de localisation (voir chapitre 4, tableau 3) aux industries de services. Elle fournit une grille de lecture de certaines situations, mais elle ne répond pas

ments paraissent être à l'œuvre simultanément : 1. la maîtrise que ces groupes veulent garder sur des complémentarités dont une partie de la rentabilité de leurs opérations dépend ; 2. la place que certains services continuent à occuper par rapport au mouvement complet de valorisation du capital.

Le souci de rester maître de la chaîne de valeur

Une partie sans doute importante de l'expansion « tertiaire » a pour origine la complexification de la production (Stanback, 1979), la généralisation de ce qu'on nomme les « produits-services » (où la vente d'un bien matériel s'accompagne de celle d'un ensemble de services complémentaires), ainsi que le rôle joué par les investissements immatériels (OCDE, 1992, chap. 5). Ces facteurs ont suscité un approfondissement de la division du travail à l'intérieur du secteur productif, avec la formation de métiers nouveaux. Ils ont conduit à la naissance de branches nouvelles, de même qu'à l'accroissement de la part de l'emploi des « cols blancs » au sein même des firmes industrielles. Ils sont à l'origine, notamment, de la croissance des nouveaux services aux entreprises et de leur constitution en branches distinctes. On remarque cependant, d'un pays à l'autre, des degrés très différents de développement de ces nouvelles « industries », liés aux pratiques d'externalisation des entreprises (de Bandt et Petit, 1993). Les grands groupes allemands et japonais conservent le plus souvent la capacité d'assurer les fonctions de façon internalisée et recourent à l'achat de services beaucoup moins que les FMN anglo-saxonnes.

Le souci de rester maître des complémentarités entre le produit et les services qui l'accompagnent est à l'origine de nombreuses opérations d'internationalisation dans les services menées par des FMN industrielles. Dans l'informatique, par exemple, les constructeurs d'ordinateurs ont développé leur activité de fabrication conjointement avec une activité de prestations de services informa-

---

d'une théorie articulant l'internationalisation et l'accumulation du capital dans des activités marquées par la prédominance de l'« immatériel », c'est-à-dire le travail à très haute valeur ajoutée.

tiques. Les constructeurs de gros équipements (IBM, Unysis, DEC, NEC, Siemens, Fujitsu) ont longtemps figuré en position dominante parmi les premiers prestataires de logiciels au plan mondial, avant d'être rejoints par des firmes spécialisées. Dans l'industrie informatique plus largement, les entreprises industrielles ont développé une importante gamme de services en étroite relation avec les matériels offerts. C'était pour eux l'un des moyens de préservation de leurs avantages concurrentiels et de leurs positions sur le marché. La position acquise par Microsoft a changé cet état des choses, inversant en sa faveur les rapports de force entre constructeurs et fabricants de logiciels.

On retrouve le même souci chez les groupes à dominante industrielle dont la fonction informatique est au cœur de l'activité de production. Ces groupes développent pour leur propre compte

Tableau 9.2
Part du commerce de quelques grandes firmes japonaises effectuée par la société de leur groupe

	Ventes %	Achats %
Industries lourdes		
Mitsubishi Heavy Industries	55	27
Mitsubishi Oil	25	35
Mitsubishi Metals	22	38
Mitsubishi Chemicals	26	41
Mitsubishi Aluminuim	75	100
Mitsui Shipbuilding	75	18
Mitsui Petrochemicals	65	50
Hokkaido Colliery (Coal)	68	55
Mitsui Metal Mining	33	31
Industries de biens finaux		
Mitsubishi Electric	20	15
Nippon Kogaku (Nikon Cameras)	7	11
Kirin Beer	0,3	23
Toshiba	15	5
Sanki Electri	9	4
Nippon Flour Milling	28	1
Toyota Motors	1	1

Source : Johnson et *al.* (1989), p. 164 à partir de données japonaises.

des prestations de services informatiques directement liées à leur activité industrielle, soit en interne (Hitachi et Toyota au Japon), soit en externalisant la fonction (Rover au Royaume-Uni, General Electric et McDonnell Douglas aux États-Unis), soit en rachetant des firmes spécialisées (General Motors a acquis EDS en 1984).

Dans les grandes industries de transformation et première transformation des matières de base, dont le raffinage du pétrole et la pétrochimie sont un bon exemple, les groupes industriels ont très souvent créé des filiales spécialisées dans l'ingénierie et l'assemblage et la vente d'usines «clé en main». Ils encouragent ces filiales à s'internationaliser, à la fois comme centres de profit spécifiques et pour servir d'éclaireurs sur les marchés correspondant aux activités propres des sociétés mères.

L'importance des investissements immatériels ainsi que la complexification de la production ne sont pas les seuls facteurs qui expliquent la diversification des IDE des groupes industriels vers les services. La maîtrise de la chaîne de valeur joue un grand rôle. La taille des groupes qui se sont constitués dans certaines branches des services, le montant des capitaux engagés et les formes diversifiées de l'internationalisation représentent une menace potentielle pour les groupes industriels. La complémentarité entre industrie et services n'a rien d'une coexistence pacifique. Cela est particulièrement vrai tant pour le commerce des matières de base que pour la grande distribution.

Les statistiques montrent en effet que les FMN industrielles sont très actives dans l'investissement à l'étranger dans le commerce (de Laubier, 1988). C'est en particulier le cas des FMN allemandes structurées en *Konzern*. C'est également le cas des groupes japonais. Ceux-ci bénéficient des services privilégiés que les grands *sogo sosha* leur procurent pour l'approvisionnement en matières industrielles de base et pour la commercialisation de nombreux produits (voir tableau 9.2). Mais dans les secteurs les plus modernes de biens de consommation, les grandes firmes japonaises complètent leur contrôle sur l'aval de la chaîne de valeur au moyen de leurs propres investissements dans la phase de commercialisation. Les grands groupes français engagés dans l'exploitation des matières premières ont également développé leur propre commerce international (Pechiney World Trade dans le commerce des métaux non ferreux, Elf Trading dans le commerce du brut, Usinor Sacilor dans le commerce des aciers plats et spéciaux).

▼▼▼

Cela s'explique fort bien. Pour les firmes industrielles, la concentration de capitaux très importants dans le commerce de gros (les « centrales d'achat ») aussi bien que de détail (les grands magasins, les supermarchés et surtout les hypermarchés) représente une menace sur leurs profits[3]. La fraction du bénéfice qu'une firme industrielle peut perdre lorsque de très grands groupes, en situation d'« oligopsone » (un petit nombre d'acheteurs face à un grand nombre de vendeurs), sont en mesure de lui imposer leurs conditions pour avoir accès à la demande finale est un paramètre qui affecte les conditions de valorisation du capital de façon significative. Même s'ils n'ont pas lu Marx, qui soulignait l'aspect de « faux frais » des coûts subis par la firme au moment de réaliser la plus-value, les responsables des grands groupes savent que la moins-value encourue au niveau de la commercialisation finale doit être réduite au maximum et qu'il est préférable de contrôler soi-même l'aval commercial. Pour beaucoup de firmes industrielles, le mouvement de concentration dans la grande distribution a progressivement transformé la simple ponction sur la chaîne de valeur en risque de subordination totale.

L'activité des groupes à dominante industrielle dans l'internationalisation des activités financières non bancaires répond également au souci de réduire le risque de subir des ponctions sensibles sur les flux de valeur. Ici, les firmes à dominante industrielle cherchent soit à se protéger, soit à disposer de marchés captifs. La couverture en assurance, indispensable au démarrage d'une activité nouvelle dans des secteurs à haut risque (industrie nucléaire et pétrochimique, notamment), peut être parfois un obstacle redoutable à franchir pour l'industriel, qui cherchera à maîtriser cette contrainte en prenant le contrôle d'une filiale spécialisée ou en créant sa propre compagnie, dite « captive ». Au niveau mondial on compte, de ce fait, environ 3 500 compagnies d'assurance localisées principalement dans les paradis fiscaux (Sauviat et *al.*, 1989). De même, dans l'automobile, les grands groupes ont souvent préféré créer leurs propres sociétés de financement pour l'organisation du crédit-bail et autres modalités de soutien des ventes plutôt que de recourir au secteur bancaire. Ils lient également de plus en plus la

---

3. On peut se référer à la chaîne de valeur analysée par M. E. Porter (1986, chap. 1) et à l'importance du contrôle de l'aval.

L'IDE des groupes industriels dans certains services

Dans le cas des États-Unis, les FMN appartenant au secteur manufacturier contrôlaient en 1982 environ la moitié des filiales opérant à l'étranger dans le domaine des services. Cela ressort encore plus nettement des données sectorielles : les filiales américaines à l'étranger engagées dans le commerce de gros étaient pour l'essentiel de leurs actifs (82 %) contrôlées par des firmes industrielles. Le même constat valait pour celles opérant dans les domaines de la finance (à l'exclusion de la banque, qui reste une activité spécialisée), de l'immobilier et des services professionnels, où seulement un tiers des actifs à l'étranger relevait du contrôle de firmes appartenant aux mêmes secteurs (UNCTNC, 1988).

Dans le cas du Royaume-Uni, le croisement des données du stock d'investissements directs à l'étranger en 1987, par secteur investisseur et par secteur investi, met en lumière des écarts déjà significatifs. Bien que le Royaume-Uni soit le pays où la formation de grandes entreprises de services ainsi que leur internationalisation soient les plus anciennes, un tiers de l'IDE dans les services est le fait de groupes industriels. Pour leur part, les firmes allemandes de services ne contrôlent qu'à peine un tiers de l'encours d'investissement direct à l'étranger dans les services (Sauriat et *al.*, 1989). Celui-ci est pourtant élevé, représentant presque la moitié de l'encours total de l'investissement allemand à l'étranger. Selon le Centre des Nations unies sur les sociétés transnationales, l'investissement international japonais dans le secteur du commerce présente les mêmes caractéristiques : environ la moitié des filiales à l'étranger opérant dans cette activité étaient contrôlées par des firmes industrielles en 1984 (UNCTNC, 1988).

---

vente d'un véhicule neuf à une assurance automobile, au même titre que les contrats de maintenance, d'assistance-dépannage, etc.

La croissance importante des dépenses de publicité au cours des dernières décennies ainsi que la constitution dans ce secteur de grandes firmes possédant une véritable puissance financière expriment la place prise par la concurrence oligopolistique et la différenciation des produits, en particulier sur le marché des produits de consommation finale. Le marché de la publicité est aussi concentré du côté de la demande que de l'offre. Seuls les grands groupes sont « annonceurs » dans les médias coûteux ; de surcroît, ils sont principalement concentrés dans les industries de consommation finale dont la structure est la plus oligopolistique – soins corporels, agroalimentaire pour l'homme et pour l'animal domestique, produits de maison et automobile[4]. Les groupes ont trois manières de régler leurs rapports avec le secteur publicitaire. La première est d'avoir recours à des firmes en place en se contentant de négocier en position aussi favorable que possible son contrat avec l'agence, qui assure la campagne et achète les espaces. La deuxième est de s'allier avec d'autres groupes au sein d'une « centrale d'achat », qui court-circuite les agences de publicité et négocie directement les achats d'espace. La troisième est de créer sa propre filiale, de façon à ne pas avoir à concéder une part de la valeur ajoutée à un secteur extérieur au groupe. Ce cas de figure est plus rare que les deux autres, mais deux exemples importants sont cités dans la littérature : celui d'Unilever, qui a créé sa filiale Lintas, et celui de la Standard Oil, qui a créé la firme Mac Cann Erikson. En raison du caractère concentré de l'offre de publicité et du fait qu'elle prend appui sur des spécificités de langue et de culture, l'internationalisation qui a été plus lente que dans d'autres industries, a été façonnée également par des affinités culturelles. La filiale de publicité du groupe Havas, Havas Advertising, a su, par exemple, à la fois défendre avec succès sa domination du marché français face aux agences anglo-saxonnes et s'internationaliser vers l'Amérique latine et notamment le Brésil.

La multinationalisation d'activités à fort contenu relationnel

Lorsqu'on se tourne vers la multinationalisation des firmes de services elles-mêmes, l'analyse se heurte au caractère extrêmement disparate des activités tertiaires qui rendent les généralisations beaucoup moins aisées que dans l'industrie manufacturière. Il

---

4. Si les dépenses de publicité ne sont pas ressenties par les grands groupes comme faisant partie des « faux frais » de la production et sont même classées, par certains auteurs, parmi les investissements immatériels, il n'en va pas de même du point de vue de la société. Ces dépenses sont en effet un élément constitutif d'un mode donné d'accumulation : elles font partie de l'« économie de gaspillage » analysée par les courants critiques de l'économie politique américaine.

n'est pas difficile d'identifier certains facteurs analogues à ceux qui marquent la multinationalisation des groupes industriels : investissements réactifs sur des marchés oligopolistiques, exploitation du mouvement vers l'homogénéisation des normes de consommation au sein des pays de la Triade et des pays ou des sites associés à eux, acquisition d'intrants, en particulier en main-d'œuvre, aux coûts les plus bas. Mais l'originalité de la multinationalisation des services tient au fait que l'acte de production du service impose, à un degré plus ou moins contraignant selon les activités, le contact direct avec le consommateur, ou client, et la proximité avec le marché intermédiaire, ou final. Grâce aux enquêtes industrielles du Department of Commerce, on sait que 84 % des ventes des filiales étrangères des firmes américaines ont lieu sur le marché domestique du pays d'accueil. Seulement 7 % des ventes sont faites en intrafirme (maison-mère ou autres filiales). En sens inverse, 94 % des ventes de filiales étrangères de firmes de service implantées aux États-Unis ont lieu sur le marché interne (Survey of Current Business, novembre 1996).

Les services aux entreprises à forte intensité en « matière grise » sont au nombre des activités où cette contrainte est la plus forte. C'est là que « le service se définit moins comme un produit que comme un processus interactif entre un offreur et un demandeur, une prestation personnalisée ou sur mesure, adaptée plus ou moins étroitement aux exigences du client » (Sauviat, 1989). La compétitivité des firmes ainsi que leur capacité à s'internationaliser passent ainsi par la construction d'une image de marque, condensé de la qualité et de la différenciation des prestations dont une firme donnée peut se targuer, ainsi que par l'accumulation de données sur les clients et les marchés potentiels.

Dans ces activités de services, la construction d'une réputation se fonde sur d'autres éléments que les seuls budgets publicitaires. Dans l'activité de conseil, elle s'appuie sur un capital de connaissances matérialisées dans les qualifications et le savoir-faire du personnel, dans la mise au point de concepts et d'outils spécifiques, de même que dans un style « maison » d'intervention (Sauviat, 1991). La même chose est vraie, sur la base d'un « savoir de métier » différent pour les agences publicitaires. L'internationalisation des firmes offrant ce type de services a toujours commencé par se faire dans le sillage des grandes FMN industrielles avec lesquelles des liens étroits de fournisseur/client de service étaient établis dans l'économie d'origine[5]. Dans les services financiers traditionnels, le « capital symbolique » issu de la tradition ainsi que de la réputation de sérieux et de discrétion concourt à la construction de l'image sociale de la firme. Un exemple parfait en est le Lloyd's de Londres.

Mais le succès de la multinationalisation des firmes de services aux entreprises repose surtout sur leur capacité à accumuler des informations sur la clientèle (effective et potentielle) afin de mieux cerner la demande et d'être en mesure de paraître personnaliser les services offerts. Le rôle joué par la maîtrise de l'information dans l'avantage compétitif des firmes de services aux entreprises explique qu'elles aient cherché à tirer parti des opportunités nouvelles offertes depuis dix ans par les réseaux mondialisés de télécommunications et la diffusion de la télématique, plus vite et avec plus de détermination que beaucoup de FMN du secteur manufacturier. L'importance accordée à la centralisation et à la gestion de l'information à travers la constitution de banques de données sur les caractéristiques de la clientèle et des marchés a incité les FMN de services à adopter ces nouvelles technologies de façon rapide, tout comme les firmes du secteur financier. Ce fait mais aussi le rôle joué désormais par les technologies de l'information à tous les niveaux de l'activité des firmes, quel que soit le secteur dans lequel elles sont engagées, expliquent que les entreprises de conseil les plus dynamiques et les plus prospères, celles qui manifestent la capacité de jouer le rôle intégrateur précédemment joué par les firmes de l'audit, soient les SSII (voir encadré).

Quelques traits spécifiques des relations internes aux FMN de services

Le caractère intensif en main-d'œuvre qualifiée des activités de services aux entreprises, comme du secteur financier au sens large, façonne un style assez particulier de relations hiérarchiques au sein des FMN opérant dans ces activités. Exploitant les résultats des enquêtes américaines relatives aux multinationales, J. P. Thuillier

---

5. Sur le conseil, voir Sauviat (1997). Sur la publicité, voir les éléments donnés sur la firme J. Walter Thompson, dans UNCTAD-DTCI (1996), p. 88.

L'internationalisation dans les services informatiques

Le domaine des services informatiques et du logiciel est constitué :
– des services fournis par les « constructeurs », tels que les activités de maintenance des produits, la fourniture de logiciels systèmes et de services divers ;
– des logiciels, spécifiques ou génériques, ainsi que des progiciels. Ils incluent les systèmes d'exploitation, les logiciels systèmes, les compilateurs, les bases de données, les outils de développement, les progiciels d'application, leur maintenance, les logiciels d'interconnexion et de gestion de réseaux locaux ;
– des services à la demande, tels que les conseils et l'assistance en informatique, la réalisation de logiciels sur mesure, l'ingénierie de systèmes, le traitement et le télétraitement, la gestion complète d'exploitations informatiques pour le compte de clients, la formation, les services sur réseaux à valeur ajoutée.

Parmi les sociétés de services informatiques et du logiciel (SSIL), aucun groupe ne dépasse 5 % de la production mondiale. Très peu d'entreprises détiennent plus de 1 % du marché de leurs zones principales d'activité. Les dix premières entreprises totalisent à peine 11 % du marché mondial. Le secteur du progiciel limité aux applications micro-ordinateurs est le plus concentré : quelques firmes, telles que Microsoft, Lotus, Computer Associate ou Borland dominent le marché mondial.

Le domaine du logiciel est très fortement dominé par les entreprises américaines. Six firmes américaines sont présentes parmi les dix premières ; la présence japonaise est plus modeste avec seulement une firme, Fujitsu, dans le groupe des dix premières, qui a bénéficié du rachat d'ICL pour se hisser à ce rang. NEC, quatrième fabricant mondial d'équipements, se classe au douzième rang des SSIL. IBM conserve comme dans le domaine des équipements le *leadership* avec un chiffre d'affaires (11 990 millions de dollars) quadruple de la firme EDS, qui est second (2 840 millions de dollars). Six firmes européennes (Reuters, Cap-Gemini-Sogeti, Siemens, Bull et Sema Group) se classent parmi les 25 premières mondiales. Elles réalisent des chiffres d'affaires se situant entre la moitié, pour Cap-Gemini-Sogeti, et le quart, pour Sema Group, de celui du numéro deux mondial, EDS.

Autre élément remarquable : parmi les dix premières SSIL mondiales, cinq ont construit leur succès d'origine sur le développement d'applications militaires.

Source : M. Catinat et *al.* (1993).

(1993) a montré que les indicateurs permettant de caractériser l'activité des sociétés mères et de leurs filiales ainsi que les échanges qui les lient font apparaître des différences assez nettes entre les multinationales de services et les multinationales industrielles. Dans le cas des multinationales de services, « la hiérarchie financière [le contrôle de la société mère sur sa filiale] ne se traduit pas – ou peu – en termes de hiérarchie fonctionnelle, c'est-à-dire en termes de répartition des compétences ».

En premier lieu, dans les FMN de services, le niveau de qualification des emplois, pour lequel les rémunérations sont un indicateur fiable, n'est pas significativement différent entre les maisons mères et leurs filiales implantées dans les pays de l'OCDE. Si un écart apparaît dans le cas des filiales localisées dans les pays en développement, il est largement inférieur à celui observé dans l'industrie. On peut même considérer qu'il traduit simplement le fait que les conditions sociales prévalant dans certaines régions permettent de rémunérer le travail à un coût ne correspondant ni à sa qualité ni à sa productivité.

Dans les FMN de services, l'activité de R-D est également répartie entre les sociétés mères et leurs filiales de façon spécifique. A la différence du secteur industriel, on trouve, chez les unes et chez les autres, des ratios de dépense de R-D par rapport aux ventes, ou de dépense par emploi, sensiblement équivalents. Thuillier propose trois éléments d'explication : « 1, le fait que dans les services l'activité de production de savoirs est étroitement liée à la production du service lui-même (cas des services complexes aux entreprises) ; 2, qu'une part importante de l'activité de recherche, dans le cas des services, correspond à une adaptation de ceux-ci aux conditions sociales, culturelles ou réglementaires des économies d'accueil, et doit donc être réalisée directement par les filiales à l'étranger ; 3, que, dans ces activités, l'implantation à l'étranger est souvent un moyen de compléter ses propres compétences par celles des partenaires étrangers, ce qui suppose que ceux-ci en gardent la maîtrise et poursuivent leur activité de R-D de façon autonome. »

Enfin, dans le cas des services, les échanges intragroupe sont beaucoup moins importants que dans le cas des activités industrielles. Selon Thuillier, les limites qui affectent l'échange international des services en général expliquent ce fait en partie, « bien que la contrainte d'étroite proximité entre le prestataire et son

▼▼▼

client perde en partie de sa signification dans le cas d'un échange à l'intérieur d'une même organisation ». La faiblesse des échanges intra-groupe est plutôt l'expression d'une organisation interne différente de celle des FMN industrielles, « chaque filiale disposant d'une autonomie beaucoup plus grande dans la conduite de son activité sur le marché ».

Le caractère oligopolistique de nombreuses activités

Mesurées par la valeur des actifs qu'elles détiennent à l'étranger, les firmes qui se sont multinationalisées dans les services sont petites. Parmi les 100 premiers groupes de la liste des Nations unies (voir chapitre 4), les seuls groupes de services à y figurer à ce jour sont les six plus grands *sogo sosha* japonais[6] plus le très grand groupe de négoce allemand Veba (qui est également engagé de plus en plus fortement dans les services publics de base privatisés). Mais la déréglementation et l'internationalisation en cours dans les télécommunications vont rapidement conduire à l'accession des plus grands opérateurs mondiaux à la liste.

Dans beaucoup de services, notamment les services aux entreprises, le caractère très faiblement capitalistique des activités permet l'accès au marché à des firmes de taille moyenne. La « dimension » renvoie à la réputation, à la qualité des relations avec un réseau de clients qui sont eux-mêmes internationalisés, plus qu'à la

---

6. Au classement mondial des banques, les japonaises sont nombreuses à figurer dans les premiers rangs ; parmi les six plus grands courtiers du monde, quatre sont japonais. La première agence de publicité au niveau mondial est japonaise (Dentsu), même si elle est peu connue parce que encore peu internationalisée. Les groupes japonais sont également très entreprenants dans l'hôtellerie internationale. Bénéficiant d'une monnaie forte, les citoyens japonais se déplacent de plus en plus massivement à l'étranger, encouragés par leur gouvernement, qui cherche ainsi à réduire l'excédent commercial important. Cependant, tout comme les flux de capitaux, les flux touristiques sont drainés au sein d'une industrie japonaise du voyage fortement intégrée verticalement (voyages, loisirs, hôtellerie). La politique de rachats massifs par les groupes japonais de grandes chaînes hôtelières internationales, notamment des chaînes d'origine américaine (Westin, Intercontinental), aboutit à la mise en place à l'échelle internationale d'une forme particulière d'extension mondiale du marché intérieur japonais (Sauviat et *al.*, 1989). Ce sont les groupes japonais qui offriront dans leurs propres hôtels à une clientèle japonaise « captive » les services d'hôtellerie et de restauration partout où cette clientèle se déplacera sur les conseils des voyagistes japonais.

surface financière de l'entreprise. Cela ne signifie pas qu'en termes de part de marché il n'y ait pas concentration dans de nombreuses activités, ainsi qu'en témoignent les données rassemblées dans le tableau 9.3. Cela signifie encore moins que le segment multinationalisé de chaque activité ne soit pas totalement soumis aux formes de concurrence/rivalité caractéristiques de l'oligopole, ni que les opérations des groupes ne comportent de formes d'appropriation et de centralisation de valeur et de surplus particulièrement efficaces. Bien au contraire.

Une étude, réalisée par le Centre des Nations unies sur les sociétés transnationales au cours de sa dernière période d'existence (UNCTNC, 1993b), fournit un éclairage utile sur les rapports entre la concentration de l'offre et la multinationalisation. Les tests économétriques inclus dans l'étude[7] fournissent trois résultats principaux. Le premier est que la taille des entreprises affecte positivement leur capacité d'investir à l'étranger : avant d'y prétendre, les firmes doivent avoir atteint une certaine dimension dans leur économie d'origine. Les auteurs notent ensuite une relation forte entre l'importance des investissements et le degré de concentration de différentes industries relevant du secteur des services. Enfin, les stratégies consistant à suivre ou à imiter les rivaux (à la fois concurrents domestiques et étrangers) seraient repérables économétriquement. Dans beaucoup de cas, les décisions d'investissement des FMN de services seraient dictées par la réaction oligopolistique internationale telle que nous l'avons examinée au chapitre 6.

Il reste que les activités de services sont grevées par les traits spécifiques dont il a été question plus haut, de sorte que leur « industrialisation » (mieux vaudrait dire leur soumission réelle à la mise en valeur capitaliste en vue du profit) ainsi que leur multinationalisation sont soumises à une tension interne forte que les firmes du secteur manufacturier ne connaissent pas.

---

7. Cette étude identifie, à travers une analyse économétrique, les principaux déterminants de la multinationalisation des entreprises de services et apprécie leur importance, la façon dont ils évoluent dans le temps. Elle s'appuie sur les objectifs affichés lors de la création de filiales à l'étranger d'une population de 210 multinationales, réparties dans 11 activités de services (accordant une grande place aux services aux entreprises). L'observation est conduite pour deux sous-périodes : 1976-1980 et 1980-1986.

Tableau 9.3
Quelques exemples de concentration mondiale dans les industries de services

Nombre de firmes	Part de marché mondial (%)	Pays d'origine (les chiffres entre parenthèses représentent le nombre d'entreprises par pays donné)
Marché de la réassurance (1986)		
4	30,3	Allemagne (1), Suisse (1), États-Unis (2)
8	40,7	Allemagne (1), Suisse (1), États-Unis (4), Royaume-Uni (1), Suède (1)
16	53,6	Allemagne (5), Suisse (1), EU (5), RU (1) Suède (1), Japon (3)
32	70,6	Allemagne (6), Suisse (2), EU (11), RU (1), Suède (1), Japon (7), France (3), Italie (1)
Services informatiques (1988)		
4	33,3	EU (4)
8	54,4	EU (7), France (1)
Publicité (1989)		
4	25,7	EU (2), Japon (1), RU (1)
8	43,9	EU (4), RU (3), Japon (2), France (1)
16	60,7	EU (10), RU (3), Japon (2), France (1)
Services de conseil en gestion stratégique (1989)		
4	53,7	EU (4)
6	62,2	EU (6)
15	80	EU (14), Allemagne (1)

Source : données sur le marché de la réassurance de UNCTAD (1989). Autres données de C. Sauviat et *al.* (1989). Institut de recherches économiques et sociales (IRES), Paris, d'après les journaux professionnels et les entreprises de conseil.

Comme nous l'avons vu, un certain nombre de prestations de services supposent une collaboration étroite avec l'utilisateur. Mais, même lorsque le produit proposé est hautement standardisé et que l'activité tend vers le fordisme (hôtellerie, restauration, assurances, etc.), sa commercialisation n'en continue pas moins à reposer sur un degré de personnalisation beaucoup plus élevé que pour les produits du secteur manufacturier. Dans les activités tertiaires marchandes, même fordistes, le pourvoyeur de services ne doit pas heurter les comportements et les habitudes des firmes, des administrations où des particuliers qui forment son marché. Dans des industries comme l'hôtellerie, il doit encore parvenir à faire croire au client qu'il est «unique» et que l'«industriel» du service et ses salariés sont là pour le «servir», lui et personne d'autre. L'étude déjà citée du Centre des Nations unies sur les transnationales conclut que les choix d'investissement des FMN de services sont influencés principalement par la dimension du marché d'accueil. En apparence, ces FMN semblent encore poursuivre une stratégie de type « multidomestique ». Le but est de gagner dans chaque pays une part de marché face aux rivaux oligopolistiques locaux ou étrangers. La « distance culturelle » existant entre le pays investisseur et le pays d'accueil affecterait encore de façon négative la décision d'investir, même si l'influence de ce facteur s'est affaiblie entre la première et la seconde période d'observation, ce qui traduit l'homogénéisation tant des normes de consommation que des conditions d'investissement dont les firmes bénéficient, ainsi qu'un effet d'apprentissage de leur part.

Les combinaisons de l'IDE et des alliances

Ce serait une erreur, cependant, d'en conclure que les opérations des FMN de services s'inscrivent très rarement dans une perspective de rationalisation de la production à l'échelle internationale. Cet effort de rationalisation capitaliste existe tout autant que pour les FMN du secteur manufacturier, mais ne peut pas prendre les mêmes formes.

Les FMN de services ont été particulièrement inventives quant aux modalités de leurs investissements à l'étranger. Elles ont compris que les « nouvelles formes d'investissement » leur permettaient d'élargir la gamme des modalités de mise en valeur de leurs « actifs spécifiques » de firmes (la réputation, l'image de marque, l'expérience accumulée), qui représentent des éléments de capital intangible pour une firme de service plus que pour toute autre. Elles ont ainsi été parmi les premières à expérimenter certaines modalités de « NFI » (voir chapitre 4), notamment le *franchising*. Elles ont également su recourir à une palette très large de combinaisons d'investissements et d'accords de coopération, de partenariat, etc.

L'investissement, par implantation directe ou, plus souvent aujourd'hui, par acquisition et/ou fusion, reste la forme prédominante tant de la croissance au plan national que de l'internationalisation dans les secteurs de la banque, de l'assurance, de la grande distribution, du transport routier et aérien, ainsi que dans certaines activités de conseil comme la publicité ou l'informatique. Un processus analogue d'acquisition et/ou de fusion est maintenant engagé dans les télécommunications (que nous examinons de façon spéciale plus loin). Mais, dans toutes ces activités, on n'observe pas moins la multiplication des accords de coopération, qui peuvent revêtir la forme de création de filiales communes, de prises de participation minoritaires ou de partenariat.

Dans le transport aérien, le mouvement d'acquisition et/ou de fusion, conduisant à une concentration accrue, a été relancé à l'échelle mondiale par la déréglementation et la privatisation. Beaucoup de sociétés nationales ont disparu à la suite de fusions, et le processus est loin d'être terminé. Mais le mouvement est allé de pair avec des formes complémentaires d'alliances (droits d'accès à certains systèmes de réservation électronique mis en place par un petit nombre de compagnies aériennes, accords commerciaux de mise en commun des réseaux, ou accords de coopération technique, etc.)[8].

Dans d'autres branches, l'investissement direct a régressé sous sa forme traditionnelle (contrôle à 100 % ou majoritaire) pour laisser la place à des formules de coopération internationale variables en fonction des caractéristiques spécifiques de l'activité de services, des marchés concernés, etc. C'est le cas, en particulier, de l'hôtellerie-restauration et du voyage (franchise, contrats de gestion, etc.), de la location de voitures (accords de partenariat commercial avec des transporteurs, accords de franchise), de l'intérim (accords de franchise) ou du conseil financier et fiscal (affiliation des cabinets d'audit français aux réseaux internationaux des grands cabinets anglo-saxons). Ces différentes formes ne sont pas exclusives les unes des autres. Elles dépendent de stratégies sectorielles qui renvoient, d'une part, aux caractéristiques et performances des activités et aux types de prestations qui leur sont liées, et, d'autre part, à des arbitrages coût-avantages faits par les firmes à un stade donné de leur développement multinational.

Les firmes réseaux dans les services

Au-delà des différences sectorielles, les stratégies des firmes et les tendances actuellement dominantes dans les services doivent être

---

8. Sur le mouvement de mondialisation ainsi que sur la concurrence oligopolistique « au couteau » dans le transport aérien, voir Hanlon (1996).

replacées dans le contexte plus large du mouvement vers la constitution de « firmes réseaux », dont nous avons parlé au chapitre 6. Une attention plus grande a été portée à ce processus tant pour les firmes industrielles que pour les firmes de services.

L'existence d'économies d'échelle et de gamme sont des atouts qui peuvent être à la base d'importants avantages concurrentiels pour les firmes de services. Ces concepts renvoient aux effets classiques de dimension et de « taille critique », à la standardisation des produits et à la multiplication/diversification des prestations. Mais la nature « multidomestique » que les investissements doivent obligatoirement revêtir signifie que les effets d'échelle doivent être atteints autrement que dans le secteur industriel. L'un des moyens est l'organisation selon les modalités de la firme réseau. Selon C. Sauviat (1989), « avant même que les systèmes mondialisés de télécommunication et télématique ne viennent [leur] offrir un support nouveau, l'établissement ou l'acquisition d'un réseau international constituait déjà une source importante d'avantages spécifiques [...]. La capacité d'une firme à réduire ou minimiser ses coûts de transaction liés à l'échange ou encore à la gestion du face-à-face sur des marchés mondiaux encore partiellement cloisonnés et « imparfaits » par nature est directement conditionnée par le contrôle d'un réseau international. Cette situation permet à la firme de combiner en outre des avantages de localisation et des avantages qui lui sont propres ».

La plupart des grandes chaînes hôtelières ou de restauration fonctionnent selon un mode de firme réseau avec utilisation du régime de la franchise. L'adoption de formes contractuelles de relations plus souples et moins coûteuses que l'implantation de filiales contrôlées majoritairement permet aux firmes de valoriser leur savoir-faire spécifique mondialement, en concentrant leur effort sur la normalisation et la standardisation des produits « personnalisés » et le contrôle de la « qualité » associée à leur image de marque[9].

Le franchiseur met en œuvre ses avantages spécifiques (nom et réputation, savoir-faire, surface financière et taille du groupe), ainsi que ceux liés aux aléas de la demande. La gestion centralisée de la franchise vise à assurer au moindre coût le contrôle de la qualité

---

9. En 1986, 94 % de tous les hôtels appartenant aux dix chaînes hôtelières les plus importants des États-Unis (Holiday Inn, Ramada, Trusthouse Forte, etc.) relevaient du

de la prestation, grâce à la codification extrêmement détaillée et standardisée tant des services que des procédures de rapport et de contrôle. Les FMN laissent leurs partenaires subordonnés, bénéficiaires de la franchise, supporter le poids de tous les investissements locaux (les hôtels ou sites de villages de vacances ainsi que toutes les infrastructures d'accès) et faire face aux aléas des fluctuations de la demande[10]. Elles se reportent totalement sur eux pour tout ce qui concerne les nombreux problèmes de la gestion quotidienne de la force de travail. Loin d'être en contradiction avec l'exploitation d'avantages de localisation, elle permet d'y parvenir au moindre coût et avec le profit maximal.

Les activités du conseil en management et de l'audit sont encore plus exemplaires du recours à la « forme-réseau ». Ici l'organisation en réseau est quasi constitutive des entreprises, de leur mode de développement et d'internationalisation (C. Sauviat, 1997). Ces réseaux se présentent sous la forme de firmes indépendantes financièrement, contrôlées localement par des associés-gérants sélectionnés sur place et responsables de leur propre clientèle. Elles délivrent leurs prestations sous une même marque en mettant en commun au niveau mondial (ou régional) des ressources spécifiques (méthodes, normes de travail, formation, R-D, communications). Les filiales ou bureaux disposent d'une grande autonomie de gestion. Ce sont les caractéristiques du marché local (nature de la clientèle) qui induisent un type de spécialisation déterminé et non un principe de division fonctionnelle édicté par la maison mère. La mise en œuvre de nouveaux produits est conduite localement, à l'occasion des missions chez les clients, puis ceux-ci se diffusent à l'ensemble du réseau très rapidement. La fonction de R-D n'est donc pas strictement localisée dans le pays de la maison mère comme c'est encore largement le cas dans

---

franchising. La même année, les deux tiers des points de vente des plus importantes chaînes américaines de « fast-food » avaient également ce statut (UNCTC, 1988, p. 418-420).

10. Dans le cas du tourisme, les avantages de localisation sont représentés par la dotation en richesses naturelles (ensoleillement, mer, montagne, etc.), par la valeur du patrimoine culturel et artistique d'un pays (architecture, musées, etc.) et par la main-d'œuvre à bas salaires. Bon nombre d'activités liées à l'industrie du tourisme (hôtellerie-restauration, clubs de vacances) sont intensives en main-d'œuvre ; la localisation des FMN du secteur voyages et loisirs dans des pays combinant des atouts naturels et une main-d'œuvre bon marché leur procurent des avantages considérables.

l'industrie manufacturière. En conséquence, ces réseaux sont assez fortement globalisés de sorte que le lien privilégié avec le pays d'origine de la firme-réseau se relâche progressivement.

L'exploitation de sources de main-d'œuvre qualifiée

L'activité de mise au point des logiciels est intensive en main-d'œuvre. Certains pays comme l'Inde, les Philippines, la Jamaïque ou les Barbades, où la main-d'œuvre est abondante et bon marché, et où la proximité linguistique avec les pays anglo-saxons facilite l'apprentissage et la transmission du savoir-faire, offrent un environnement de la production générateur d'économies de coût. Cette situation a incité certaines firmes d'origine américaine ou britannique à y délocaliser leur production[11]. Les fuseaux horaires de l'Inde permettent de surcroît la pleine utilisation de la puissance de calcul des ordinateurs américains faiblement employés pendant la nuit. Enfin, des incitations gouvernementales favorisent le développement local de l'industrie du logiciel en autorisant les firmes étrangères à y implanter des filiales contrôlées à 100 % par leurs maisons mères tout en bénéficiant d'importants avantages fiscaux ; en contrepartie, les firmes étrangères sont tenues de réexporter la totalité de leur production. Certaines compagnies aériennes ont délocalisé leur système de réservation informatisé dans des conditions analogues. Des banques et des compagnies d'assurances américaines ont également décentralisé leurs services informatiques à caractère routinier et à forte intensité de main-d'œuvre vers les Caraïbes et les Bahamas. Les avantages classiques recherchés par les FMN en termes de coût et de prix, mais aussi de formation spécialisée de certains types de main-d'œuvre, peuvent également être obtenus sans que les firmes bénéficiaires aient à se délocaliser. La sous-traitance internationale peut y pourvoir, notamment avec l'aide de la télématique, qui permet le transfert de données au sein de réseaux privés[12].

---

11. Dans son chapitre 15, « Pourquoi les riches deviennent plus riches et les pauvres plus pauvres », R. Reich (1990, p. 192-195) fournit de nombreux exemples de délocalisation, vers ces pays, de tâches informatisées par les firmes américaines de services.
12. Le premier chapitre du rapport Artuis (1993) donne un ensemble d'exemples d'opérations de ce fait par les firmes de service françaises.

L'internationalisation des télécommunications

Une partie de ce que nous venons d'analyser pourrait bientôt appartenir à une espèce de « préhistoire » de l'internationalisation dans les services, tellement les enjeux sont d'une autre magnitude depuis la mise en route de la déréglementation et de la privatisation des grands services publics au début des années quatre-vingt-dix.

Grâce aux enquêtes du Department of Commerce, on dispose d'éléments assez précis sur le montant et la structure de l'IDE américain dans les services publics de base et l'infrastructure (voir le graphique 9.5). Le Mexique, l'Argentine, le Venezuela et d'autres pays plus petits d'Amérique latine, en attendant les grandes privatisations annoncées au Brésil, ainsi qu'en Europe, le Royaume-Uni, ont été les cibles préférées des investisseurs américains. Dans certains cas, ceux-ci ne sont pas des groupes opérant dans les activités correspondantes dans l'économie d'origine mais des investisseurs institutionnels (ceux dont l'identité a été déclinée au chapitre 2) qui ne font qu'acquérir des parts de capital et qui, ensuite, font valoir leurs intérêts et sentir leur poids dans la gestion selon les méthodes du *corporate governance*. Nous y reviendrons au chapitre 10. On constate la place prépondérante prise dans ces investissements par les télécommunications. C'est là, en effet, que pour les services de télécommunications, où le mouvement des acquisitions et des fusions a connu une accélération notable au tournant des années quatre-vingt-dix (tableau 9.4).

La convergence des technologies de l'informatique et des télécommunications, de même que l'introduction des technologies liées aux communications par satellite, aux autocommutateurs numériques et aux fibres optiques ont créé les conditions pour la mise en place d'un système véritablement mondial. Un premier système de ce type a été construit sous la forme de grands organismes intergouvernementaux, Intelsat et Eutelstat, dans lesquels les P. et T. ont encore pu jouer un rôle de premier plan. Les FMN de l'industrie et des services et, plus encore, l'ensemble des institutions financières ont déjà largement bénéficié de ces évolutions. C'est à l'aide des satellites que les places financières sont interconnectées en temps réel, de sorte que paraphrasant le dicton appliqué il y a des siècles à l'empire espagnol on peut dire que « le soleil ne se couche jamais sur l'empire des marchés financiers ». Elles ont

Tableau 9.4
Acquisitions/fusions transnationales dans les télécommunications

Années	Nombre de transactions	Valeur (millions de dollars)
1985	5	399
1986	7	132
1987	7	63
1988	11	117
1989	50	2 694
1990	67	16 539 *

* Dont 9 900 millions de dollars résultant de la mise en vente de sociétés publiques à la suite de privatisations.

Source : UNCTAD-DTCI (1993, p. 83) sur la base de données du *Financial Times*.

choisi néanmoins d'utiliser leur puissance décuplée par la mondialisation pour soutenir les sociétés privées de services de télécommunications, dont l'objectif maintenant est de gérer les satellites à leur guise et de se faire ouvrir tous les marchés nationaux encore partiellement protégés. Les gouvernements américain et britannique ont été le fer de lance de la déréglementation dans la communication par satellite. L'exploitation du premier satellite international entièrement privé est revenue à la société américaine Alpha Lyracom, qui a pu se lancer sur le créneau des communications téléphoniques internationales en novembre 1991. L'objectif du puissant lobby anglo-américain, où les représentants gouvernementaux marchent la main dans la main avec les groupes privés, est d'arriver, vers 1997-1998, et en tous les cas avant la fin du siècle, à une déréglementation complète permettant à des firmes privées d'une part de lancer et de gérer leurs propres satellites, d'autre part d'investir dans la construction de réseaux de télécommunications privés pour les plus grandes FMN (Valladão, 1993).

La privatisation de British Telecom ainsi que la formation d'un autre grand groupe privé sur les décombres du secteur public, le groupe Cable & Wireless, ont donné une formidable impulsion au mouvement de déréglementation et d'internationalisation auquel

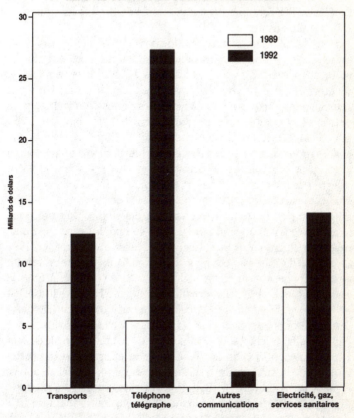

**Graphique 9.5
La structure des actifs totaux des États-Unis à l'étranger dans les services de base et l'infrastructure**

Source : données du Department of Commerce, graphique de UNCTAD-DTCI, 1996.

les grandes entreprises publiques à statut commercial telles que France Télécom ne songent plus à résister. Dans un contexte de cloisonnement des marchés, le groupe public français se présente comme un opérateur puissant. Son chiffre d'affaires (115 milliards de francs en 1991) en fait le cinquième opérateur mondial derrière NTT (Japon), ATT (États-Unis), Deutsche Bundespost (Allemagne) et British Telecom (Royaume-Uni). France Télécom consacre 4 % de son chiffre d'affaires à la R-D, ce qui le place en pourcentage au

▼▼▼

deuxième rang mondial derrière ATT (héritier des célèbres laboratoires Bell), mais au premier rang des firmes qui sont seulement des opérateurs. Le changement de statut intervenu en 1990 a fait de France Télécom une personne morale de droit public dotée de l'autonomie financière.

L'ouverture à la concurrence de services tels que la commutation globale de données, les radiocommunications et le raccordement des sociétés privées aux satellites à l'aide de la technologie des terminaux à très faible ouverture, dont les États-Unis ont actuellement le contrôle, va signifier des pertes de marché qui ne peuvent être compensées que par l'internationalisation. L'occasion pour France Télécom de commencer à se « faire la main » dans le champ mondialisé et à préparer une partie au moins du personnel à accepter des formes de privatisation plus poussées lui a été offerte par les privatisations en Europe de l'Est et en Amérique latine, en particulier en Argentine et au Mexique.

En très peu de temps, le groupe a développé une présence significative à l'étranger. En prenant en compte les parts de capital détenues, le groupe France Télécom a réalisé ou contrôlé en 1991 un chiffre d'affaires à l'étranger de 3,5 milliards de francs, soit un peu moins de 3 % du chiffre d'affaires total du groupe. A titre de comparaison, le degré d'internationalisation de British Telecom est de 8 % du chiffre d'affaires, et celui du groupe espagnol Telefónica (qui a toujours été privé) est de 4,5 %. Les deux tiers environ de ce chiffre d'affaires correspondent aux prises de contrôle réalisées par France Télécom, à la fin de 1990, de Telecom Argentina (en partenariat avec la STET) et de TELMEX au Mexique (en association avec l'américain Southwestern Bell et le conglomérat mexicain Grupo Corso). En 1993, l'objectif de France Télécom était d'atteindre 10 % de son chiffre d'affaires à l'étranger d'ici à l'an 2000 (J. Blanché, P. Barbet et L. Benzoni, 1993).

Mais l'essentiel, pour France Télécom comme pour tous les grands fournisseurs de service de télécommunications, se trouve ailleurs, c'est-à-dire dans la concurrence oligopolistique féroce qui se mène entre de très grandes alliances à l'intérieur de la Triade, dont l'une des partenaires doit obligatoirement être américain, soit comme chef de file soit comme partenaire de premier rang. Le graphique 9.6 montre la configuration de ces alliances en juillet 1997.

▼▼▼

Graphique 9.6
Alliances oligopolistiques rivales visant à établir un réseau mondial de télécommunications à longue distance

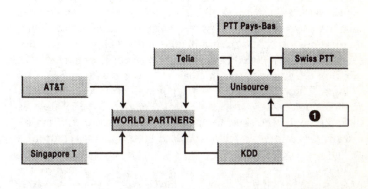

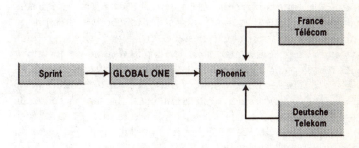

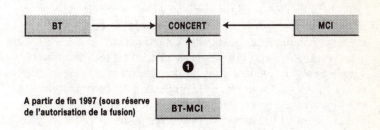

A partir de fin 1997 (sous réserve de l'autorisation de la fusion)

1. En avril 1997, Telefonica d'Espagne a fait défection au consortium Unisource et a rejoint l'alliance Concert. La STET italienne pourrait prendre sa place au sein d'Unisource.

▼▼▼

Le multimédia : « nouvelle frontière » pour l'IDE dans les services

La puissance et les performances des nouveaux outils informatiques, associées aux possibilités ouvertes par les communications numériques, sont sur le point de rendre l'industrie des télécommunications capable d'offrir aux utilisateurs finaux solvables des services qui permettront à ceux-ci de faire appel simultanément aux flux de données informatisées de leur choix, au son et à l'image. Telle est la nouvelle « révolution informatique » qui s'est accélérée au cours de la seconde partie de la décennie 1990 : celle du multimédia. Les voies de transit se nomment aujourd'hui les réseaux RNIS et demain les réseaux à large bande, ou « autoroutes de l'information ».

Au nombre des autres nouveautés annoncées ou venant d'être mises sur le marché, on trouve les logiciels de gestion de réseaux locaux de communication, les routeurs et les « communicateurs personnels » sans fil qui intégreront les fonctions de téléphone mobile, fax, courrier électronique et ordinateur. Ces « produits-systèmes » reposent sur la génération la plus récente des technologies de télécommunications, telles que les réseaux locaux à haut débit utilisant les fibres optiques ou les réseaux de communications sans fil (télécommunications mobiles). Ils sont la « nouvelle frontière » pour l'IDE dans les services et le terrain par excellence où la quintessence de l'oligopole mondial trouve son terrain d'entente peut-être le plus achevé.

La formation de vastes et complexes réseaux d'alliances, qui associent pour la première fois les grands groupes de l'informatique, ceux de l'électronique grand public et les principaux producteurs de semi-conducteurs, est une manifestation tangible des enjeux économiques et politiques du multimédia.

La prépondérance des groupes américains au sein des alliances s'expliquerait au moins autant par la primauté des firmes américaines dans les activités clés de la production de logiciels et de services informatiques que par les besoins des groupes producteurs de marchandises loisirs de trouver des marchés toujours plus grands et en renouvellement continuel (Mouline, 1996). Mais il ne saurait être fait abstraction de l'appui que ces alliances ont reçu du capital financier américain et des investisseurs institutionnels au premier chef. Pour eux, le multimédia est à la fois l'un des place-

▼▼▼

ments les plus sûrs et un instrument de leur domination idéologique à visée planétaire.

La complexité et la variété de ces alliances sont considérables (voir B. Quélin, 1996 et A. Mouline, 1996 pour les facteurs qui en commandent la constitution). Ces traits tiennent à la nature des technologies à maîtriser, mais aussi à la multiplicité des opérateurs et des investisseurs intéressés, au premier chef, les groupes de producteurs de marchandises-loisirs (vidéos, filmes, CD, etc.) et de publicité. Les études citées analysent aussi la configuration des alliances, mais celles-ci sont en évolution constante, de sorte que les données vieillissent ici encore plus rapidement que dans d'autres secteurs.

**Les groupes industriels,
agents actifs
de la mondialisation
financière**

10.

Chez les grands groupes du secteur manufacturier ou des services, l'imbrication étroite entre les dimensions productive et financière de la mondialisation du capital représente aujourd'hui un élément constitutif de leur fonctionnement quotidien. Ainsi que nous l'avons expliqué au chapitre 4, les groupes industriels sont, à proprement parler, des groupes financiers à dominante industrielle. Dans certains cas, ils possèdent ce caractère déjà depuis longtemps. Même quand ce trait est plus récent, la mondialisation financière a poussé les groupes à accentuer, de façon qualitative, leur caractère de centres financiers. Ainsi que nous venons de le voir, les groupes ont commencé à se diversifier en direction des services financiers. Ils sont surtout devenus des opérateurs très importants sur certains compartiments des marchés financiers, notamment les marchés des changes. Dans certains cas, le marché financier interne de groupe comporte l'existence d'une ou plusieurs banques de groupe ; dans d'autres, la direction financière du holding organisera et contrôlera elle-même cet ensemble de transactions.

Dans le cas du grand groupe industriel, il faut bannir désormais l'idée qu'il existerait une cloison étanche entre les opérations liées directement ou indirectement à la mise en valeur du capital dans la production, d'une part, et, d'autre part, les opérations dirigées vers des prises de profit d'un type purement financier. Pourtant, la distinction essentielle demeure, qui sépare le capital productif, engagé dans un mouvement de valorisation du capital où la maximisation de la productivité du travail est centrale, et le capital-argent, dont la rémunération est l'intérêt, auquel s'ajoutent aujourd'hui toutes sortes de profits financiers liés au mouvement « autonome » du capital-argent.

La distinction est décisive pour analyser le niveau, le rythme et l'orientation de l'accumulation, donc pour essayer d'y voir clair par rapport à la croissance. Mais elle est également très importante pour saisir la situation interne des grands groupes industriels. La financiarisation toujours plus accentuée de ces groupes leur donne un caractère double. D'un côté, ils sont en passe de devenir des organisations dont les intérêts s'identifient de plus en plus à ceux des institutions strictement financières, pas seulement par leur attachement commun à l'ordre capitaliste, mais par la nature « financière-rentière » d'une partie de leurs revenus ; de l'autre, ce sont toujours des lieux de mise en valeur du capital productif sous

▼▼▼

la forme industrielle. C'est pourquoi la distinction essentielle entre capital productif et capital-argent y est souvent vécue comme une source de tensions et de conflits, qui déchirent littéralement les différents directoires et comités, divisés entre les défenseurs des « métiers » industriels, d'un côté, et les « financiers », de l'autre.

La variété des formes d'interpénétration entre industrie et finance

Le fait que les groupes industriels soient des éléments constitutifs du capital financier comme jamais ils ne l'avaient encore été ne signifie pas que les relations avec les autres institutions majeures de la finance soient faciles. Les groupes industriels entretiennent avec les institutions financières et les grandes banques des relations de coopération/conflit, mais aussi des liens d'interpénétration réciproques, dont la forme et les moyens varient de pays à pays. La première analyse de Hilferding (1910) avait conclu que l'interpénétration (il parlait de « fusion ») se ferait sous la férule des banques. Bien que le constat – et surtout l'intuition plus large – soit juste, cette appréciation précise a donné lieu à beaucoup de confusions. Elle se fondait, tout à la fois, sur une généralisation de la situation allemande, une sous-estimation de la force des groupes industriels en tant que foyers d'accumulation du capital, y compris sous forme argent. Elle comportait aussi des erreurs dans la théorie de la monnaie, dont S. de Brunhoff a fait la critique (1973, p. 97 et suivantes).

En fait, l'interpénétration réciproque entre industrie et finance a pris des figures très variées de pays à pays. Pendant longtemps, les historiens s'y sont intéressés beaucoup plus que les économistes, notamment ceux qui appartenaient à des écoles non marxistes. A la fin des années quatre-vingt, la concurrence japonaise et, dans une moindre mesure, la concurrence allemande ont conduit les économistes américains les plus soucieux de la réalité (en clair les non-néoclassiques) à s'interroger sur le lien possible entre les formes d'interpénétration existant dans ces pays, comparées à celles en vigueur aux États-Unis, et la compétitivité industrielle supérieure des groupes japonais et allemands. Ces travaux comprennent notamment des études du BRIE, du MIT et de l'équipe de Michael Porter (1992) à la Harvard Business School.

Ils ont montré que la nature et les effets des liens entre les groupes industriels et la sphère financière sur la compétitivité de l'industrie dépendent autant de la place que le marché financier est parvenu à occuper que des caractéristiques des banques ou du rôle de l'État dans le financement de l'industrie. Les études américaines ont analysé, avec une admiration certaine, la situation japonaise, où l'interpénétration et la coopération entre l'industrie, la banque et le capital marchand sont réglées par leur appartenance commune aux *keiretsu*. Mais il est vrai que c'était avant la crise financière japonaise (Goeffron et Rubenstein, 1996). Alors que la mondialisation financière avait déjà commencé à conduire, par le biais de la primauté des marchés, à un alignement progressif de tous les systèmes sur le modèle américain, les études concluaient que les modalités américaines de l'interpénétration, marquées par la détention très opportuniste de gros paquets d'actions par des institutions financières (en particulier les fonds de pension), étaient parmi les plus antagoniques aux besoins du capital productif. Ces institutions sont en quête de rendements financiers à la fois élevés et à encaisser dans le court terme. Ils se situent exclusivement dans une logique d'investissements de portefeuille. Leurs critères sont ceux du capital-argent le plus parasitaire, dont ils font peser les exigences lourdement sur les firmes industrielles, arbitrant *de facto* les conflits internes aux directoires en faveur du clan des financiers. Aujourd'hui, à la suite de l'entrée des représentants des sociétés de placements financiers collectifs (*Mutual Funds*) et des fonds de pension dans les directoires, la finance de marché paraît avoir gagné la partie. Les opérateurs de *re-engineering* brutal ont permis d'augmenter la rentabilité des groupes, assurant ainsi l'envolée de la valeur nominale des titres à Wall Street, mais il y a eu baisse des dépenses de R-D industrielle de sorte que la récupération de la productivité « sonne creux » (expression de S. Roach, 1996).

Diversification vers la finance et banques de groupe

Il existe certaines opérations pour lesquelles les banques restent les partenaires incontournables des groupes industriels. C'est le cas, par exemple, du lancement d'émissions importantes d'euro-obligations, où la présence d'une banque commerciale internationale de premier rang s'impose. C'est le cas surtout des opérations d'acquisitions et fusions transfrontières, en particulier vers les États-Unis, où l'aide d'une banque d'investissement est indispensable. Lors des opérations de ce type menées par des groupes français aux États-Unis, par exemple, l'intervention de banques d'investissement anciennes, telles que Lazare Frères ou Paribas, apporte à leur clients et associés des services juridiques et financiers fondés sur un savoir-faire accumulé sur des décennies, leur connaissance des « innovations financières » les plus avantageuses, autant que l'accès à des sources de capitaux spécifiques.

Mais lorsqu'on sort de situations de ce type, pour entrer dans le domaine des opérations de moindre envergure ou de moindre savoir-faire, il existe désormais des incitations sérieuses conduisant les groupes industriels à empiéter sur le territoire traditionnel des banques. Elles sont voisines de celles que nous avons évoquées au chapitre 9, en expliquant la raison d'être de l'IDE des groupes industriels dans certains services financiers. Mais elles sont surtout la conséquence directe des processus de déréglementation et de désintermédiation examinés au chapitre 2. Ces activités participent en fait du mouvement d'ensemble de financiarisation des groupes industriels.

Indiscutablement, les grandes entreprises voient les intérêts sur emprunts et les découverts qu'elles sont amenées à demander aux banques d'un œil assez différent des ponctions sur le profit qu'elles subissent et qui sont aux mains de la distribution concentrée. Le crédit est indispensable au fonctionnement quotidien de l'entreprise ; dans de nombreux cas, les investissements ne pourraient pas avoir lieu sans prêts. Il reste que la formation du marché des titres de créances (la « titrisation ») a offert aux grandes firmes la possibilité de s'affranchir, au moins en partie, de leur dépendance par rapport au crédit bancaire. Depuis le milieu des années quatre-vingt, elles ont régulièrement émis aussi bien des certificats de dépôts que des effets privés à moyen terme sur les marchés obligataires d'entreprises. Il s'agit aussi bien d'une question d'autonomie et de plénitude dans la gestion que de coût des fonds empruntés.

L'émission de titres sur le marché des créances par les groupes ayant le seuil financier requis n'est pas une activité neutre. C'est un « métier dont l'exercice exige une compétence élevée, [qui] gagne à s'appuyer sur une large surface financière » (L. Batsch, 1993,

p. 81). On est donc en présence d'une incitation forte à la financiarisation des groupes. L'extension de l'économie d'endettement en direction du marché final, avec ses formes multiples de crédits-bails, crédits à la consommation, etc., en est une autre. Pourquoi les groupes ne géreraient-ils pas eux-mêmes les crédits qu'ils doivent en tous les cas créer pour écouler leur production, à la fois pour en maîtriser l'interaction avec la production et s'en approprier les profits financiers pour eux-mêmes plutôt que de laisser les banques les prendre ?

C'est ainsi qu'on a assisté à la constitution de banques de groupe au cours des années quatre-vingt, soit par la transformation

Tableau 10.1
Créations ou acquisitions de banques dans les groupes depuis 1980
(Groupes industriels ou à majorité non financière)

Groupe	Établissement de crédit	Année d'intégration
Saint-Gobain	Société financière Miroirs	Création 1989
BSN	Alfabanque	Acquisition 1989
Schneider	Morhange	Acquisition 1987
Thomson	BATIF	Acquisition 1984
	TCI	Création 1984
L'Oréal	Régéfi	Statut de banque 1987
Renault	Sté financière et foncière	Statut de banque 1983
Lafarge	Transbanque	Acquisition 1989
Péchiney	Crédit chimique	1982
Lyon. des eaux	Hydrogénique	Statut de banque 1987
Bouygues	Société de Banque privée	Acquisition 1989
	Caisse des aux. de trésorerie	Acquisition 1989
Jacob Suchard	Crédit français internation.	Acquisition 1987
Arjil SA	Banque Arjil	Création 1987
Navigation	Via banque	1984
Mixte	Société de Banque et Fi.	Création 1986
	Via finances	
George V	Crédit foncier lillois	Acquisition 1986
Fin. Agache	Facet	Création 1987
Société du Louvre	Banque du Louvre	Création 1987
Pelège SA	Avenue Banque	Création 1988
	Comptoir français des industriels du plastique	Acquisition 1987

Source : d'après K. Ohana (1991).

de sociétés financières en banques lorsque les groupes possédaient déjà des sociétés spécialisées, soit par la méthode classique lorsqu'il y a urgence, à savoir les acquisitions/fusions (Ohana, 1991). On trouvera la liste de ces banques dans le tableau 10.1.

En France, selon K. Ohana, le groupe Thomson est celui qui a porté le plus d'attention au développement de ses activités bancaires. Le groupe possède plusieurs banques, chacune d'entre elles remplissant une fonction différente : besoins de financement, de trésorerie, recherche de profits. Ainsi, il existe deux banques de gestion de trésorerie du groupe : la Société de banque Thomson (SBT), créée en 1972, et Thomson Crédit International (TCI), créée en 1984 pour gérer le contrat Al Khateb portant sur 35 milliards de francs de ventes d'armes à l'Arabie Saoudite. A côté de ces deux banques, Thomson-Brandt International (TBI) assure l'essentiel des besoins d'emprunts euro-obligataires du groupe (en 1992, TBI détient trois quarts des encours de ces emprunts euro-obligataires). Fondé en 1982, avec l'autorisation des pouvoirs publics pour contourner la réglementation, abrogée depuis 1987, qui interdisait le financement en devises à partir du territoire français, TBI est juridiquement une société néerlandaise, ce qui a permis au groupe d'échapper aux retenues à la source sur les obligations. Enfin, une autre banque, la BATIF, acquise par le groupe en 1986, intervient sur le marché des changes, les marchés à terme, etc. L'intégration d'une banque peut répondre à deux objectifs (L. Batsch, 1993, p. 81). Le premier est de doter le groupe d'un instrument pour gérer sa trésorerie, financer son expansion et organiser le crédit à la clientèle (notamment le crédit-bail). Le second est de faire des services financiers un axe de diversification du groupe industriel. La création par Hachette-Matra de la Banque Arjil, en 1987, serait l'expression d'une diversification vers la finance vue comme une «industrie» parmi d'autres. Le rapprochement entre Thomson CSF Finance et le Crédit lyonnais en janvier 1990 au sein d'Altus Finance relèverait d'un mouvement de diversification identique. Des données publiées par *Euromoney* dans la livraison spéciale de juin 1994 suggèrent que le processus serait déjà assez avancé aux États-Unis du fait de la déréglementation et de la désintermédiation poussées.

Il n'est pas certain que le second objectif traduise un degré plus élevé de financiarisation d'un groupe industriel. L'une des conclusions de l'étude de K. Ohana sur les banques de groupe en France

▼▼▼

est que « la banque de groupe, qui, jusqu'à présent, était intégrée verticalement au sein du groupe comme un service auxiliaire des autres filiales, s'intègre, depuis peu, horizontalement dans le groupe pour en devenir une activité stratégique et un centre de profit en soi ». Cette étude a été publiée en 1991. Les recherches entreprises depuis par C. Serfati (voir son chapitre dans Chesnais, coord., 1996) suggèrent que les effets combinés de la multinationalisation des groupes et de la globalisation financière, en particulier la financiarisation des taux de change des monnaies, ont largement confirmé cette conclusion. La caractérisation de l'activité financière en tant qu'activité stratégique et centre de profit en soi tient même lorsque le groupe n'a pas créé ou acquis une banque et qu'il continue à confier la responsabilité des opérations à la direction financière du *holding*.

« Ingénierie financière » et mondialisation du capital

Voici une quinzaine d'années, la thèse de doctorat de O. Pastré (1980) apportait un éclairage important sur le lien existant entre l'expansion de l'internationalisation, pourtant déjà fortement avancée, des grandes entreprises américaines et l'évolution de leurs modes d'organisation, notamment l'adoption de l'organisation en *holding* commandé par un centre financier menant une stratégie à caractère financier. Selon Pastré, « les causes des transformations radicales affectant la structure financière » de ces firmes n'étaient pas à trouver seulement aux États-Unis mêmes : c'était l'internationalisation qui jouait un « *rôle dominant* [souligné par l'auteur] sur l'évolution de la structure de ces groupes ».

Par extension, cette remarque d'ordre méthodologique vaut pour l'évolution des groupes entrés plus tardivement dans le processus de multinationalisation, par exemple les groupes français. Mais ceux-ci ont le plus souvent largement « rattrapé le temps perdu ». Du point de vue de leur degré de financiarisation, ils n'ont rien à envier à personne ! Depuis le milieu des années soixante-dix, et de façon accélérée dans les années quatre-vingt, le ressort de leurs stratégies de gestion et de valorisation des actifs se situe au niveau du système mondialisé, en général, et dans le processus de globalisation financière, en particulier. Dans le cas français, ils ont été encouragés à s'engager dans cette voie par l'État. Cela est parfaitement clair pour les groupes nationalisés et les entreprises publiques, qui ont été invités à accroître leurs activités sur les marchés financiers en France mais aussi sur les marchés internationaux. Le cas de Thomson est exemplaire.

Le rapport entre la mondialisation du capital productif et sa financiarisation accrue est évidemment à double sens. La globalisation financière a accéléré l'expansion vers les pays de la Triade des groupes entrés tardivement dans le processus, par le biais des moyens nouveaux et variés que les institutions financières et les maisons spécialisées ont mis à la disposition des groupes pour leurs opérations internationales d'acquisitions et de fusions. Ce sont, en particulier, les prêts syndiqués aussi bien d'euro-obligations que d'obligations internationales, mais aussi les LBO (*leveraged buy-out*) et les HLT (*highly leveraged transactions*).

Les euro-obligations sont des obligations émises par un syndicat de banques souscrites principalement dans des pays autres que celui de la monnaie dans laquelle elles sont libellées. A leur tour, les euroactions sont des actions émises par un groupe industriel sur des marchés autres que son marché national par un syndicat de banques et de maisons de courtage. La formule serait née en 1976 avec une émission d'Alcan (Aluminium Canada) de 5 millions de titres placés principalement aux États-Unis et en Europe et non pas au Canada. Les deux formules peuvent servir à réunir le montant des fonds nécessaires aux fusions/acqusitions importantes. Les syndicats de banques peuvent également aider un groupe à émettre des titres sur des marchés financiers étrangers. Le marché américain est le premier d'entre eux, celui qui a mis au point les « innovations financières » dont il faut maintenant parler.

Les opérations dites de *leveraged buy-out* (LBO) de même que les *highly leveraged transactions* (HLT) permettent le rachat d'entreprises par effet de levier de l'endettement. Elles font souvent suite à une offre publique d'achat (OPA). Leurs objectifs sont souvent à dominante financière. Pour assurer le service de la dette, le repreneur compte soit sur les *cash-flow* futurs des actifs qu'il acquiert, soit sur leur revente partielle par unités séparées après dépeçage du groupe acheté. Le premier cas de LBO remonte à 1979, avec l'achat d'un conglomérat de Floride, Houdaille Industry, par la société de titres de New York Kohlberg-Kravis et Roberts pour un prix de l'ordre de 350 millions de dollars financé à hauteur de 48,4 sur fonds propres et de 306 par endettement sur titres émis pour les 271 millions restants. Le LBO sur le groupe agroalimentaire Nabisco en 1989 reste l'un des plus importants répertoriés, atteignant quelque 25 milliards de dollars.

Les fonds qui créent l'«effet de levier» au moment de lancer les OPA, «amicales» aussi bien qu'«hostiles», sont de deux ordres. Il y a ceux qui sont réunis par le syndicat de banques commerciales assurant le prêt relais principal et qui représentent la dette dite «senior» (de premier rang). Puis il y a ceux qui résultent du finan-

Tableau 10.2
Émissions d'obligations à rendements et risques élevés
(obligations « de pacotille »)

Année	Nombre d'émissions	A Montant des émissions à rendement élevé	B Montant total des obligations émises	Rapport A/B	Pourcentage des émissions liées à des acquisitions/ fusions
1977	61	1 040,20	26 314,2	3,95 %	
1978	82	1 578,5	21 557,2	7,32 %	
1979	56	1 399,8	25 831,0	5,42 %	
1980	45	1 429,3	36 907,2	3,87 %	
1981	34	1 536,3	40 783,8	3,77 %	
1982	52	2 691,5	47 208,9	5,70 %	
1983	95	7 765,2	38 372,9	20,24 %	5,5
1984	131	15 238,9	82 491,5	18,47 %	22,7
1985	175	15 684,8	80 476,9	19,49 %	36,2
1986	226	33 261,8	156 051,3	21,31 %	55,6
1987	190	30 522,2	126 134,3	24,20 %	67,8
1988	160	31 095,2	134 791,1	23,07 %	65,4
1989	130	28 753,2	142 790,7	20,14 %	65,4
1990	10	1 397,0	109 284,4	1,28 %	64,4
1991	48	9 967,0	207 300,9	4,81 %	9,6
1992	245	39 755,2	317 605,7	12,52 %	12,4
1993	341	57 163,7	313 897,8	18,21 %	11,2
Total	2 081	280 279,8	1 907 800,6	14,69 %	

Source : R.E. Alcaly, « L'âge d'or des émissions de pacotille », *The New York Review of Book*, vol. XLI, n° 10, mai 1994.

cement par des institutions spécialisées, banques d'investissement ou maisons de titres, d'une dette de second rang à risque élevé. Cette dette donne lieu à l'émission d'«obligations de pacotille» (les célèbres *junk bonds*) déclassées et à haut risque, assorties de rendements importants. Leur essor date de 1986 et s'est poursuivi à un rythme élevé de 1987 à 1989. En effet, le krach de Wall Street de 1987, en dépréciant le prix des actions, a eu pour effet d'accélérer les opérations fondées sur le levier d'endettement.

C'est la période où la revente partielle ou totale des firmes constitutives des groupes achetés a été particulièrement prisée par les *raiders*. Le gourou financier de la banque d'investissement Drexel Burnham, Michael Milken, a été le cerveau de très nombreuses acquisitions, son employeur, la banque Drexel Burnham, contrôlant près de 50 % du marché de cette catégorie (à un moment très rentable) de titres. Entre 1983 et 1989, 21 % de tous les titres émis par des sociétés aux États-Unis appartenaient aux «obligations de pacotille»; depuis, le pourcentage a baissé à la suite des faillites de 1990-1991, mais reste élevé (voir le tableau ci-contre). Certaines années, plus des deux tiers du montant des fonds levés correspondaient à des LBO. La part exacte des acquisitions/fusions comportant des acquéreurs étrangers n'est pas connue. Elle est sans doute restée faible, les groupes étrangers étant obligés de justifier de fonds propres élevés, ainsi que d'un syndicat de banques très bien cotées. Seuls des noms canadiens ou britanniques sont cités dans les revues spécialisées. Au contraire, le mouvement de concentration/restructuration a fait un appel significatif à ce compartiment pourtant bien spécial du marché. On y rencontre, outre Kohlberg-Kravis et Roberts (acquéreurs de Nabisco), des groupes tels que le géant Beatrice Foods ou la vieille entreprise de radios et électronique RCA.

Instabilité monétaire et formation du marché financier privé internationalisé des groupes

L'un des traits distinctifs des groupes industriels multinationaux est l'internalisation d'un large ensemble d'opérations et de flux financiers, dont l'aboutissement est la constitution d'un marché financier interne de groupe, qui est aussi internationalisé que l'est le groupe lui-même. L'auteur d'un des principaux traités américains de gestion financière multinationale souligne que «d'un point de vue de gestion financière, l'un des caractères distinctifs de la firme multinationale, par opposition à un ensemble d'entreprises nationales engagées entre elles dans un ensemble de transactions indépendantes, réside dans sa capacité à déplacer des fonds et des profits entre ses filiales à l'aide de mécanismes de transfert internes» (Shapiro, 1992, p. 13). Ces mécanismes comprennent la fixation de prix de transfert pour tous les biens et services échangés à l'intérieur du groupe, les prêts internes intrafirme, l'accélération ou le report des règlements interfiliales et les modes de répartition des résultats d'activité entre les filiales et la maison mère. Comme le dit C.-A. Michalet, dans une terminologie qui lui est propre, les firmes multinationales «tirent parti des avantages d'un espace financier continu pour exploiter ou minimiser les incertitudes nées des aspérités nationales» (1985, p. 118). C'est autour des marchés de changes – où les opportunités et les risques ont été très tôt supérieurs à ceux créés par les activités industrielles et où les directions financières ont aussi acquis promptement un savoir-faire particulier – que les activités financières des grands groupes industriels sont organisées. S. de Brunhoff (1973, p. 123) a déjà pu étudier le rôle des trésoreries des groupes au cours de la crise du dollar de 1971, qui a précédé la fin du système de Bretton Woods. Un rapport du Sénat américain de la même époque a cherché à répondre à l'accusation portée contre les FMN de participer aux attaques spéculatives contre des monnaies. Il estime que, s'il est impossible de retenir l'accusation en bloc, le montant des sommes susceptibles d'être mises en action est tel qu'il suffit qu'un petit nombre de grands groupes aient un comportement spéculatif pour qu'une crise soit déclenchée. Il précise qu'en 1969, lors des grandes offensives contre la livre sterling, les actifs à court terme des FMN américaines, détenus essentiellement par leurs filiales à l'étranger, représentaient environ 40 % du total des actifs engagés sur les marchés. A l'époque, il suffisait que 1 % des actifs totaux se comporte de façon agressive pour déclencher une crise financière de première grandeur (US Senate, 1973, p. 539).

Depuis l'éclatement du système de Bretton Woods et la mise en place des taux de change flottants, les marchés des changes sont devenus plus que jamais un point focal pour les groupes multinationaux. L'instabilité des taux de change fait que désormais chaque transaction sur biens et services est enserrée dans une chaîne de transactions de crédits dont la longueur augmente régulièrement, au rythme des innovations financières permanentes et de l'utilisation de moyens de communication et de gestion toujours plus rapides. Pour un groupe multinational, toute décision dans le domaine industriel, même si elle se situe dans un horizon de court terme, doit prendre en compte une multiplicité de variables financières, telles que l'évolution des taux de change, la comparaison des taux d'intérêt selon leur terme et selon les pays. Les conséquences sur le chiffre d'affaires et les résultats sont considérables.

La dimension atteinte aujourd'hui par les grands groupes multinationaux, dont le chiffre d'affaires est supérieur au PNB de très nombreux pays développés[1], secrète des transactions quotidiennes et des mouvements de fonds transfrontières considérables. Certains d'entre eux disposent ainsi de salles de marchés qui n'ont rien à envier à celles des banques.

On comprend donc qu'au cours de la décennie quatre-vingt la centralisation des activités financières au plus haut niveau de décision se soit accentuée alors que, dans le même temps, les opérations de production et de commercialisation ont été décentralisées, au moins dans les limites exigées par la « triadisation » (voir le chapitre 6). Une étude portant sur 325 groupes multinationaux a été menée par le cabinet d'études McKinsey. Un résumé rendu public par les auteurs montre que l'importance croissante des activités financières s'est traduite par des mutations significatives dans l'organisation des groupes. D'abord confinée à une simple fonction d'administration, c'est-à-dire d'intermédiaire entre les besoins des filiales et les banques, la direction financière est devenue déterminante dans l'optimisation du *cash-flow* à moyen terme. Même lorsqu'ils n'ont pas atteint le stade où ils peuvent constituer une banque propre, les groupes adoptent une vision « globale » des activités financières : les deux tiers d'entre eux ont une fonction financière où les décisions sont centralisées, contre 20 % qui centralisent la fonction achat et 15 % la fonction de distribution logistique (Duchesne et Giry-Deloison, 1992).

L'étude estime, cependant, que la véritable réussite est celle des groupes qui ont pu franchir un pas qualitatif et créer des banques

---

1. C. Serfati (1996) rappelle que le chiffre d'affaires de General Motors est plus important que le PNB du Danemark, celui d'Exxon supérieur au PNB de la Norvège et celui de Toyota supérieur au PNB du Portugal.

d'entreprise. Les avantages que celles-ci procurent seraient de « nature structurelle », car les banques d'entreprise « ne sont pas prisonnières des pratiques bancaires réglementaires » (*ibid.,* p. 30).

Ce point de vue a été confirmé par la communauté bancaire. Dans l'une des premières études sur les innovations financières, la BRI a émis l'opinion que, au nombre des facteurs qui auraient impulsé l'offre de produits financiers nouveaux, il fallait inclure la concurrence accrue résultant de l'arrivée (l'« entrée » au sens de l'économie industrielle) de deux types nouveaux d'« entrepreneurs financiers » : les firmes spécialisées dans les services financiers et les grandes entreprises industrielles. Le rapport note ainsi qu'« un grand nombre de celles-ci ont adopté comme axe de leur stratégie de groupe un programme d'expansion agressive dans un cadre national, voire global. Pour une part, cette approche a pu être transposée [dans la sphère financière] par le management des entreprises non financières à mesure que celles-ci se sont diversifiées vers le système financier » (BRI, 1986, p. 183). On ne peut que compatir avec les respectables banquiers bâlois qui n'apprécient visiblement pas cette irruption de parvenus dans le monde feutré de la finance. Mais c'était là l'une des conséquences de la transformation de la finance en « industrie », que la BRI a permise au même titre que toutes les grandes institutions financières.

Groupes industriels et spéculation sur les changes

La partie la plus importante et de loin la plus rentable des activités financières se déroule sur les marchés des changes. C'est là que l'apprentissage des groupes a commencé le plus tôt, ainsi que nous l'avons vu ; c'est là que leur capacité à mobiliser rapidement des masses de liquidités importantes donne au groupe un autre ordre d'« avantages spécifiques ».

L'essor de ces marchés est récent, mais a été extrêmement rapide (voir graphique 10.3). Actuellement, le volume des transactions atteint environ 1 300 milliards de dollars par jour. Ce volume tient au fait que les banques et les maisons de titres, ainsi que les firmes financières spécialisées, mais aussi les groupes industriels modifient la composition de leur portefeuille de devises et procèdent à des achats et des ventes de monnaies plusieurs fois par jour. Le but avéré, dont le marché tire sa légitimité supposée dans un

▼▼▼

contexte de taux flexibles, est de couvrir certaines opérations effectives sur des produits ou de procéder à des arbitrages sur le portefeuille de devises que tout grand groupe internationalisé doit nécessairement posséder.

Mais, désormais, aucun spécialiste n'est capable de dresser la frontière entre l'arbitrage et la spéculation tout court. La financiarisation des taux de change a fait des « marchés financiers » le levier immédiat de profits financiers « purs » considérables. Le montant des ressources financières dont les banques, les institutions financières, les fonds de pension privés, mais aussi les groupes industriels disposent est souvent supérieur aux recettes budgétaires des États, y compris de ceux des pays développés, et nettement supérieur surtout aux réserves de change détenues par la plupart des banques centrales. Les 300 milliards de dollars que la Banque de France et la Bundesbank coalisées ont engagés pour tenter de préserver le système monétaire européen (SME) au cours des crises de change de 1992-1993, ont pesé peu face aux montants que ceux qui sont décidés à faire changer les parités pour encaisser de très gros gains sont en mesure de mobiliser.

Une étude du département de recherche du Fonds monétaire international (FMI), curieusement peu souvent citée, fournit des éléments parfaitement clairs sur la façon dont les opérateurs inter-

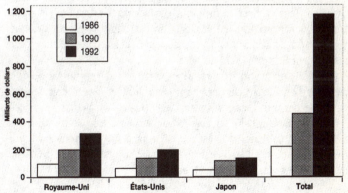

Graphique 10.3
Transactions quotidiennes moyennes sur les marchés des changes : évolution depuis 1986 en milliards de dollars

Source : F. Chesnais et C. Serfati (1994) ; élaboration des auteurs à partir des rapports triannuels de la BRI, Central Bank Survey of Foreign Exchange Market Activity.

nationaux ont mené leur action au cours de la crise du marché des changes de l'été 1992. L'étude contient, en premier lieu, une définition précise des intervenants. Leur nombre est assez restreint : 30 à 50 banques (et une poignée de maisons de courtage de titres) tiennent le marché des changes des devises clés. Cette forte concentration se retrouve dans les deux principaux centres financiers de la planète. A Londres, 43 % et, à New York, 40 % des transactions étaient réalisées par les dix plus grosses banques. Celles-ci interviennent également par leur département fiduciaire, au nom et à la demande de leurs clients.

Les *Hedge Funds* occupent une place particulière, qui a été soulignée dans la crise des marchés des changes des étés 1992 et 1993. Malgré leur dénomination, dont la traduction est d'ailleurs discutée, ces firmes (celle appartenant à Georges Soros est la plus connue publiquement) pratiquent la spéculation en utilisant un fort levier, mettant à profit les faibles contrôles réglementaires auxquels elles sont soumises. Bien que ne disposant à l'époque « que » de 10 milliards de dollars de capital, ce sont elles qui ont été à l'origine des attaques portées contre les monnaies du SME en 1992 et 1993. Elles ont allumé la mèche, avant que les « gros bataillons » formés par les investisseurs institutionnels n'interviennent, et à leur suite les trésoreries des groupes industriels. En effet, l'étude du FMI cite les FMN parmi les acteurs importants ; en soulignant que « les opérations de change des trésoreries des groupes sont vues [par ceux-ci] de façon croissante comme des centres de profit » (FMI, 1993, p. 5). Le FMI, pas plus qu'aucune autre autorité monétaire, ne peut chiffrer le montant des sommes engagées, et ne se donne les moyens de le faire. Sur un marché totalement déréglementé, on ne publie plus que ce qui est nécessaire au soutien de la cotation en Bourse des actions.

La financiarisation des groupes est nécessairement appelée à modifier l'ensemble de leur comportement et à accélérer la mise en cause de leur vocation industrielle. Dans l'immédiat, la rançon est l'accroissement du nombre d'« accidents » de marché, dont les cas les plus saillants ont été ceux de la firme allemande Metallgesellschaft (1,4 milliard de dollars de perte) ; le Japonais Koshima Oil (1,5 milliard), Procter and Gamble (102 millions), sans oublier les déboires de Thomson avec Altus Finance. Mais c'est le groupe japonais Sumitomo qui a subi les pertes les plus élevées connues à ce jour : plus de 2 milliards de dollars en juin 1996.

Quelques remarques sur le *corporate governance*

Depuis quelques années, le vocabulaire économique français s'est enrichi d'une nouvelle expression d'origine anglo-saxonne, le *corporate governance,* qu'on voit désormais traduite de façon approximative par «gouvernement des entreprises[2]». Elle désigne l'entrée dans l'organigramme de direction des groupes industriels de personnes dites «administrateurs indépendants» (ce qui laisse supposer que les membres des directoires seraient «dépendants») qui sont les représentants des fonds de pension et des fonds de placements financiers collectifs (*Mutual Funds*). Une fois en place, ces administrateurs dirigent des comités d'audit et de fixation des niveaux de salaires également «indépendants» qui doublent les structures dont le groupe industriel était précédemment doté. Les critères sont exclusivement financiers et portent sur les profits, décisifs pour la détermination du niveau des dividendes, ainsi que pour le cours des actions du groupe en Bourse. Ils traduisent des priorités patrimoniales déterminées dans un horizon de court terme. Selon un laudateur, «l'essence du *corporate governance* [serait] la question de savoir qui prendra les décisions les plus efficaces» (Pound, 1995, p. 90).

A en croire la Banque mondiale, «le court termisme provient des petits fonds de pension qui ont tendance à voter avec leurs pieds c'est-à-dire à se débarrasser des actions en les vendant», alors que, pour leur part, les grands fonds de pension s'engageraient à plus long terme (World Bank, 1994, p. 178). Cette représentation relève de la casuistique pure et simple. Les critères de rentabilité employés par les «administrateurs indépendants» et les comités qu'ils animent créent une pression en faveur d'une gestion à court terme autrement plus puissante que les signaux venant des marchés boursiers (niveau de cotation, achat ou vente du titre). Cette pression se manifeste dans l'ampleur des restructurations et des «dégraissages» d'effectifs – qui suivent leur entrée dans les directoires –, dans la politique salariale, mais aussi dans la répartition des résultats nets d'exploitation. Celle-ci se fait en faveur d'une politique de dividendes élevés, dont les gestionnaires des

---

2. Voir, entre autres, en français : le numéro spécial de la *Revue d'économie financière,* n° 31, 1994 ; l'étude du LEREP de Toulouse par F. Morin (1996) ; et une étude faite à HEC par B. Marois et B. Balache (1996).

fonds ont un besoin pressant permanent, tant pour faire face à leurs engagements de paiement des pensions que pour attirer de nouveaux participants. Les dépenses d'investissements, matériels et surtout immatériels, « préparatoires de l'avenir » en subissent les effets. Car l'approche est *fondamentalement rentière* : elle vise à extraire des revenus qui sont le résultat d'investissements antérieurs. Aujourd'hui, parmi les investissements les plus prisés des gestionnaires de fonds, on trouve les prises de participation dans les *entreprises récemment privatisées de secteurs d'infrastructure et de services de base.* Puisque ces entreprises sont jetées sur le marché après avoir bénéficié d'investissements importants financés par l'État et que, de surcroît, leurs dettes sont épongées avant la mise en vente des titres (c'est le sens des opérations dites de « recapitalisation », qui ne sont rien d'autre que la socialisation des pertes au dépens des contribuables et au bénéfice des futurs acheteurs), elles représentent des placements particulièrement attractifs. Les entreprises de secteurs de première nécessité (comme l'électricité, le gaz et l'eau mais aussi les transports et les télécommunications) sont à la fois des secteurs qui assurent un revenu régulier très rentable dénué de risque et où d'immenses investissements ont été faits qui pourront durer des années, voire des décennies (voir l'état des services de base de la plupart des villes américaines).

Les prises de participations à l'étranger et l'entrée consécutive des fonds dans les directoires sont l'un des vecteurs importants de la diffusion du « modèle anglo-saxon » de capitalisme (Albert, 1991 et 1994). La puissance financière exceptionnelle des fonds a été rappelée plus haut à propos de leurs interventions sur le marché des changes. Le tableau 10.4 donne, à titre d'exemple, les quinze plus grandes participations au capital du fonds Calpers (les enseignants de l'État de Californie). On y trouve des holdings financiers et des banques où les participations permettent d'influencer les décisions des firmes dont ceux-ci ont le contrôle. Mais on y trouve aussi certains des groupes industriels les plus importants d'Europe. L'influence des fonds est de plus en plus décisive dans la configuration des grandes opérations de fusions/acquisitions. Les jeux de « mécano » relèvent ici plus d'une logique financière qu'industrielle ; ils n'en sont pas moins voyants et décisifs. L'exemple de l'OPA réussie du groupe de télévision anglais Granada sur la chaîne hôtelière Forte en est un bon exemple. Si Granada a pu l'emporter face à d'autres prétendants importants, c'est bien parce que Mercury Asset Management, le plus puissant des gestionnaires de fonds de pension anglais, qui était actionnaire majoritaire des deux groupes (avec respectivement 15 % dans Granada et 14,1 % dans Forte) a fait pencher la balance de manière décisive en sa faveur, sur la base de calculs de rentabilité effectués longtemps à l'avance. C'est Fidelity, le plus important *Mutual Fund* américain et celui qui possède le plus grand portefeuille d'actions à l'étranger, qui a joué un rôle déterminant dans la fusion de deux des plus importantes firmes de composants automobiles, le Britannique Lucas et l'Américain Varity.

Tableau 10.4
Les quinze plus grandes participations de Calpers en Allemagne, au Royaume-Uni et en France (en millions de dollars)

Sociétés	Pays	Valeur du marché
Glaxo Wellcome	Royaume-Uni	94,2
British Telecommunications	Royaume-Uni	88,4
British Petroleum	Royaume-Uni	86,7
HBBC Holdings	Royaume-Uni	80,6
Allianz AG Holding	Allemagne	61,1
Shell Transport and Trading	Royaume-Uni	57,0
Daimler Benz	Allemagne	56,1
Deutsche Bank	Allemagne	54,7
Veba	Allemagne	53,8
SmithKline Beeckam	Royaume-Uni	52,5
Cie générale des eaux	France	45,8
BAT Industries	Royaume-Uni	45,3
Bayer	Allemagne	42,3
LVMH Moet Hennessy	France	41,0
Mannesmann	Allemagne	39,8

Source : *The Wall Street Journal Europe,* 19 mars 1996.

L'irruption du *corporate governance* dans le paysage financier français date de juin 1995, lorsqu'une coalition d'actionnaires minoritaires « remercia » soudainement le P-DG de Suez, M. Gérard Worms. L'affaire fit grand bruit à la fois parce que cette banque a longtemps représenté l'un des deux piliers fondamentaux du capitalisme français, mais aussi parce que l'absence d'élégance du procédé signalait l'arrivée en France de méthodes propres au capitalisme anglo-saxon. L'âme de la coalition était l'UAP, principal actionnaire minoritaire de Suez, avec 6,9 % du capital. Mais deux fonds de pension américains possèdent au moins de 16 % de l'assureur français : TIAA-CREF, le principal fonds de pension des enseignants de la Nouvelle Angleterre et un fonds d'investissement de Boston, Grantham, Mayo & Van Otterloo (R. Farnetti, 1996). Le degré de pénétration des fonds anglo-saxons dans le capital des groupes français est mal connu, de sorte qu'il est difficile d'apprécier le moment où l'influence des comités d'audit et de rémunération qui y ont été créés, apparaîtra au grand jour. L'encadré ci-dessous donne le résultat d'une enquête faite début 1997. L'essentiel bien sûr, c'est que le modèle de capitalisme de cœur financier, « modèle de cités imprenables, de grande dimension, où les équipes dirigeantes ont les plus grandes difficultés à justifier les pouvoirs considérables dont elles disposent », et encore plus pour la légitimer par des résultats qui rendraient ce modèle plus attractif que le modèle de marché financier (P. Morin, 1996), rend son avenir de plus en plus problématique.

Le poids des fonds anglo-saxons dans les groupes industriels français

Les sociétés françaises cotées ont du mal à évaluer exactement le poids des fonds anglo-saxons dans leur capital. Certains de ces fonds se font connaître lorsqu'ils ont une participation significative. D'autres ne déclarent même pas les franchissements de seuils. Au total, il y a, à travers le monde, 200 à 250 institutionnels (y compris les gérants français) importants pour le marché de Paris. Exemples pour quelques groupes français de la part du capital détenue par les investisseurs étrangers :
- Schneider : 30 %
- Paribas : 33 % environ
- AGF : plus de 40 %
- Lyonnaise des eaux : 25 % à 30 %
- Pechiney : aux environs de 20 % (dont Templeton, premier actionnaire privé du groupe avec 9,6 % et Fidelity, avec plus de 6 %)
- Saint-Gobain : 33 % environ
- Lafarge : 40 %
- Usinor-Sacilor : plus de 20 %
- Rhône-Poulenc : 15 à 20 %.

Le Monde, 17 janvier 1997.

▼▼▼

> **Les échanges commerciaux dans le cadre de la « mondialisation »**

11.

« Les entreprises se regroupent dans des régions où se trouvent déjà implantées des firmes analogues, où les externalités sont fortes (institutions bien implantées, ressource en matière de technologie, main-d'œuvre qualifiée, moyens de financement appropriés), et où les perspectives du marché sont bonnes. Faute de remplir ces conditions préalables indispensables, de nombreuses régions et pays en développement ne participent pas à ce processus, et il leur faudrait surmonter d'énormes obstacles pour y parvenir. »
STI Revue, n° 13, hiver 1993.

Le rôle de la libéralisation des échanges dans la mondialisation est important, mais il n'est pas celui célébré par les économistes néoclassiques. Les échanges libérés ont été intégrateurs à l'échelle de certaines parties du système international, très précisément aux pôles de la Triade. Mais lorsqu'on examine l'économie mondiale comme un tout, on constate au contraire que la libéralisation a conduit à une accentuation notable de sa polarisation, ainsi qu'à la marginalisation accrue de nombreux pays. Par ailleurs, là où les échanges libérés paraissent avoir eu un effet intégrateur, les agents véritables du processus sont surtout les FMN pour lesquelles la libéralisation a permis d'organiser comme elles l'entendaient le travail de leurs filiales ainsi que leurs relations de sous-traitance. A l'époque des frontières nationales partiellement protégées et des marchés domestiques réglementés (qui est également l'époque de l'apogée de la régulation fordiste), le capital était déjà mobile, mais, dans une certaine mesure, il était encore encadré, enserré. La libéralisation ainsi que la déréglementation, qui prolonge celle-là et en accentue les effets, lui ont rendu une liberté presque totale dans ses choix, à un moment où les nouvelles technologies élargissaient ceux-ci comme à aucune période antérieure de l'histoire du capitalisme.

Au chapitre 3, nous avons présenté les raisons justifiant le choix d'un cadre analytique qui établit la priorité de l'investissement et de la production par rapport à l'échange. L'essentiel du travail a donc été centré sur le mouvement de mise en valeur du capital dans ses différentes formes. Établir cette priorité ne signifie pas que l'étude de l'internationalisation à l'époque de la mondialisation puisse se limiter à l'examen de l'IDE, des opérations des FMN ainsi que des formes de la rivalité oligopolistique. Ces questions traitées, il est indispensable que l'analyse passe de la sphère de la production (prise dans une acception large) à celle des échanges. Le sort réservé à certains pays en raison des fondements et de l'évolution du système capitaliste se lit tout à fait clairement dans la place qui leur est assignée dans les échanges.

Ce sont surtout l'IDE et les stratégies de localisation choisies par les FMN qui commandent une fraction très importante des flux transfrontières de biens et de services, et qui contribuent fortement à façonner la structure du système des échanges. Cela ne signifie pas que le capital concentré dans le négoce ou la grande distribution ne joue pas un rôle parfois important. Mais il calque

▼▼▼

ses opérations sur celles du capital industriel, aussi bien lorsqu'il cherche à se substituer à lui (cas des réseaux de sous-traitance mis en place par les chaînes de grands magasins) que quand il affirme sa prétention de lui faire payer cher les « services » représentés par la recherche et le transport des matières premières de base ou la commercialisation des biens finis. Même si ces empiétements ne sont guère appréciés par les groupes industriels, qui cherchent donc à intégrer ces activités lorsqu'ils le peuvent (voir chapitre 10), ils ne traduisent pas un mouvement particulier du capital-marchandise qui modifierait la configuration du commerce international.

Les facteurs façonnant le système des échanges et ses traits les plus marquants

Le système mondial des échanges résulte du jeu combiné des États et des principaux agents de l'économie capitaliste – aujourd'hui les groupes industriels et les grandes banques – agissant en réponse à la pression d'un ensemble d'opportunités (de profit) et de contraintes : économiques, politiques mais également technologiques.

La libéralisation des échanges organisée par le GATT – l'OMC aujourd'hui –, l'UE et l'ALENA ne s'est pas produite dans un monde constitué par des entités souveraines qui jouiraient d'avantages comparatifs distincts, tout en demeurant de puissance économique comparable, et qui échangeraient entre eux des produits de types différents, relevant d'un commerce interbranches. Bien au contraire. Le système mondial était fortement hiérarchisé et le reste plus que jamais, fût-ce d'une manière légèrement distincte de celle qui prévalait à l'époque de l'hégémonie exclusive des États-Unis. Lorsqu'on considère le système des échanges, il ne faut surtout pas perdre de vue qu'il porte aussi les marques de l'histoire, en particulier de la façon dont le marché mondial (l'« économie-monde » de I. Wallerstein) s'est constitué.

La manière dont la rencontre s'est faite, à partir du XVe siècle, entre les économies marchandes européennes, déjà en transition vers le capitalisme, avec des sociétés ayant avancé beaucoup moins loin sur cette voie (par exemple la Chine impériale, et beaucoup plus tard, le Japon), mais surtout avec des civilisations ayant connu un parcours et des formes d'organisation sociale radicalement différentes (par exemple les sociétés « précolombiennes » d'Amérique et les sociétés africaines), se lit encore dans les relations économiques internationales contemporaines. Les formes et la durée de la domination coloniale ou semi-coloniale de même que les traits de chaque formation sociale au moment où cette domination débute ont été beaucoup plus divers et varié qu'on ne le pense souvent. La capacité très variable dont les pays groupés en bloc sous l'appellation « tiers monde » ont fait preuve pour affronter les problèmes du développement capitaliste « autocentré » dans la période 1955-1975 est souvent liée à des éléments dont l'origine est ancienne. Pour prendre un exemple : indépendamment des circonstances politiques spécifiques des années cinquante et de l'aide américaine, la Corée et Taiwan étaient, par leur l'histoire et les traits de leurs formations sociales respectives, infiniment mieux préparés pour affronter le « défi du développement » (c'est-à-dire leur insertion directe dans l'ordre capitaliste mondial) que ne l'étaient les États de l'Afrique noire issus de la colonisation française ou belge.

Dans un cadre légué par l'histoire, les traits les plus saillants du système mondial des échanges sont le résultat immédiat de trois séries de facteurs. Les premiers ont été examinés au cours des chapitres précédents ; ils tiennent au processus de concentration et de centralisation du capital dans les économies capitalistes dominantes, au mouvement de l'IDE et aux stratégies actuelles des groupes industriels. Les deuxièmes ont trait aux changements scientifiques et techniques, sous l'angle de leurs effets sur les niveaux de productivité, sur l'organisation et la localisation de la production industrielle, sur la demande de force de travail (niveau et type de qualification) et sur la demande d'intrants à la production, produits primaires ou produits intermédiaires d'origine industrielle. Les troisièmes facteurs sont politiques. Ils comprennent, pour s'en tenir à la phase récente, le rôle des États des pays capitalistes avancés dans la constitution de blocs « régionaux » de type continental ainsi que la position que ces mêmes États ont adoptée par rapport à la dette du tiers monde. Enfin, la place des pays de l'Est dans les échanges n'est que l'une des nombreuses conséquences économiques du désastre politique et social auquel le système bureaucratique d'origine stalinienne a conduit les États et nationalités de l'ex-URSS, de l'Est de l'Europe et de l'ex-Yougoslavie.

Résumés à grands traits, les éléments les plus marquants du système mondial actuel des échanges sont les suivants :

– une tendance très nette à la formation de zones de commerce plus denses autour des trois pôles de la Triade (phénomène dit de « régionalisation » des échanges) ;
– une tendance forte à la polarisation des échanges par intensification des échanges entre les trois pôles ;
– la marginalisation accrue de tous les pays exclus de la « régionalisation » ;
– le niveau élevé désormais atteint par la part du commerce mondial qui est façonnée directement par l'IDE, commerce intrafirme, exportation des filiales, sous-traitance transfrontières ;
– l'effacement croissant (au moins pour l'instant) de la distinction entre le « domestique » et l'« étranger », la concurrence entre firmes s'exerçant avec autant de force sur les marchés « internes » de chaque pays que sur les marchés « extérieurs », du fait tant des investissements étrangers que de la libéralisation négociée des échanges ;
– enfin, en rapport direct avec cette évolution, la substitution du paradigme des avantages comparatifs, avec des « gains du commerce » considérés positifs pour tous les participants, par celui de la concurrence ou compétition internationale, où la compétitivité de chacun désigne des gagnants et des perdants.

Avant de reprendre l'examen de ces différents éléments, il faut s'interroger sur la signification de la supériorité du taux de croissance des échanges par rapport à celui des PIB.

Le taux de croissance supérieur des échanges par rapport aux PIB

Depuis la fin de la période de reconstitution du système des échanges multilatéraux, au milieu des années cinquante, le commerce mondial a connu des taux de croissance supérieurs à ceux du produit intérieur brut des pays participants aux échanges. La divergence entre les deux courbes s'est un peu atténuée à partir de la récession de 1974-1975, marquant la fin des « trente glorieuses » et le début de la période des « crises qui durent » (J. Mazier et *al.*, 1993). Mais, au cours des années quatre-vingt et au début de la décennie suivante, le commerce a repris une croissance plus rapide que celle des PIB, même si cette croissance s'est faite « en dents de scie », même si l'IDE et, surtout, les flux de la finance globalisée ont augmenté à des taux encore plus élevés. Nous avons placé au chapitre 1 le graphique montrant l'évolution respective des taux de croissance du commerce et de la production de 1950 à 1994. Il s'agissait alors de bien cadrer le moment historique de la mondialisation. Ici, il faut examiner la signification du graphique 1.2 de façon plus précise. La divergence entre les taux de croissance respectifs du commerce et de la production n'a rien de « naturel ». Elle représente un phénomène nouveau dans l'histoire du capitalisme, dont il est important de comprendre le sens et les causes.

Au cours de la longue période d'essor allant de 1860 à 1914, le commerce international n'a pas augmenté plus vite que les produits intérieurs des pays. Ce fut pourtant la période qui a vu l'achèvement du marché mondial et le début de la situation que Paul Valéry a pu qualifier, tôt dans le XXe siècle, comme l'« ère du monde fini ». Dans le cas des pays européens (à seulement quelques exceptions près), des États-Unis, d'une partie de l'Amérique du Sud et du Japon, le commerce international contribuait à la construction des marchés internes, mais il ne se substituait pas à eux comme support de l'accumulation du capital et de la croissance des revenus. L'organisation des échanges internes, sur la base de la séparation complète de l'agriculture et de l'industrie, de la ville et de la campagne, mais surtout au travers d'une division du travail et d'une différenciation toujours plus poussées à l'intérieur du secteur manufacturier, l'emportait sur les échanges externes. Ceux-ci permettaient aux pays de s'assurer, lorsqu'il le fallait, un approvisionnement complémentaire en ressources agricoles ou minières, de même qu'en biens de capital ou d'équipement, dont l'importation commandait pour certaines économies le rythme de l'industrialisation.

Pendant cette période, les échanges sont encore caractérisés pour la plupart des pays capitalistes en voie d'industrialisation par une logique de recherche et d'importation de ressources complémentaires. Ce processus est souvent sous-tendu et aidé par l'investissement international, dont le premier secteur cible a été celui des matières premières de base. La préoccupation économique principale des puissances qui se taillent un espace impérial de colonies ou semi-colonies (le cas des États-Unis) est bien la mainmise sur des réserves de matières premières stratégiques, dont le pétrole sera l'archétype.

▼▼▼

Pendant plusieurs décennies, seul le Royaume-Uni a fait exception. « Atelier du monde », le Royaume-Uni a été le premier pays où la nécessité d'importer s'est doublée d'une contrainte tout aussi impérieuse d'exporter. Entre 1770 et 1870, il a été le seul pays capable d'inonder le marché extérieur de produits manufacturés et, par le bas prix de ses exportations, de bloquer l'industrialisation ailleurs. C'est contre les produits anglais que l'Américain Alexander Hamilton et l'Allemand Friedrich List[1] ont développé leurs théories contre l'« économie politique cosmopolitaine » du libéralisme smithien. Ils justifiaient la protection des industries naissantes à l'aide d'arguments solides relevant de l'économie industrielle, dont certains annoncent les théories de la compétitivité structurelle plus d'un siècle plus tard. A partir du début du XXᵉ siècle, une exigence impérative d'exporter s'affirmera en Allemagne dans les industries mécaniques lourdes. Mais dans les autres pays capitalistes d'une certaine taille, il existe tout au plus quelques branches et quelques entreprises qui connaissent une véritable contrainte à la conquête de débouchés extérieurs. A la fin du XIXᵉ siècle, l'expansion impérialiste des États-Unis vers l'Amérique latine s'est faite pour des motifs politiques (la doctrine Monroe) et la recherche de matières premières industrielles vitales, mais en aucune manière pour s'assurer des débouchés extérieurs impératifs.

Ce n'est qu'à partir du krach de 1929 et le début de la grande crise qu'un ensemble de pays industriels voient dans l'exportation l'une des manières de suppléer à une demande interne défaillante. Ils essayent d'« exporter le chômage » vers les pays voisins, tout en élevant de fortes barrières protectionnistes chacun pour son compte. La position de Keynes est intéressante. Il est hostile à la guerre commerciale, mais il est également peu convaincu des solutions libre-échangistes à la dépression, qui sont préconisées dès cette époque par certains des dirigeants américains. Il porte un regard critique sur la voie de « développement vers l'extérieur » que le Royaume-Uni a suivie depuis des décennies, en plaçant ses revenus dans la finance au détriment de l'investissement et du

---

1. Alexander Hamilton (1757-1804) a été un des premiers secrétaires d'État au Commerce des États-Unis, auteur d'un célèbre *Report on Manufactures*. Friedrich List (1789-1846) était un Allemand exilé d'abord en France, puis aux États-Unis, où il a pris fait et cause pour la politique de protection de l'industrie naissante. Pour l'actualité de certaines de leurs positions, voir M. Humbert (1994).

tissu social domestiques. La politique qu'il défend, la relance interne de la demande effective, est une politique de sortie de crise mais aussi de rénovation par l'investissement. En 1944-1946, ce ne sont pas ses positions qui ont prévalu, mais celles des États-Unis, qui se trouvaient en position de dicter les chartes des principales institutions économiques internationales. Ils les ont rédigées à partir de leurs propres intérêts et des préceptes du libre-échange, même s'ils ont été forcés d'attendre plusieurs décennies avant que l'« heure du marché » ne sonne pleinement, et que l'enseignement de Keynes puisse être voué aux gémonies.

Le taux de croissance élevé des exportations dans l'immédiat après-guerre a commencé par posséder l'aspect d'un phénomène de rattrapage, qui venait corriger le protectionnisme des années trente. Entre les pays industrialisés, il a conduit à un système d'échanges fondé dès le milieu des années soixante, sur l'exploitation d'économies d'échelle, ainsi que sur le développement de spécialisations fines reposant de façon croissante sur l'assurance de trouver à l'extérieur une partie du marché nécessaire pour écouler la production.

La bifurcation des années soixante-dix

Dans la seconde moitié des années soixante-dix, ce qu'il a pu y avoir de positif dans le taux de croissance supérieur des exportations par rapport aux produits intérieurs a changé de signe. Au sein des pays industriels, la poursuite de la libéralisation, la montée de l'IDE et l'expansion des opérations des FMN ont eu pour effet de conduire d'une économie de spécialisation internationale à la formation d'un espace de concurrence où les différences entre « marché domestique » et « marché extérieur » s'estompent toujours plus.

Le régime d'économie internationale actuel peut être défini comme celui d'un « espace de concurrence diversifié, mais en voie d'unification », dans lequel la concurrence se mène de plus en plus directement entre firmes, qui ont impérativement besoin de l'ensemble de l'espace pour se déployer. Le maître mot de ce régime d'économie internationale est la « compétitivité ». Dans les marchés de biens de consommation finale en particulier, les entreprises, en dépit de la différenciation des produits, sont en situation de concurrence directe, voire de concurrence frontale. Le succès d'une entreprise signifie de plus en plus souvent la faillite ou l'absorption d'autres firmes. Lorsque ce processus s'exerce entre pays différents, il arrive nécessairement un moment où les pays se sentent concernés. Invoquant le langage militaire, les hommes politiques et les médias parlent alors volontiers de la «mobilisation des énergies nationales» et se réfèrent à la «guerre économique» dans lequel le pays serait engagé. On est aux antipodes d'une situation où l'échange serait «source de gain pour tous les participants». Nous reparlerons de la compétitivité et de ses ambiguïtés profondes à la fin du chapitre.

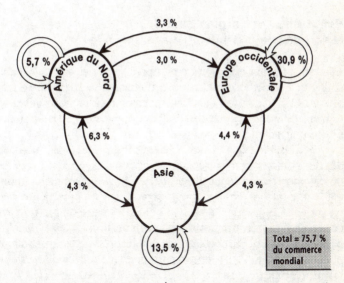

Graphique 11.1
Les échanges à l'intérieur des trois pôles de la Triade et entre eux en 1995

Total = 75,7 % du commerce mondial

Note : l'Amérique du Nord désigne les États-Unis et le Canada ; l'Europe occidentale désigne les quinze pays de l'Union européenne plus la Suisse, la Norvège et l'Islande ; huit pays d'Asie – à savoir le Japon, la Chine, Hong Kong, la Malaisie, Taiwan, la Corée du Sud, Singapour et la Thaïlande – assurent 85 % des exportations et 81 % des importations de l'Asie.
Source : Organisation mondiale du commerce, *Le Commerce international : tendances et statistiques*, 1996.

La bifurcation des années soixante-dix n'en est pas moins grande pour les pays en développement. A la suite de la récession de 1974-1975, le recours de plus en plus marqué des pays capitalistes avancés aux exportations comme ressort de la croissance s'est également fait pendant un petit moment en direction des pays en développement. Cela a représenté un autre aspect de la réponse libre-échangiste à la crise. C'est pour exporter une production devenue pléthorique autant que pour recycler les « pétrodollars » que les pays centraux du système mondial ont aidé, voire incité, les pays du tiers monde à accumuler une dette extérieure gigantesque qui allait vite devenir un insupportable fardeau.

Pour les pays dont les gouvernements et les classes dirigeantes ont sauté à pieds joints dans le piège de l'endettement externe, le prix à payer a été lourd. Comme toujours, ce sont les classes opprimées qui ont eu à le supporter en premier.

Polarisation et marginalisation :
le sort des pays débiteurs du tiers monde

Il faut maintenant examiner de plus près les principaux traits de la configuration actuelle du système mondial des échanges. Le graphique 11.1 traduit le poids dans le commerce mondial des pays capitalistes avancés, ainsi que des pays ou territoires exportateurs d'Asie (par ailleurs principaux bénéficiaires des flux d'IDE). On y trouve consignée la part des échanges intrazone, ainsi que celle des flux commerciaux entre zones. A elles seules, ces deux variétés de commerce représentaient, en 1995, 75,7 % du commerce mondial. Cette fraction croît continuellement. L'année précédente, elle n'était encore que de 74,6 %. On notera le petit nombre de pays concernés. Les économies dites « en transition », c'est-à-dire les pays de l'est de l'Europe et ceux de l'ex-URSS, ne représentaient plus en 1995 que 3,1 % des exportations mondiales, l'Amérique latine (Mexique compris) 4,6 %, le Moyen-Orient 2,8 % et l'ensemble des États du continent africain 2,1 % seulement.

Le graphique 11.1 est seulement un point de départ qui suppose une analyse plus approfondie. Il n'y a plus *un seul* tiers monde ; à la suite d'un processus de différenciation interne, il y en a maintenant *plusieurs* (Coutrot et Husson, 1993). Certains se réfèrent même à l'existence d'un quart monde (Castells, 1993). L'OCDE distingue aujourd'hui systématiquement les NPI (ou nouveaux pays industriels) d'Asie de l'ensemble des autres PED (pays en développement). Ce sont ces NPI qui concentrent dans leurs rangs les concurrents effectifs ou potentiels des pays capitalistes avancés. Ils cristallisent à leur encontre toutes les phobies concernant la «concurrence déloyale» et le *dumping* social. Mais ils constituent également des candidats potentiels à l'entrée dans l'OCDE et dans les autres clubs où les gouvernements des pays riches se réunissent.

C'est à partir de la récession américaine de 1980-1981 et des mesures prises pour défendre la pérennité des revenus rentiers du capital-argent à travers une politique de taux d'intérêt réels positifs que les PED – mais aussi les NPI d'Amérique latine fortement endettés – ont été «désignés» pour supporter, chacun selon sa catégorie, le poids de la crise mondiale. Le fardeau du service de la dette et les plans d'ajustement structurel imposés par le FMI et la Banque mondiale ont servi de cadre à un ensemble de mesures qui ont imposé aux pays débiteurs le paiement des intérêts de la dette et la réorientation de leur politique économique. L'effet combiné, peut-être le plus important mais le moins reconnu, de ces mesures a été d'accentuer la concurrence entre les pays exportateurs de produits primaires en leur imposant de vendre à tout prix et de déprécier ou de casser les prix des produits de base.

Les efforts faits par les entreprises des pays capitalistes avancés talonnées par la concurrence et la crise pour trouver des sources alternatives et pour réduire leur consommation d'énergie et de matières premières ont eu une incidence particulièrement spectaculaire dans le cas du pétrole. Moins de quinze ans après le premier «choc pétrolier» (qui n'était en réalité qu'une tentative de compenser la dépréciation subie par le pétrole sur de nombreuses années), l'OPEP a été complètement disloquée, le marché transformé de nouveau en marché d'acheteurs, et le prix ramené, en termes réels, au niveau d'avant 1973. Quant aux autres matières premières de base, l'effort des entreprises des pays du «Centre» pour réduire leurs coûts d'intrants a fortement bénéficié de l'évolution scientifique et technologique.

▼▼▼

Des substitutions de matières de base destructrices de courants d'échanges

Les pays dont l'intégration dans les échanges mondiaux s'est faite à l'époque de la domination coloniale ou semi-coloniale ouverte en tant qu'exportateurs de produits primaires, agricoles ou miniers ont été particulièrement atteints par ces développements. Ces pays sont les exemples types, mais aussi les victimes désignées, de la forme de division internationale du travail célébrée par la théorie du commerce international, ricardienne puis néoclassique. Parce que la place qui leur a été assignée dépend d'évolutions qui se jouent ailleurs et qu'elle résulte aussi d'investissements étrangers potentiellement très mobiles, la « dotation factorielle » prétendument « naturelle » de ces pays peut disparaître très vite. C'est en particulier pour caractériser leur situation que E. M. Mouhoud (1993) a forgé le terme de « déconnexion forcée ».

Tout converge pour que ces pays restent prisonniers de spécialisations rendues caduques par l'évolution des connaissances scientifiques et des technologies accumulées par les pays avancés, notamment au sein des grands groupes. En tant qu'anciens pays colonisés, héritiers d'appareils d'État créés par la puissance tutélaire, dotés d'élites dirigeantes formées à l'école du parasitisme et de la corruption, ils sont pratiquement sans moyens de défense face à de telles évolutions. À cet égard, deux domaines sont aujourd'hui particulièrement importants : la biotechnologie et les nouveaux matériaux.

Depuis leur création, à la fin du XVIIIe siècle, les industries chimiques, dont l'existence a toujours reposé sur l'activité scientifique (la R-D), ont eu comme objectif et comme raison d'être, par rapport au mouvement d'ensemble de la production capitaliste, de substituer des matières premières produites industriellement par leurs soins à des matières premières d'origine agricole. Cela a commencé par les teintures pour l'industrie textile dans la première partie du XIXe siècle. A partir des années trente, la pétrochimie n'a eu de cesse de substituer le caoutchouc synthétique au caoutchouc naturel, ou encore les fibres synthétiques au coton et au lin. Si certaines matières premières ont pu retrouver des parts de marché, d'autres ont pratiquement disparu, et leurs producteurs avec. Dans le cas des oléagineux, le « métier » même d'un grand groupe industriel de chimie appliquée comme Unilever est de trouver des procédés qui lui permettent de transformer en produits industriels intermédiaires ou en produits de consommation finale une large gamme de plantes oléagineuses (arachide, soja, colza, palmier, etc.). Cela lui permet ensuite de faire jouer une concurrence effrénée entre les pays producteurs.

La révolution dans la maîtrise des processus du vivant, née de la biotechnologie contemporaine, a considérablement accru ce type de possibilités. Le clonage des palmiers à huile en est un exemple : certaines des techniques relevant de la biotechnologie permettent aujourd'hui d'en accroître les rendements et d'en mécaniser la cueillette. Unilever a été l'un des agents les plus actifs de ce développement et en bénéficie le premier. Actuellement, le produit de base qui a subi le contrecoup le plus fort des développements de la biotechnologie est le sucre. Il a perdu la quasi-totalité du marché de l'édulcorant industriel (entre 75 % et 80 % de la consommation totale de sucre) en faveur des substituts produits industriellement, notamment le sirop à haute teneur en fructose obtenu par un procédé enzymatique à partir d'amidons extraits du maïs. C'est un très grand groupe agroalimentaire américain, Corn Products Corporation, qui a mis au point ce procédé pour accroître ses débouchés en aval. Mais il a été suivi par des groupes sucriers tels que l'Anglais Tate and Lyle, pourtant engagé depuis plus d'un siècle dans la transformation et la commercialisation de la canne à sucre dans les Antilles britanniques. Il n'est pas étonnant que la baisse des termes de l'échange subie par les pays producteurs de produits primaires ait été particulièrement sensible en ce qui concerne les intrants agroalimentaires de base (*cf.* le chapitre sur la biotechnologie et les échanges internationaux *in* OCDE, 1989).

Le même mouvement est à l'œuvre dans le domaine des matières primaires minérales et métallurgiques. Ici encore, l'initiative vient des industries chimiques ou apparentées. La pétrochimie et les thermoplastiques ont proposé à l'industrie du bâtiment des matériaux moins chers et d'utilisation plus flexible. Pour les pays producteurs et exportateurs de cuivre, la substitution équivaut à la perte de leurs sources de revenus et conduit à la déconnexion. A mesure que les firmes travaillant dans le domaine des « nouveaux matériaux » offrent aux industries consommatrices de fonte et d'acier des substituts sous forme d'alliages non ferreux et de matériaux composés à base de résines de plastique, ce sont les pays exportateurs de minerai de fer qui subissent le même sort. La

▼▼▼

responsabilité ne saurait en être imputée abstraitement à « la science et la technique », mais à un cadre déterminé de rapports sociaux et de rapports entre pays, qui, loin d'aider les pays frappés par le danger de déconnexion à gérer une transition déjà difficile, exige d'eux le paiement de la dette et leur impose la récession forcée par l'« ajustement structurel ».

Le problème de la « déconnexion forcée » ne se pose pas seulement à propos des exportations de matières premières de base. Elle peut résulter tout aussi bien de désinvestissements décidés par les grands groupes à la suite de changements technologiques venant modifier les conditions techniques et de coût de certaines délocalisations de segments de filières de production vers des pays à bas coûts de main-d'œuvre. Les théoriciens de la « nouvelle division du travail » avaient fondé leurs positions sur la double hypothèse de la possession par les pays du tiers monde d'avantages comparatifs durables fondés sur une main-d'œuvre abondante et bon marché, et de la délocalisation assez durable des segments intensifs en main-d'œuvre vers ces pays par les FMN. Les cas du textile et de l'électronique étaient souvent cités.

Les faits ont montré que la première hypothèse ne s'est vérifiée que dans la mesure où les pays en question se sont révélés capables d'acquérir et d'utiliser des techniques et des formes d'organisation du travail à peu près identiques à celles en vigueur dans les pays avancés. Dans ce cas, les pays à bas salaires sont devenus des concurrents directs et dangereux (Giraud, 1996 ; Pottier, 1996). Ailleurs, l'introduction des technologies des microprocesseurs industriels a permis soit le rapatriement d'industries, précédemment « vieillies » et intensives en main-d'œuvre, vers les pays avancés (E. M. Mouhoud, 1993 et 1996), soit la mise en place de systèmes de sous-traitance transnationalisés (selon le modèle Nike dont il a été question au chapitre 6). Les opérations des FMN sont caractérisées par la mobilité élevée des investissements, leur capacité à se redéployer constamment et, en ce qui concerne les pays du tiers monde, l'absence totale d'enracinement dans un pays donné ou d'engagement par rapport à lui. Ce sont autant de traits qui expliquent les nombreuses déconvenues subies depuis vingt ans par des PED « riches en main-d'œuvre ». Des courants d'exportation ont disparu aussi vite qu'ils étaient nés ; de prétendus « avantages comparatifs » se sont évaporés. Les FMN ont abondamment montré à quel point l'IDE primait sur les échanges.

▼▼▼

Les rôles nombreux des FMN dans le système des échanges

Les travaux, au demeurant peu nombreux, sur les relations entre l'investissement direct et les échanges ont porté essentiellement sur le caractère substitutif ou complémentaire de l'IDE par rapport aux exportations et aux importations. Ils ont cherché à répondre à la question : l'IDE est-il créateur ou destructeur d'échanges ? Ces travaux sont généralement peu concluants ; plus exactement, ils convergent vers l'idée que l'IDE est à la fois destructeur de certains échanges (les exportations de produits finis à partir du pays d'origine de la firme qui s'internationalise) et créateur d'autres courants, dont nous allons voir la variété.

La dimension de l'IDE en tant qu'il se substitue aux exportations est indéniable. Au début des années quatre-vingt-dix, le Centre des Nations unies sur les sociétés transnationales a estimé que, dans le cas des principaux pays sources des FMN, le rapport entre les ventes faites à partir des filiales et les exportations serait de l'ordre de 1 à 1,8. Maintenant le rapport est inversé : les ventes à l'étranger sont supérieures de 20 % aux exportations mondiales. Les ventes ont lieu, soit sur le marché interne des pays d'accueil pour répondre aux contraintes de la concurrence oligopolistique, soit dans les pays voisins membres de la même zone régionale.

Dans le phénomène examiné plus haut (délocalisations suivies de relocalisations dans l'électronique ou le textile), on est en présence de situations où la destruction de courants d'échanges a succédé à leur création quinze ou vingt ans auparavant. Plutôt que de poser la question du caractère substitutif ou complémentaire de l'IDE par rapport aux échanges, il paraît donc préférable d'insister sur la manière dont les groupes industriels impriment leur marque sur la structure du commerce international.

Les FMN occupent une place dominante dans le commerce mondial. Vers 1988, des évaluations modérées estimaient que les FMN étaient impliquées dans au moins 40 % du commerce total de produits manufacturés de l'OCDE. Le développement de l'intégration industrielle transfrontières, de même que celui des flux transnationaux d'approvisionnement de produits intermédiaires propres aux firmes réseaux ont maintenant, très certainement porté ce chiffre à un niveau beaucoup plus élevé. La CNUCED a publié en 1995 le graphique ci-après qui parle de lui-même : les deux tiers du commerce mondial sont contrôlés par les STN, soit sur leur marché interne privé, soit par des relations économiques asymétriques avec d'autres entreprises.

Le tableau 11.3 présente les différentes formes d'échanges dans lesquelles les FMN sont impliquées. Les échanges de types interbranches et intrabranche sont croisés avec les échanges entre firmes indépendantes et ceux effectués au sein de l'espace propre internalisé des groupes transnationaux. On trouve les FMN dans l'ensemble des quatre cases. En tant que grandes entreprises, elles exportent depuis leur propre économie aussi bien en interbranches qu'en « intrabranche », tandis que leurs filiales font de même à partir des pays où elles sont implantées. Elles possèdent de nombreux réseaux transnationaux d'approvisionnement en produits intermédiaires. Enfin, les différentes modalités d'intégration industrielle transnationale examinées précédemment donnent lieu à un important commerce « intrafirme » ou « intragroupe » entre les filiales, de même qu'entre celles-ci et la société mère. Dans les cas où des modalités d'intégration en amont n'ont pas encore cédé le pas aux « nouvelles formes d'investissement » analysées au chapitre 4, ce seront des échanges de type interbranches. Mais, le plus souvent, les échanges « intrafirmes » résultent de modalités d'inté-

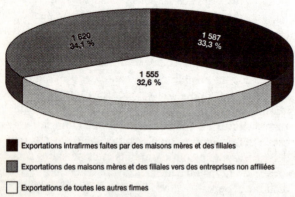

Graphique 11.2
La part des sociétés transnationales dans le commerce mondial de marchandises et de services non financiers, 1993
(milliards de dollars et pourcentages)

■ Exportations intrafirmes faites par des maisons mères et des filiales

▨ Exportations des maisons mères et des filiales vers des entreprises non affiliées

□ Exportations de toutes les autres firmes

Source : UNCTAD-DTCI, *World Investment Report*, 1995, p. 193.

Tableau 11.3
Les différentes formes d'échanges auxquelles participent les FMN

	Échanges entre firmes indépendantes	Échanges intrafirmes
Commerce interbranches	Exportations tant des sociétés mères que des filiales à des firmes indépendantes, à partir du pays d'origine de la FMN et des pays d'implantation des filiales. *N.B.* : une fraction des échanges interbranches Nord-Nord, ainsi qu'une partie significative du commerce Nord-Sud de ce type, dépend de très grandes sociétés de commerce spécialisées (comme dans les céréales) ou généralistes (ex. : les *soga sosha*).	Échanges intrabranches Sud-Nord effectués dans un cadre intrafirme du fait d'une intégration verticale internationale (matières premières de base, pétrole, produits agricoles et demi-produits).
Commerce intrabranche	Exportations des sociétés mères et des filiales (comme pour le commerce intra-branche). Échanges résultant de relations de sous-traitance internationale entre la société mère ou ses filiales et des firmes indépendantes (fourniture de produits intermédiaires et de biens d'équipement ; achat de composants œuvrés).	Échanges de produits intermédiaires, de biens d'équipement et de composants œuvrés entre les filiales des FMN (y compris celles dans le pays d'origine) faisant suite à des intégrations internationales horizontales ou verticales. Échanges tenant aux livraisons intrafirmes, entre filiales et sociétés mères et entre filiales, de produits finis en vue de la commercialisation finale dans différents marchés.

Source : F. Chesnais.

gration industrielle transnationale, qui viennent renforcer l'importance des échanges de type « intrabranche ».

Les calculs effectués par F. S. Hipple (1990) sur les statistiques du commerce extérieur américain sont ceux qui permettent l'analyse la plus systématique du phénomène. Ils montrent que, en 1988, pas moins de 99 % du commerce extérieur des États-Unis comportait la participation d'une FMN américaine ou étrangère en tant que partie à la transaction. A elles seules, les FMN américaines

Tableau 11.4
La valeur des échanges intrafirmes et leur part dans le commerce total pour les pays qui publient ces données
(en milliards de dollars et pourcentages)

Pays		Exportations intrafirmes		Importations intrafirmes	
		Valeur	Part des exportations nationales	Valeur	Part des importations nationales
France	1993	56	34	28	18
Japon	1983	33	22	17	15
	1993	92	25	33	14
Suède	1986	11	38	1	3
	1994	22	38	4	9
États-Unis	1983	71	35	99	37
	1993	169	36	259	43

Source : UNCTAD-DTCI, *World Investment Report*, 1996, p. 100, à partir des données publiées par les pays.

(sociétés mères plus filiales) assuraient 80 % des exportations et près de 50 % des importations des États-Unis.

En ce qui concerne le commerce intragroupe (c'est-à-dire les flux organisés au sein de l'espace propre « internalisé » de la FMN) des trois pays pour lesquels des chiffres étaient disponibles au milieu des années quatre-vingt (les États-Unis, le Royaume-Uni et le Japon), les flux de type intrafirme représentaient alors environ un tiers des échanges du secteur manufacturier. Les chiffres les plus récents incluent des données pour la France réunies grâce aux enquêtes du SESSI (1996). Le tableau 11.4 montre que les pourcentages les plus élevés de commerce intrafirme sont ceux des États-Unis, tant à l'exportation qu'à l'importation. On constate, par ailleurs, que ces chiffres sont en augmentation. Deux facteurs contribuent en particulier à ce que le chiffre des États-Unis soit particulièrement élevé à l'importation. Le premier est la forte présence des groupes japonais qui ont une préférence très nette pour l'approvisionnement à partir de leur pays d'origine[2]. Le second est

---

2. Le niveau très élevé des importations captives effectuées par les groupes japonais au milieu des années quatre-vingt a entraîné des réactions défensives de la part des États-Unis. Celles-ci ont pris la forme, en particulier, de la création de normes dites de « contenu local » au niveau des plus importants États de la confédération, au mépris des règles que les États-Unis avaient imposées dans les dispositions du GATT durant les

le flux élevé de produits intermédiaires suscité par les groupes industriels américains à partir des filiales et des sous-traitants situés au Mexique.

Un autre renseignement précieux est fourni par les enquêtes régulières et détaillées du Département du commerce sur les opérations des FMN américaines, à savoir que ce sont les échanges *entre filiales* qui se sont accrus le plus rapidement au cours de la fin des années quatre-vingt et du début des années quatre-vingt-dix. Ces échanges sont caractéristiques de firmes qui organisent une division du travail de type «régional-continental» (voir chapitre 6).

Ce type d'échanges se double de courants toujours plus importants d'approvisionnements à l'étranger, dont l'OCDE a récemment fait l'étude. «Il y a approvisionnement international (ou à l'étranger) lorsqu'une entreprise achète à une entreprise indépendante située dans un autre pays des "sous-systèmes", des composants ou des matières transformées[3].» Les flux correspondants, de même que ceux résultant des échanges entre filiales dans le cadre d'une

Tableau 11.5
**Approvisionnement en produits intermédiaires dans six pays de l'OCDE :
rapport approvisionnement international/national
(en pourcentage)**

	Début années 70	Milieu/fin années 70	Milieu années 80
France	21	25	38
Allemagne	n.d.	21	34
Royaume-Uni	16	32	37
Canada	34	37	50
États-Unis	7	8	13
Japon	5	6	7

Source : OCDE (1993).

---

années soixante-dix à l'encontre des pays en développement. En l'occurrence, ces normes n'ont pas beaucoup gêné les groupes japonais. Tout au plus ont-elles entraîné une accélération de la mise en place des réseaux d'approvisionnement de proximité, soit par la délocalisation à travers l'IDE de certains de leurs fournisseurs d'origine, soit par la création de relations locales de sous-traitance.
3. STI *Revue*, hiver 1993, p. 19.

intégration transfrontières, « sont importants car ils supposent l'échange de produits intermédiaires, et par conséquent des relations permanentes, sous une forme ou une autre, entre des entreprises manufacturières implantées dans des pays différents. Ils traduisent donc un degré d'intégration économique internationale qui en général va bien au-delà de la simple relation commerciale entre firmes indépendantes ». Le tableau 11.5 illustre la croissance des approvisionnements internationaux de produits intermédiaires.

La formation d'ensembles ou de « blocs » régionaux

Dans les années quatre-vingt, la croissance rapide du commerce mondial a reposé fortement sur l'intensification des échanges intrarégionaux, en particulier en Europe et en Asie du Sud-Est. On s'attend à ce que le processus se poursuive dans les années quatre-vingt-dix en raison de l'élargissement de l'UE et de sa transformation croissante en zone de libre-échange, de la constitution de l'ALENA, et à mesure aussi que les pays de l'Asie du Sud-Est renforcent leurs liens et réduisent le caractère fortement extraverti de leur accumulation.

La formation d'ensembles ou de « blocs » régionaux (ce qu'on nomme aujourd'hui la « régionalisation », bien que le phénomène concerne des ensembles continentaux) a été désignée par certains comme une importante menace à tout ce que le GATT serait supposé représenter. Il faut écarter cette position purement idéologique.

La « régionalisation » est le résultat combiné des stratégies d'intégration des processus de production – dont nous avons analysé les raisons (dans le chapitre 6) et les conséquences sur la structure des échanges industriels (dans ce chapitre) – et de processus proprement politiques. Dans son étude de 1992, le Centre des Nations unies sur les sociétés transnationales a proposé une distinction entre les processus d'intégration régionale à impulsion politique, dont le Marché commun et l'UE seraient l'archétype, et ceux où l'impulsion serait venue de l'IDE. Il range dans cette catégorie le début d'intégration de certains pays de l'Asie du Sud-Est, où le rôle des groupes japonais a été déterminant au départ, mais surtout l'ALENA.

▼▼▼

Le rôle joué par les FMN, européennes aussi bien qu'extra-européennes, dans la négociation des traités de Rome puis de Maastricht et surtout dans la création de liens d'interdépendance de type industriel toujours plus contraignants, ne saurait être sous-estimé. Il rend l'opposition proposée par le Centre des Nations unies sur les sociétés transnationales entre les voies vers l'intégration moins tranchée qu'elle ne peut paraître. Mais le rôle des grands groupes a effectivement été encore plus déterminant dans le cas de l'ALENA. Le Centre présente un ensemble impressionnant de données sur la décomposition des processus productifs et la délocalisation d'opérations au Mexique par les groupes de l'automobile (General Motors et Ford) et par les grandes firmes électroniques. Il fournit des chiffres montrant l'intensité des échanges entre le Mexique et les États-Unis qui appartiennent à la catégorie qui est simultanément intrabranche et intrafirme. En 1989, 42 % des importations mexicaines ont été le fait des filiales américaines implantées au Mexique, 90 % de ces importations liées étant de type intrafirme. Dans le cas des exportations mexicaines, les chiffres correspondants sont respectivement de 27 % et de 97 %. Pour les groupes industriels américains, le traité de l'ALENA n'a fait que consacrer une intégration industrielle et des flux d'échanges qu'ils avaient mis en place eux-mêmes.

Le tableau 11.6, mis à jour par nous à partir de calculs initiaux dus à F. Sachwald, éclaire le commerce intrarégional sous deux angles différents. Lorsqu'on le lit, il faut savoir que « la part des échanges intrarégionaux dans le total des échanges d'une zone varie en fonction du degré d'intégration de la zone, alors que la part de ces échanges dans le total mondial dépend aussi de la progression des échanges de la zone relativement à celle du total ». Dans le cas des pays asiatiques, la forte augmentation de la part de leurs échanges intrazone dans le total mondial résulte de la progression des échanges entre eux et de l'augmentation de leurs exportations totales. Dans le cas de l'Europe, il en va de même, mais avec un dynamisme bien moindre. Dans le cas de l'Amérique du Nord, qui ne comprenait dans les années quatre-vingt que les États-Unis et le Canada, le recul des exportations intrarégionales entre 1986 et 1995 a traduit les grandes difficultés de la mise en œuvre de l'accord de libre-échange entre les deux pays. Mais entre 1991 et 1995, le mouvement s'inverse à la suite de l'intégration du Mexique dans l'ALENA. Dans un travail récent (1997), F. Sachwald

▼▼▼

Tableau 11.6
Échanges intrarégionaux
(en % du total des échanges de la zone et en %
du commerce mondial)

Zones	Exportations intrarégionales dans le total de la zone			Exportations intrarégionales dans le total mondial		
	1986	1991	1995	1979	1989	1995
Amérique du Nord	39,1	33,0	36,0	4,6	5,3	5,7
Amérique latine	14,0	16,0	20,8	1,1	0,5	1,0
Europe occidentale	68,4	72,4	68,9	28,8	31,1	30,9
Europe centrale et ex-URSS	53,3	22,4	18,9	4,3	3,5	0,6
Asie	37,0	46,7	50,9	6,3	10,0	13,5
Afrique	5,9	6,6	10,0	0,3	0,2	0,2
Moyen-Orient	7,7	5,1	8,0	0,4	0,3	0,2

Sources : GATT 1990, 1993 et OMC, 1996.

s'attache à montrer que « s'il y a régionalisation croissante ce n'est pas nécessairement au détriment des échanges avec l'extérieur ». Cela est exact pour les échanges entre les trois pôles (voir le graphique 11.1 plus haut) mais l'est beaucoup moins pour ceux avec les pays et zones « non triadiques » pour lesquels la régionalisation au centre du système va de pair avec leur subordination accentuée.

L'« impératif de la compétitivité »

L'ensemble de ces développements a eu pour effet de porter à un niveau très élevé l'indicateur le plus exact du degré d'interdépendance productive et commerciale entre pays, à savoir le taux de commerce de type « intrabranche » ou « intrasectoriel ». Comme le montre le graphique 11.7, dans le cas des pays de l'UE, cet indice se situe entre 75 % et 80 % ; dans celui des États-Unis, il s'est accru de 30 points en vingt ans pour atteindre pratiquement le même chiffre que pour les pays européens. Seul le Japon fait exception, pour un ensemble de raisons, dont le faible degré de pénétration du pays par l'IDE entrant.

Les travaux sur l'investissement direct ont également conduit, depuis un intéressant travail de D. Julius (1990), à une présentation nouvelle des balances commerciales fondée sur *la nationalité*

Graphique 11.7
Indices des échanges intrasectoriels, tous produits

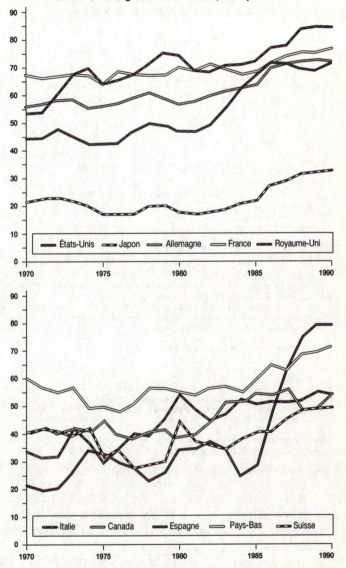

Indices Grubel-Lloyd calculés sur CTCI (Rev. 2) niveau 3 chiffres ; ajustés en fonction du cumul des déséquilibres des échanges. *Source* : OCDE, banque de données ESDNA/NEXT ;
Division de l'industrie, OCDE, *Politiques industrielles dans les pays de l'OCDE*, Paris, 1992, p. 225.

Graphique 11.8
Évaluation de la balance commerciale d'un pays Z selon la nationalité de ses entreprises

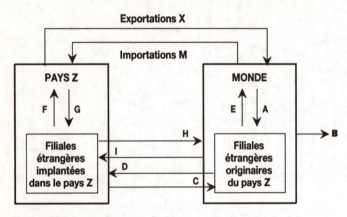

EXPORTATIONS X' du pays Z, selon la nationalité de ses firmes :
X' = X + A + B + G − C − H
où
X = **Exportations** traditionnelles du pays Z.
A = **Ventes** des filiales étrangères du pays Z aux marchés intérieurs des pays d'implantation.
B = **Exportations** des filiales étrangères du pays Z vers les pays tiers.
G = **Ventes** des firmes nationales du pays Z aux filiales étrangères implantées dans le pays Z.
C = **Exportations** des firmes du pays Z vers leurs propres filiales à l'étranger.
H = **Exportations** des filiales étrangères implantées dans le pays Z vers le monde.

IMPORTATIONS M' du pays Z selon la nationalité de ses firmes :
M' = M + E + F − D − I
où
M = **Importations** traditionnelles du pays Z.
E = **Achats** des filiales du pays Z en provenance du monde sauf du pays Z.
F = **Ventes** locales des filiales étrangères implantées dans le pays Z.
D = **Importations** du pays Z en provenance de ses propres filiales à l'étranger.
I = **Importations** des filiales étrangères situées au pays Z en provenance du monde.

La balance commerciale selon la nationalité des entreprises sera alors :
B' = X' − M' = (X + A + B + G − C − H) − (M + E + F − D − I).

Source : T. Hatzichronoglou, document de travail de la DSTI/OCDE.

des actifs productifs et non sur le cadre géopolitique habituel (graphique 11.8). Il est pourtant toujours exigé de chaque pays qu'il continue à assurer l'équilibre de ses comptes extérieurs. Le solde de la balance commerciale est au nombre des indicateurs « fondamentaux » à partir desquels les « marchés financiers » exercent leur tyrannie sur les monnaies.

▼▼▼

Les gouvernements des pays de l'OCDE, pour s'en tenir à eux, se voient donc obligés de prétendre maîtriser des échanges dont, indépendamment du comportement des marchés des changes, le contrôle est pour une large part entre les mains des FMN. La seule voie qu'ils conçoivent pour tenter de desserrer la nasse est d'en appeler à la «guerre économique» dans laquelle leur pays serait impliqué, alors que dans la plupart des cas, celui-ci n'a jamais été lié par des relations d'interdépendance industrielle et commerciale de toute son histoire. Ils se lancent dans des politiques de compétitivité internationale et d'attractivité de leur territoire pour les FMN étrangères, dont ils tentent de hâter l'arrivée pour compenser la délocalisation accélérée dans laquelle leurs propres groupes industriels sont engagés.

Les politiques de compétitivité et d'attractivité sont caractérisées par leur faible degré de lisibilité. Tant par leur contenu que par l'esprit qui les régit, elles heurtent les préceptes du libre-échange auxquels les pays de l'OCDE déclarent pourtant adhérer. Leur mise en œuvre suppose souvent le recours à des moyens auxquels ils se sont pourtant engagés à renoncer dans le cadre du GATT ou d'autres instruments internationaux. Il faut donc les maquiller ou alors mobiliser des centaines d'avocats spécialisés pour tenter d'en justifier l'utilisation, ainsi que les États-Unis font avec les instruments du GATT[4].

Il ne faut pas confondre le début de démantèlement de l'État-providence, c'est-à-dire des acquis démocratiques de type social en matière de législation du travail, de santé, de protection sociale et d'enseignement public, et la disparition, dans les pays de l'OCDE, de l'action de l'État dans le domaine des relations économiques internationales et du soutien à la compétitivité des firmes moyennant

---

4. L'importance des instruments juridiques internationaux, la bataille politique autour de l'Uruguay Round ainsi que le contexte international d'ensemble, dont il a été question plus haut, expliquent que la politique commerciale soit maintenant devenue un élément constitutif indispensable de la panoplie des moyens à déployer dans le cadre d'une politique de compétitivité efficace. Il faudrait que tous les pays aient une capacité analogue à celle des États-Unis d'associer à la mise en œuvre de la politique de compétitivité des juristes spécialisés dans le maniement des instruments juridiques internationaux. Ceux-ci ont montré leur habileté à recourir à un large éventail de mesures de protection transitoires (notamment l'«antidumping» et autres mesures diverses dites «de sauvegarde») qui ont prouvé leur utilité aussi bien dans la consolidation de potentiels industriels et technologiques particuliers que pour aider des secteurs industriels en difficulté.

Politique industrielle contre État minimal ?

Les exigences attenant à un soutien actif à l'industrie peuvent même être en conflit avec celles qui correspondent aux objectifs de démantèlement de l'État-providence, pourtant largement engagé dans beaucoup de pays. Cela est d'autant plus vrai de la base actuelle de la compétitivité industrielle qui résulte des caractéristiques spécifiques des technologies contemporaines. Cette compétitivité a trait au moins autant au montant et à la qualité des investissements immatériels, ainsi qu'à l'organisation des entreprises et leur capacité à coopérer, qu'au niveau des salaires. Dans beaucoup de pays de l'OCDE, cette contradiction est patente dans le cas de l'enseignement public à tous les niveaux et pour la recherche publique : d'un côté, les gouvernements voudraient réduire drastiquement les dépenses et affaiblir des positions institutionnelles qui ont peu de sympathie pour le néolibéralisme ; de l'autre, les avertissements se multiplient, notamment en provenance des milieux industriels, que ces mesures auront rapidement des incidences négatives sur la compétitivité. Le principal facteur qui vient effectivement fixer des limites de plus en plus sévères au niveau des investissements publics nécessaires au maintien des dimensions structurelles de la compétitivité est la crise fiscale des États et leurs difficultés à financer les dépenses préparatoires du moyen et du long terme. Cette crise fiscale est le résultat de la baisse des rentrées fiscales du fait de la récession, mais aussi de l'abaissement de l'imposition du capital en raison de la mondialisation financière. Il s'y ajoute la diminution des possibilités offertes aux États d'emprunter sans que soit « mise en doute » la valeur de la monnaie nationale aux yeux des « marchés financiers », et donc sans provoquer le déclenchement d'attaques contre celle-ci sur les marchés des changes.

des instruments de politique industrielle et surtout technologique. Le niveau atteint actuellement par les échanges intrabranches (graphique 11.7) signifie que le terrain sur lequel la concurrence internationale se déroule comprend désormais le *marché intérieur* des pays d'origine des firmes concurrentes. Puisqu'il en est ainsi, les politiques de compétitivité ne peuvent pas se limiter à de simples mesures de soutien aux exportations. Elles incluent un ensemble d'instruments qui sont mis en œuvre « à l'intérieur des frontières » (le fameux *agenda beyond the borders* dont les États-Unis ont obtenu la négociation dans le cadre de l'Uruguay Round, de sorte que les questions sont maintenant sous l'autorité de l'OMC). Cette concurrence comporte des perdants et des gagnants. Elle suppose une rupture radicale avec les postulats qui fondent la théorie dominante du commerce international sans qu'il y ait beaucoup d'économistes pour l'énoncer clairement.

Seul le Royaume-Uni fait exception quant à la priorité donnée à la compétitivité industrielle. Là, le retrait de l'État s'est étendu au plan industriel et technologique avec des effets destructeurs sur le tissu industriel et social. Il faut lier ce « cas à part » au renforcement des positions du capital financier britannique et de la City londonienne dans le cadre du renforcement mondial des positions de la banque et de la finance face au capitalisme industriel dans les années quatre-vingt. Le Royaume-Uni paraît s'orienter vers un « avantage comparatif » fondé sur la position acquise par la place financière de Londres et sur ses industries de service. Il a donc opté pour la finance, mais c'est là un choix que très peu de pays capitalistes peuvent faire, même au sein de l'OCDE.

Dans pratiquement tous les autres pays de l'OCDE, les gouvernements ont jugé qu'il était impératif de contrebalancer le degré élevé d'ouverture sur l'étranger qui a suivi l'abaissement très important (et dans certains cas presque complet) des barrières tarifaires, en mobilisant et, au besoin, en développant une large panoplie d'instruments pour améliorer la compétitivité de leurs entreprises, tant à l'exportation que sur un marché interne désormais totalement ouvert à la concurrence extérieure.

Au Japon, en Allemagne, mais aussi depuis 1982 aux États-Unis (l'aile interventionniste et protectionniste de l'administration Clinton), les gouvernements et les élites politiques s'abstiennent en général d'attaquer le néolibéralisme frontalement, car il peut leur être utile politiquement à un moment ou un autre, au plan interne comme dans leurs rapports mutuels. Mais ils agissent « pragmatiquement » dans le sens de la défense ou du renforcement de leur compétitivité industrielle, puisque leur souveraineté en dépend.

Le résultat de tous ces développements n'est rien d'autre que la disparition de toutes les conditions qui sous-tendaient la théorie standard du commerce international, et en particulier l'idée qu'une division internationale du travail, marquée par des spécialisations claires et assez distinctes entre pays, assurerait à tous les pays participants un gain dans l'échange (jeu à sommes positives).

12.

Un régime d'accumulation mondialisé à dominante financière

Aujourd'hui, même les chercheurs qui sont restés les plus sceptiques ou les plus réservés par rapport aux termes de « mondialisation » ou de « globalisation » en sont venus à reconnaître que des changements qualitatifs sont intervenus dans le fonctionnement du capitalisme au niveau mondial. Au terme d'un travail collectif tout récent, B. Amable, R. Barré et R. Boyer écrivent ainsi qu'à partir « du milieu des années quatre-vingt-dix, il est de plus en plus difficile de rejeter une hypothèse longtemps récusée : les économies capitalistes contemporaines, et le système international qui les relie, connaissent des transformations majeures, qui prennent en porte à faux la plupart des constructions théoriques, anciennes comme modernes » (Amable, Barré et Boyer, 1997, p. 265). Sans réellement en expliciter le mécanisme, ils établissent une relation entre ces « transformations » et « le retour d'une loi de Gresham[1] » d'un type inédit, dans laquelle « le mauvais capitalisme anglo-saxon, efficace dans ses réactions à court terme, mais incapable d'assurer une croissance à long terme des niveaux de vie et inégalitaire dans son principe même de fonctionnement, supplante progressivement les configurations beaucoup plus vertueuses » (*ibid.*, p. 311).

Des transformations de caractère systémique

Dans ce livre, nous avons tenté de déchiffrer les « transformations majeures » en examinant les formes particulières prises par la mondialisation du capital à partir du début des années quatre-vingt, et en étudiant leurs conséquences pour la configuration du système international. Celle-ci est comprise comme étant simultanément l'expression de rapports déterminés entre des figures spécifiques du capital (capital financier, capital industriel, capital de négoce ou de distribution hautement concentré), de même qu'entre les fractions différentes de ces différentes formes de capital (institutions financières, groupes industriels et entreprises de différentes

---

1. Sir Thomas Gresham était un expert financier de la reine Élisabeth Ire d'Angleterre et a formulé une constatation empirique, baptisée plus tard « loi de Gresham », selon laquelle lorsque des pièces de monnaie faites de métal différent, ou ayant un cours légal identique mais une teneur en or différente, circulaient, la « bonne monnaie » disparaissait de la circulation, parce qu'elle était thésaurisée.

dimensions et de différentes nationalité, etc.), mais aussi de rapports déterminés entre des pays.

Le rôle des appareils d'État et des gouvernements respectifs de même que la conscience précise que les classes sociales en présence dans chaque pays ont des enjeux de la mondialisation du capital – tant pour l'impulser dans la direction qui leur convient le mieux que pour y opposer leur résistance – pèsent sur la configuration du sytème-monde. Loin de partager les thèses sur le « dépérissement de l'État » (version néolibérale s'entend) ou sur la « fin des nations », nous avons esquissé, dans les limites de ce travail, l'analyse d'une partie des éléments qui montre à quel point le rôle de la politique a été et reste important dans la constitution du régime d'accumulation à dominante financière ; à quel point le système-monde de la « mondialisation du capital » est une totalité hiérarchisée. De même, il ne peut y avoir d'issue à la situation née de la mondialisation du capital en dehors de l'action politique, dont l'une des dimensions est la critique théorique de la réalité à laquelle nous sommes confrontés.

Les matériaux réunis dans ce livre ont été analysés en partant de l'hypothèse que nous étions en présence de mutations systémiques : les formes spécifiques de mondialisation du capital déchaînées par la libéralisation et la déréglementation des échanges, des investissements directs, et des systèmes monétaires et financiers, ont conduit à l'émergence d'un régime d'accumulation mondialisé à dominante financière. Dans la suite de ce chapitre, on trouvera une synthèse des éléments qui ont été apportés à l'appui de cette hypothèse, ainsi que l'esquisse des relations systémiques qui permettent de parler d'un régime d'accumulation constitué. Pour l'essentiel, cependant, l'analyse de ce régime d'accumulation reste à faire, ainsi que celle des contradictions et des formes de crise qui lui sont spécifiques, ou encore des formes de régulation internationale qu'il pourrait éventuellement susciter[2]. Les éléments qui suivent ont valeur de « propos d'étape ». Ils attendent une élaboration infiniment plus approfondie, exigeant un travail collectif.

---

2. Sur l'absence de régulation au sein du système international à l'époque de la mondialisation, on consultera J. Adda (1996, t. 2, chap. v et vi.

La reconstitution d'un capital financier « rentier » puissant sous des traits originaux

Plus de la moitié des chapitres de ce livre portent sur les activités du capital industriel hautement concentré et transnationalisé dans ses opérations. Ce n'est pourtant pas par elles qu'il faut commencer, au moment de tenter de caractériser le nouveau régime d'accumulation. La mondialisation du capital n'est pas une étape de plus dans le processus d'internationalisation du capital industriel, de sorte que ce livre n'est pas un travail de plus sur les modes d'opération et les stratégies des multinationales. Ce travail a été fait, et fort bien, par d'autres (notamment Michalet, 1986, Ruigrok et Van Tulder, 1995 et Andreff, 1996), aux travaux desquels de nombreuses références renvoient.

La détermination le plus centrale du nouveau régime d'accumulation, celle qui lui donne ses traits les plus originaux, tient à la reconstitution d'un capital financier hautement concentré, ainsi qu'à la liberté que les États lui ont rendue de se déployer internationalement à sa guise[3]. Du moment que les groupes industriels sont eux-mêmes des groupes financiers (à dominante industrielle), ils ne sont pas extérieurs à ces processus, mais ils n'en sont pas les principaux artisans. Les mutations dans la physionomie du grand groupe industriel transnational et dans ses modes d'opérations font partie de transformations beaucoup plus vastes. Au cœur de celles-ci se trouvent l'éclosion de formes aussi puissantes que nouvelles de concentration du capital argent (les grands fonds de collecte d'épargne et de placement financier) ainsi que le transfert vers les marchés financiers de fonctions distributives importantes et de régulations économiques étatiques essentielles.

Comme nous l'avons vu au chapitre 2, la promotion assez remarquable de la sphère financière au rang de « force autonome » a eu pour conséquence d'occulter le rôle joué par les États eux-mêmes

---

3. Nous sommes donc assez proches de la position de J. Adda lorsqu'il écrit (1996, t. 1, p. 110) : « Ce que le concept de mondialisation souligne, par rapport à celui d'internationalisation, ce n'est pas tant le triomphe universel du capitalisme que l'émergence d'un marché mondial autorégulateur. » Marché « autorégulateur » au sens bien sûr où K. Polanyi utilise le terme, c'est-à-dire un marché qui a la prétention d'être autorégulateur, puisque la démonstration a été faite à satiété, tant conceptuellement – Marx, Keynes – que par l'expérience historique, qu'il ne l'est pas et ne *peut* pas l'être sur autre chose que des périodes transitoires d'aveuglement et d'euphorie.

dans la genèse de la « tyrannie des marchés » ; mais surtout de voiler les mécanismes au travers desquels la sphère financière, avant de pouvoir mettre en place des circuits clos de répartition interne de gains et de pertes purement financiers, se nourrit de transferts de richesses tout à fait concrets. Les capitaux qui se mettent en valeur dans la sphère financière sont nés – et continuent à naître – dans le secteur productif. La mise en valeur, ou « fructification », de la plus grande partie des ressources réelles captées par les institutions financières se fait sous la forme de placements en obligations et en actions, c'est-à-dire en titres de créances sur l'activité économique à venir.

Ces titres, dits actifs financiers, ont une double dimension fictive. Ils ont une vie propre sur les marchés secondaires de titres, où ils connaissent des processus de hausses de valeur qui ne valent qu'aussi longtemps que persistent des évaluations ou conventions entre opérateurs financiers relatives à cette valeur. Leur valeur boursière peut donc s'effondrer et n'avoir alors guère plus de valeur que des « chiffons de papier ». Tant que l'accumulation n'est pas interrompue par de graves crises secouant simultanément la production, les échanges et les marchés financiers, ou tant que n'interviennent pas des événements politiques majeurs conduisant à un moratoire, voire à la répudiation, des dettes étatiques, le capital appartenant à la catégorie « capital argent de prêt » ou « capital financier » bénéficie d'un flux de revenus nourris de ponctions « réelles » sur les revenus primaires constitués dans la production de valeurs et de richesses nouvelles. Mais, comme l'expérience des années trente l'a montré, du jour au lendemain, les créances sur l'activité future peuvent ne plus rien valoir.

Les traits spécifiques du capital financier

Deux traits caractérisent le capital financier. Le premier est la conviction, dont il est imprégné, que les fonds qu'il investit sous la forme d'actifs négociables sur les marchés financiers, c'est-à-dire qu'il place financièrement, ont la « propriété naturelle » de « produire des rendements ». Il est celui dont Marx a dit un jour que, pour ses détenteurs, les actifs devaient produire des revenus (dividendes et intérêts en premier lieu) « avec la même régularité que le poirier produit des poires » (*Le Capital*, III, chap. XXIV).

▼▼▼

Le second trait, intimement lié au premier, est celui d'être porteur d'une « approche patrimoniale » (Maarek, 1997), qui développe chez les détenteurs du capital financier la propension à entretenir un stock de richesses plutôt que de prendre des risques pour l'accroître. Indépendamment des opérations « spéculatives » auxquelles il peut se livrer, le propre de ce capital est d'être situé dans des lieux et d'avoir des horizons de valorisation distincts et très éloignés de là où se déroulent les activités d'investissement, de production et de commercialisation (celles-ci assurant le bouclage indispensable du cycle de mise en valeur du capital productif). La distance n'est pas simplement physique ; elle est *idéelle*. Les institutions qui opèrent sur les marchés financiers ont leur propre représentation du monde, en commençant par celle de l'économie. Il leur faut des flux de revenus réguliers de leurs placements, des rendements sûrs au moindre coût. Les délais de maturité de la grande majorité des investissements productifs se situent totalement en dehors de leur horizon. Parmi les placements financiers, les titres de la dette publique, notamment ceux des États dont la crédibilité financière est la plus élevée, occupent une place de choix. La sécurité et la régularité des rendements font d'eux le choix par excellence des concentrations contemporaines de capital financier dont la fonction est d'assurer des flux de revenus rentiers permanents et stables.

À l'époque contemporaine, la puissance économique et sociale sans précédent acquise par ce capital tient à la place prise par les systèmes de retraites (ou « pensions ») privés, captant au profit des marchés financiers une importante épargne salariale dans les pays les plus centraux du système-monde et les plus puissants financièrement. La catégorie de capital définie par Keynes comme rentier — dont il a montré l'incompatibilité profonde avec une économie tournée vers l'investissement et l'emploi (c'est là l'un des contenus du terme « pouvoir oppresseur » qu'il emploie au dernier chapitre de la *Théorie générale*) a été qualitativement renforcée aujourd'hui par la formation et la croissance de ces fonds. Actuellement, le paiement des retraites de dizaines de millions de personnes, correspondant à des fractions significatives du PIB, s'opère au moyen de ponctions courantes sur la richesse créée, dont les marchés financiers sont les intermédiaires. Les conditions de vie matérielle de ces retraités dépendent de la santé des « marchés ». Depuis quinze ans, le paiement des retraites repose en par-

▼▼▼

ticulier sur le régime de taux d'intérêt réel positif. Pris en otage par le capital financier, les anciens salariés sont devenus une couche sociale qui est pour l'instant « objectivement intéressée » à la pérennité de mécanismes de transferts de richesses profondément pernicieux[4]. Ces mécanismes sont à l'origine directe de la croissance en boule de neige de la dette publique, qui est le fer de lance de la destruction des systèmes de protection sociale publique et de la dislocation de la capacité d'action économique des États. Ils sont aussi à l'origine du renforcement continu de la force de frappe économique, politique et sociale des marchés financiers. Ils sont partie intégrante de l'ensemble des processus conduisant à un faible niveau d'investissement et à la dégradation accélérée des conditions du marché du travail et du rapport salarial.

Une mondialisation financière d'un type déterminé

Par étapes successives, la libéralisation financière a permis aux foyers, nouveaux ou anciens, de concentration de capital financier de se déployer dans l'ensemble des pays du globe disposant d'un marché financier. Ainsi que nous l'avons rappelé au chapitre 2, la mondialisation financière n'a pas supprimé les systèmes financiers nationaux. Elle n'a fait que les intégrer de façon « imparfaite » ou « incomplète », dans des conditions qui soumettent totalement ces systèmes aux évaluations puis aux décisions de placement et de désengagement des grands opérateurs financiers. Ceux-ci expriment à un degré extrêmement élevé la « préférence pour la liquidité » analysée par Keynes et veulent voir cette préférence satisfaite. La création des marchés secondaires d'obligations et des marchés dérivés mais aussi et surtout la liberté totale d'entrer et de sortir des marchés nationaux y ont pourvu.

La configuration des décisions (dites « arbitrages ») prises dépend de la composition des portefeuilles d'actifs des opérateurs et de l'attractivité relative de différentes formes de placement. A son tour, cette attractivité est fonction à la fois des rémunérations escomptées des placements, mais aussi de la stabilité du taux de

---

4. Je renvoie au travail que j'ai fait sur ce sujet pour *Le Monde diplomatique*, avril 1997.

change de la monnaie dans laquelle les placements sont faits. Garantir aux grands opérateurs les meilleures conditions de rendement, ainsi que la sécurité de leurs placements, est devenu l'axe de la politique économique des gouvernements d'à peu près tous les pays, pas seulement à la périphérie du système-monde capitaliste, mais aussi en son centre (Lordon, 1995 et 1997). Les taux de change surévalués et les taux d'intérêt élevés sont devenus pratique courante – sinon la norme en politique économique – qui perdurera jusqu'au moment où leurs impacts négatifs sur l'investissement, la production et l'emploi deviennent si manifestes que les investisseurs en tireront eux-mêmes les conclusions et amorceront leur retrait.

Désormais, tout actif financier est susceptible de faire l'objet d'opérations de « prise de bénéfice », phénomène bien connu pour les actions en Bourse après une phase de hausse, mais qui tend à s'étendre à d'autres compartiments du marché. Les ventes d'obligations d'État faites en décembre 1994 à Mexico n'ont pas toutes été le résultat d'une « panique », pas plus qu'elles n'ont occasionné des pertes. La même chose est vraie pour les ventes faites sur les marchés boursiers asiatiques, à partir de la crise du bhat thaïlandais en juillet 1997. Les krachs auxquels ces ventes ont conduit traduisent la grande fragilité des places concernées, ainsi que le caractère largement artificiel des taux de change établis pour assurer, ensemble avec les taux d'intérêt, le rendement « attractif » des placements. Mais, pour les grands opérateurs, il ne s'agissait chaque fois que d'un redéploiement « normal » après la venue à échéance ou l'entrée dans une zone de risques de placements ayant permis auparavant, sur de nombreux mois, d'engranger de très beaux bénéfices.

Le capital industriel dans la phase de l'accumulation à dominante financière

La montée en puissance de la sphère financière et la place prise par les approches « patrimoniales », porteuses de visions du monde essentiellement « rentières », ont eu des effets de plus en plus marqués sur les opérations du capital industriel. Elles ont conforté le contexte, qui n'est pas seulement français mais celui de la majorité des pays de l'OCDE, où « le désir d'entreprendre recule pour laisser place à la volonté de se désengager, qui prend la forme d'une *course à la sécurité financière* » (Maarek, 1997, p. 5, souligné dans l'original).

Plusieurs grandes études américaines, comprenant notamment le rapport du MIT *Made in America* (Derdostulous, 1989) et l'étude coordonnée par M. Porter sous le titre *Capital Disadvantage* (1992), ont stigmatisé ce qu'ils ont nommé le *short-termism* (la vision bornée à court terme) : expression qui désigne les effets nocifs exercés sur l'investissement productif, tant matériel qu'immatériel (R-D, formation), par les critères et les délais de valorisation très courts imposés par les marchés financiers et souvent aggravés par l'entrée massive de fonds de pension dans la propriété du capital. Mais les mécanismes de propagation vers l'industrie des priorités et des critères de la finance sont en fait nombreux, complexes et interconnectés. Si le modèle anglo-saxon a pu gagner du terrain si rapidement dans les années quatre-vingt-dix aux dépens du « modèle rhénan » (M. Albert, 1991) ou des formes méso-corporatiste (japonaise) et sociale-démocrate (allemande et scandinave) de capitalisme (Amable, Barré et Boyer, 1997), c'est bien parce que la forme de propriété du capital n'est pas le seul mécanisme conduisant le capital productif à subir l'influence des priorités et des modes de valorisation du capital financier.

L'influence de la finance s'exerce d'abord par le biais du contexte général de l'activité industrielle résultant de l'endettement croissant et de la crise fiscale des États. Les fusions/acquisitions sont typiques d'une conjoncture à tonalité déflationniste, dont elles sont la conséquence en même temps qu'un facteur aggravant. Elles ont la propriété de ne pas viser l'extension de la production au moyen de la création de capacités nouvelles, mais uniquement leur restructuration avec réduction d'effectifs, ainsi que le transfert au profit du groupe acquéreur des parts de marché des groupes ou des firmes fusionnés (c'est là l'un des objectifs principaux des opérations). On assiste ainsi à un accroissement de la rentabilité du capital, parfois notable, dans le contexte d'économies pourtant en faible ou très faible croissance. Puisque les institutions financières assurent l'« ingénierie financière » particulière de ces opérations, dont elles tirent d'importantes commissions, la finance est bénéficiaire de la forme dominante de l'IDE contemporain, en même temps qu'elle en est l'une des causes.

▼▼▼

Dans le chapitre 4, nous avons expliqué pourquoi il convenait de définir les groupes industriels comme étant à proprement parler des groupes financiers à dominante industrielle. Dans le chapitre 10, nous avons constaté leur financiarisation accélérée, en examinant les opérations qu'ils effectuent dans la sphère financière au même titre que les autres formes de capital financier. Dans les chapitres 4, 5 et 6, nous avons mis en lumière une autre dimension des traits « rentiers » des groupes industriels dont la portée est généralement sous-estimée. En raison de la concentration et de la centralisation accrues du capital résultant des fusions/acquisitions, et de la hausse générale consécutive du « degré de monopole » (au sens de M. Kalecki, 1971), on a assisté à un accroissement considérable dans les « résultats bruts d'entreprise » ou profits avant dividendes et impôts des groupes, du poids de l'élément « appropriation de fractions de valeur produites par des firmes plus petites ou plus faibles dans leur capacité de négociation ». L'émergence des « firmes réseau » est allée de pair avec un profond processus de « brouillage » des frontières entre le « profit » et la « rente » dans la formation du profit d'exploitation des groupes, ainsi que le poids croissant des opérations qui relèvent de l'appropriation de valeurs déjà créées au moyen de ponctions sur l'activité productive et le surplus d'autres entreprises.

La croissance « paradoxale » des profits et des capacités d'autofinancement des groupes industriels, dans un contexte de quasi-stagnation des économies, repose sur ces mécanismes de captation de la valeur naissant du pouvoir de monopsone. Mais elle est fondée de façon encore plus centrale sur les modifications du rapport entre capital et travail ou rapport salarial, aspect clé de la mondialisation qui n'a été qu'effleuré dans ce livre. A des rythmes et dans des conditions qui ont fortement varié entre les pays de l'OCDE, car tous les pays n'ont pas mis en œuvre les politiques de libéralisation et de déréglementation des salaires et des conditions d'emploi aussi vite et aussi brutalement que les États-Unis et le Royaume-Uni, les groupes industriels ont tiré parti de la montée du chômage et de la reconstitution de l'« armée de réserve industrielle » pour peser sur les salaires et les conditions d'embauche, de même qu'ils ont exploité les nouvelles technologies pour imposer de nouvelles normes de travail dans les ateliers et les bureaux. Ils ont pu le faire d'autant plus facilement que la libéralisation a conduit à une forme de constitution de l'armée de réserve industrielle comme « armée mondiale ». Les délocalisations, tant sous forme d'investissement direct que de sous-traitance internationale, permettent aux groupes industriels de puiser dans les réserves mondiales de main-d'œuvre de qualification diverse, sans avoir à les faire émigrer vers les métropoles, mais en s'en servant aussi pour entamer le processus d'alignement international des salaires sur les niveaux les plus bas, à qualification donnée.

Sans régime d'accumulation mondialisé, comment le « mauvais capitalisme » pourrait-il chasser le « bon » ?

Les modalités d'intégration au système international du régime d'accumulation mondialisé à dominante financière sont à la fois infiniment plus contraignantes et plus homogénéisatrices qu'elles ne l'étaient à l'époque du mode d'accumulation fordiste. Celui-ci laissait un espace permettant des « modalités différentes d'adhésion des pays au système international » (Boyer, 1986), ainsi que l'existence d'une gamme de « modèles de capitalisme », entendus comme configurations différentes d'institutions publiques et privées reposant toutes sur la propriété privée des moyens de production, mais orientées néanmoins vers des priorités spécifiques et comportant des compromis sociaux sensiblement différents. Il n'en va plus de même dans le cadre du régime nouveau, où l'espace pour la coexistence de « modèles » différents s'est progressivement réduit. Les formes d'intégration au régime d'accumulation dominant, principalement les échanges et l'internationalisation du capital industriel concentré sur le mode « multidomestique », qui étaient celles du régime d'accumulation fordiste, ont cédé le pas au profit de mécanismes situés au niveau de la finance. Ces transformations sont centrales au fonctionnement du régime d'accumulation financiarisé.

Comment le « mauvais capitalisme » pourrait-il chasser les « bons », selon l'expression de B. Amable, R. Barré et R. Boyer, sinon parce qu'il existe un régime d'accumulation qui est mondialisé selon des modalités nouvelles qui bénéficient en premier lieu au capitalisme anglo-saxon ? Sinon parce que se sont constitués ou renforcés des mécanismes propres à exercer des pressions très fortes sur les autres « modèles », dans le sens de leur alignement, c'est-à-dire de leur dislocation ? Comment le « mauvais capitalisme » pourrait-il chasser les « bons », sinon parce que le régime d'accumulation nouveau est constitué de sorte qu'il « sélectionne » le « mauvais capitalisme » de préférence aux autres, en faisant pencher la balance en sa faveur et au détriment des « modèles » rivaux ?

Les moyens qui mettent le « mauvais capitalisme » en position de soumettre les autres modèles à sa loi ne tombent pas du ciel. Ils ont eu pour origine ce que nous avons nommé le « coup d'État » fondateur de la « dictature des créanciers », de la « tyrannie des marchés », c'est-à-dire la politique impulsée par P. Volcker à la tête de la FED comportant simultanément une politique monétaire restrictive, une politique budgétaire laxiste, la titrisation des bons du Trésor et la garantie donnée aux capitalistes financiers, détenteurs des obligations publiques, de jouir de taux d'intérêt réels positifs. Mais ce sont l'ensemble des gouvernements des pays du G7, puis de l'OCDE, qui ont consolidé cette « dictature » en s'alignant sur les réformes américaines et en choisissant de s'endetter à des taux très élevés plutôt que d'accroître la fiscalité ou de limiter les dépenses lorsqu'il était encore temps.

La dépendance des pays à l'égard des grands investisseurs institutionnels du fait de la dette publique et des taux de change flexibles ainsi que les interpénétrations financières et patrimoniales résultant de la libéralisation des mouvements de capitaux et de l'interconnexion des marchés boursiers constituent les principaux mécanismes qui facilitent la diffusion des approches et critères de gestion du capitalisme anglo-saxon et qui assurent l'extension des priorités spécifiques du capital financier. Citons certains des mécanismes de subversion douce et de subordination consentante des grands agents des « bons capitalismes » au « mauvais » (qui l'est manifestement de moins en moins à leurs yeux) : l'entrée massive des fonds de pension anglo-saxons dans le capital et bientôt dans les directoires des groupes industriels des pays appartenant aux modèles « étatiste » et « social-démocrate » ; leur cotation à Wall Street, avec tout ce que cela implique en termes d'adoption des critères de rentabilité, ainsi que de normes et de méthodes de gestion qui permettent de les obtenir et de les mesurer ; le mouvement profond de délocalisation des groupes les plus puissants vers les États-Unis, de sorte que ces groupes sont bicéphales (Rhône Poulenc-Rorer, Pechiney-American Can) en attendant de devenir tout simplement américains. On comprend que le *short-termism*,

▼▼▼

loin de reculer comme l'espéraient ses critiques américains il y a peu, n'a fait que s'étendre. De même, dans chaque pays, on voit les institutions financières non bancaires (en France les groupes d'assurances) renforcer leurs positions grâce aux appuis que la mondialisation financière leur procure.

Mais les moyens qui mettent le « mauvais capitalisme » en position de soumettre les autres modèles à sa loi relèvent aussi d'une construction institutionnelle internationale consciente et bien organisée faite pour favoriser son extension, dont les États-Unis sont le principal initiateur et l'OMC et le FMI les pivots. Leur action est relayée à la fois par les partisans (qui peuvent au besoin être des partisans critiques, mais des partisans quand même...) que le modèle néolibéral à dominante financière recrute dans les pays de base des « modèles » rivaux, par l'ensemble des organisations internationales, et par les constructions institutionnelles qui ont pris essor dans les années quatre-vingt. En Europe, les contenus du traité de Maastricht, puis d'Amsterdam, en témoignent amplement.

Le propre des agents les plus actifs du nouveau régime d'accumulation, ainsi que des professionnels de haut vol à leur service – qui ne peuvent plus d'aucune façon être définis comme des intellectuels (voir E. Saïd, 1997) – est d'avoir une vision totalitaire du monde, dont la très forte capacité de coercition repose sur un éventail d'instruments un peu différent et beaucoup plus large. Les chantres du nouveau régime d'accumulation en demandent toujours plus. Ils ont obtenu la transformation du GATT en OMC, c'est-à-dire en organe placé hors de portée des processus de contrôle de la démocratie parlementaire dont les pays occidentaux se targuent ; institution qui peut déclarer à l'occasion d'une plainte les législations internes en matière de droit du travail, d'environnement et de santé publique comme contraires à la « liberté du commerce », et en demander la mise en sommeil ou l'abrogation[5]. Ils ont obtenu à Singapour un accord sur l'ouverture des marchés des télécommunications, qui va mettre le système mondialisé sous la coupe d'une demi-douzaine de grands opérateurs de réseaux, dont

---

5. Il est paradoxal, mais assez symptomatique, que ce soit un Américain qui ait publié la critique la plus poussée des pouvoirs abandonnés à l'OMC, ainsi que du caractère profondément antidémocratique des procédures employées pour obtenir la ratification interne du traité de Marrakech. Voir le chapitre de R. Nader et de L. Wallach, « GATT, NAFTA and the subversion of the democratic process », *in* Mander et Goldsmith, 1996.

le seul critère sera la rentabilité de tel ou tel type de demande. Maintenant, ils sont en voie d'arracher la signature d'un accord multilatéral sur l'investissement (AMI), destiné à en finir une fois pour toutes avec les quelques « grains de sable » qui gênent la liberté d'action totale des entreprises multinationales. Ses dispositions l'emporteront également sur le droit interne des États.

L'accumulation lente et la dépression rampante des années quatre-vingt-dix

Sans doute est-il encore trop tôt pour porter une appréciation complète sur les performances du régime d'accumulation financiarisée, mais il n'est pas interdit de jeter quelques jalons dans cette voie. Les économistes néolibéraux ont affiché la prétention de surmonter les contradictions et les blocages de l'accumulation fordiste et de relancer l'économie mondiale libérée et déréglementée sur une trajectoire de croissance rapide. Les résultats ne sont guère probants. Le ralentissement tendanciel de la croissance et la présence d'indicateurs traduisant la contraction tendancielle de l'accumulation plutôt que son élargissement laissent à penser que leurs projections ont été fondées en grande partie sur les présupposés idéologiques de la théorie néoclassique. Le choix des indicateurs pour apprécier une tendance n'est évidemment pas neutre. Il renvoie à des postulats théoriques et politiques. Le lecteur ne sera pas surpris que nous adoptions comme J. Adda (1996, t. 2) l'indicateur de croissance du produit mondial par habitant, qui est un indicateur sérieux de l'état de la production de la richesse avant que n'interviennent les conditions de sa distribution. Alors que ce taux de croissance annuelle avoisinait 4 % entre 1960 et 1973, puis tombait à 2,4 % entre 1973 et 1980, il n'est plus que de 1,2 % entre 1980 et 1993. Un autre indicateur que beaucoup d'économistes, y compris des néoclassiques comme Robert Solow, considèrent comme crucial est celui du niveau de l'investissement privé (les économistes néoclassiques accordant également une grande importance au niveau de l'épargne). Or, selon les calculs de Boswortk (1996), la courbe de l'investissement comme celle de l'épargne sont orientées à la baisse : en Europe, le niveau de l'épargne est passé, entre 1960 et 1992, de 15% à 10% du produit national net, tandis que l'investissement, parti lui aussi de 15%, tombait à 5% ; au Japon, de 1970 à 1992, l'épargne et l'investissement, qui s'établissaient chacun à près de 25 % du produit national net, ont chuté à 10 %. Le ralentissement est encore plus prononcé aux États-Unis (l'épargne ne représentait en 1992 que 8 % du produit national net, et l'investissement à peine 3 %) que dans les autres pays membres de l'OCDE, obligeant à relativiser la portée de leur conjoncture exceptionnelle, dont nous rappellerons les causes plus loin.

Sur ce fond de ralentissement tendanciel en longue période de l'accumulation, les années quatre-vingt-dix ont eu, à beaucoup d'égards, les traits d'une dépression économique rampante prolongée. Elles ont débuté par la récession de 1990-1992, dont les faits les plus saillants ont été le krach mondial de l'immobilier et le krach boursier japonais. La récession a été moins brutale que celles de 1974-1975 ou de 1980-1983, mais beaucoup plus longue et diffuse dans ses effets. Baptisée « récession financière » par ceux qui l'ont étudiée le plus soigneusement (voir en particulier M. Aglietta, 1995), elle s'est étendue lentement vers la production par le biais des faillites ou des grosses difficultés bancaires et de la paralysie des capacités de création de crédit à l'économie[6]. Au sein de l'OCDE, la reprise économique, annoncée tant de fois, ne s'est matérialisée qu'aux États-Unis. Dans le reste de l'économie mondiale, il n'y a eu d'accumulation du capital véritable, comportant une reproduction élargie et une extension des rapports de production fondés sur le salariat, qu'en Asie du Sud-Est et en Chine. Avant de se pencher sur ces exceptions et d'expliquer notamment les raisons qui ont permis aux États-Unis de se mettre temporairement « hors la crise » – sans que ce fait ne contredise l'existence d'un régime d'accumulation mondialisé –, il faut montrer de quelle manière un tel régime engendre des mécanismes qui jouent cumulativement dans un sens déflationniste et dépressif.

Des mécanismes cumulatifs à effet dépressif

Ce que nous nommons « enchaînements cumulatifs vicieux » de la mondialisation (voir le graphique 12.1 p. 303) reposent sur la rencontre et l'effet cumulé de deux grands blocs de mécanismes : ceux qui concernent le niveau et la structure de l'investissement industriel (manufacturier et services) et ceux qui ont trait aux dépenses publiques. Le rectangle vertical au centre du graphique (en gris) a trait à l'investissement industriel privé (ou public mais à finalité immédiate de profit). C'est à partir de ce bloc de relations que prennent naissance les enchaînements cumulatifs relatifs aux effets de l'investissement sur l'emploi. Le rectangle horizontal (tracé en pointillés) a trait aux dépenses publiques et aux conséquences en chaîne de l'endettement des États, de leur dépendance à l'égard des marchés financiers et de l'impossibilité dans laquelle ils sont mis de contrecarrer les tendances de l'investissement privé et l'effet de ses impacts sur l'emploi et les composantes de la demande.

Les blocs et les flèches du rectangle vertical cherchent à traduire le fait que les destructions d'emplois industriels, très supérieures aux créations, n'est pas le seul fait d'une sorte de fatalité attribuable à « la technologie ». Elle résulte au moins autant de la mobilité d'action à peu près totale du capital industriel que des effets de la libéralisation des échanges. L'impact de ces facteurs, à son tour, est accentué par les formes que prend l'IDE. Celle-ci n'est pas synonyme de création de capacités nouvelles. C'est à coups d'acquisitions/fusions transfrontières que les grands groupes cherchent à gagner des parts de marché. L'intégration sélective de sites de production et de relations de sous-traitance situés dans plusieurs pays accroît leur capacité de réaliser des économies d'échelle et de bénéficier, mieux que les firmes plus petites, des avantages des économies d'envergure et de la « variété standardisée ».

L'ensemble de ces mécanismes affecte directement l'emploi et, partant, la demande, mais ils enclenchent aussi des processus cumulatifs qui cristallisent les traits de l'investissement contemporain. Commençons par la flèche qui part du « moins d'emplois » et voyons les relations que traduisent les blocs situés dans la partie droite du graphique. Ce sont les relations bien connues au travers desquelles la baisse des revenus du travail salarié se traduit en baisse de la consommation des ménages[6]. Le montant nettement supérieur des destructions d'emplois industriels par rapport aux créations, conjugué avec les fortes pressions à la baisse qui pèsent sur les emplois sauvés ou créés (l'élargissement significatif de

---

6. Pour une analyse de la récession financière voir, outre le travail de M. Aglietta (1995), le chapitre que j'ai consacré à la vulnérabilité systémique et les crises financières dans Chesnais (coordinateur, 1996).

Graphique 12.1
Les enchaînements cumulatifs « vicieux » de la mondialisation

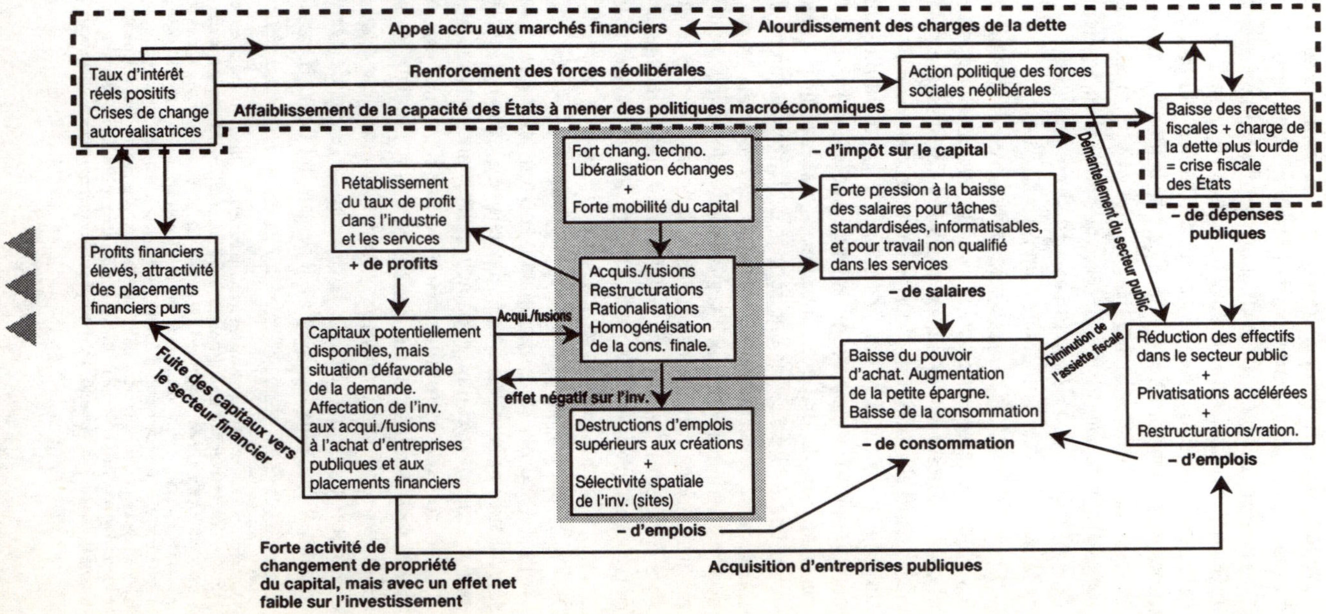

Appel accru aux marchés financiers — **Alourdissement des charges de la dette**

Renforcement des forces néolibérales

Affaiblissement de la capacité des États à mener des politiques macroéconomiques

- Taux d'intérêt réels positifs
- Crises de change autoréalisatrices

↓

- Profits financiers élevés, attractivité des placements financiers purs

Fuite des capitaux vers le secteur financier

↓

- Rétablissement du taux de profit dans l'industrie et les services
- **+ de profits**

↓

- Capitaux potentiellement disponibles, mais situation défavorable de la demande. Affectation de l'inv. à acqui./fusions à l'achat d'entreprises publiques et aux placements financiers

Acqui./fusions

↓

- Fort chang. techno. Libéralisation échanges + Forte mobilité du capital

↓

- Acquis./fusions Restructurations Rationalisations Homogénéisation de la cons. finale.

↓ *effet négatif sur l'inv.*

- Forte pression à la baisse des salaires pour tâches standardisées, informatisables, et pour travail non qualifié dans les services
- **− de salaires**

↓

- Destructions d'emplois supérieurs aux créations + Sélectivité spatiale de l'inv. (sites)
- **− d'emplois**

↓

- Baisse du pouvoir d'achat. Augmentation de la petite épargne. Baisse de la consommation
- **− de consommation**

Action politique des forces sociales néolibérales

→ *Démantèlement du secteur public*

- Baisse des recettes fiscales + charge de la dette plus lourde = crise fiscale des États
- **− de dépenses publiques**

↓

- Réduction des effectifs dans le secteur public + Privatisations accélérées + Restructuration/ration.
- **− d'emplois**

− d'impôt sur le capital

Diminution de l'assiette fiscale

Acquisition d'entreprises publiques

Forte activité de changement de propriété du capital, mais avec un effet net faible sur l'investissement

▼▼▼

l'éventail des salaires dans un nombre croissant de pays ne venant pas compenser la tendance d'ensemble), exerce une influence déprimante marquée sur la conjoncture. Cette influence est accentuée par un accroissement de la tendance à épargner de la part des ménages à revenus moyens (et même faibles) du fait des incertitudes face à l'avenir. L'effet spécifique de la mondialisation du capital est d'accentuer le poids des mécanismes de propagation internationale des relations dépressives ainsi que d'en accélérer le jeu, de sorte que ces relations macro-économiques classiques façonnent la conjoncture mondiale comme telle.[7]

La flèche qui part du rectangle vertical vers la gauche ainsi que les blocs de cette partie du graphique traduisent les mécanismes aux termes desquels les traits mêmes de l'investissement à l'époque de la mondialisation font obstacle à un redressement de la conjoncture par ce biais. Le rétablissement de la rentabilité du capital obtenu par la forte pression à la baisse sur les salaires et sur les prix de beaucoup de matières premières ne se traduit pas nécessairement, tant s'en faut, par une reprise de l'investissement. Elle peut simplement en accentuer les traits actuels : propension aux acquisitions/fusions ; priorité aux investissements de restructuration et de rationalisation ; forte sélectivité dans la localisation et le choix des sites. S'y ajoute, par ailleurs, l'effet d'attraction puissant sur les capitaux potentiellement disponibles pour les investissements financiers, qui offrent des rendements supérieurs et, sauf accident, plus faciles que l'investissement dans la production. Le résultat net est un investissement au dynamisme moyen ou faible, hautement sélectif sur le plan spatial, dont il paraît peu réaliste d'attendre qu'il joue un rôle de locomotive d'une reprise mondiale soutenue.

La lecture du graphique s'achève par l'examen des relations internes au long rectangle horizontal qu'on trouve dans sa partie supérieure. Elles cherchent à synthétiser la manière dont la mondialisation du capital affaiblit la capacité des États de contrecarrer les effets dépressifs à l'aide des dépenses publiques. Dans le cas de

---

7. Certains auteurs estiment que ces mécanismes pourraient être tenus en échec par la hausse de la consommation des rentiers. C'est sous-estimer l'ampleur des mécanismes de baisse tendancielle du niveau des salaires enclenchés par la mobilité internationale élevée du capital et par les opportunités qui lui sont maintenant ouvertes de puiser dans une « armée industrielle de réserve » de dimension mondiale. C'est faire peu de cas aussi du fait que le renforcement du capital financier et la « fonctionnalité » du rôle de redistribution du revenu que celui-ci s'arroge, reposent sur la crise fiscale des États. La « troisième demande » doit être en mesure de suppléer aux effets de la baisse des salaires, mais aussi de celle des dépenses publiques. De même, la « fonctionnalité » du capital financier doit inclure sa capacité à prendre en charge les multiples « fonctions » que la crise endémique du capitalisme avait forcé l'État keynésien à assumer.

▼▼▼

beaucoup de pays, hors de l'OCDE notamment, ce n'est pas d'affaiblissement qu'il faut parler mais de destruction pure et simple.

Deux mécanismes bien connus sont à l'œuvre et se nourrissent cumulativement. Le premier est celui, pour ainsi dire automatique, qui résulte de la diminution de l'assiette de l'impôt (direct et indirect) du fait du chômage d'abord et de la stagnation de la consommation ensuite. Il s'y ajoute la tendance, plus marquée dans certains pays que dans d'autres, mais qui a une portée générale, à l'allégement de l'impôt sur le capital et sur les revenus résultant des placements financiers, du fait de l'évasion massive permise par la libéralisation et la mondialisation financières. Le second résulte de l'action des taux d'intérêt positifs dans le sens de l'alourdissement du poids budgétaire du service de la dette (la « boule de neige » de la dette). La « crise fiscale des États » n'affecte pas simplement les capacités d'intervention des États pour soutenir la demande, mais démultiplie les attaques qu'ils subissent de la part des chantres du libéralisme. Au-delà d'un certain seuil (atteint depuis longtemps dans la grande majorité des pays, à l'intérieur de l'OCDE comme à l'extérieur), la crise fiscale de l'État conjuguée avec l'effet des politiques néolibérales conduit à la réduction de l'emploi dans le secteur public et à l'accélération des privatisations et déréglementations[8].

Dans le cadre d'un régime d'accumulation unique, des situations nationales différenciées

Ni le caractère mondial du régime d'accumulation financiarisé, ni la progression du « mauvais capitalisme » aux dépens de ceux qui le seraient moins, n'entraînent une uniformisation des conjonctures nationales. Nous sommes en présence d'une totalité différenciée, politiquement et économiquement hiérarchisée, qui est compa-

---

8. Dès que ces relations sont prises en compte, il est difficile d'accepter la thèse de l'« innocente tyrannie » des marchés financiers défendues par G. Maarek (1997, p. 57 et suiv.). Si la compréhension des mécanismes de l'arbitrage et de la prise de bénéfice (voir plus haut) paraît préférable à l'élaboration d'une théorie du « complot des marchés, l'intervention parfaitement ouverte des grands investisseurs institutionnels, qui sont les « marchés », pour appuyer toutes les mesures allant dans le sens du démantèlement de l'État, peut difficilement être caractérisée comme « innocente ».

tible avec des conjonctures nationales, ou « continentales-régionales » qui peuvent évoluer dans le court à moyen terme de façon non uniforme et distincte. Ce que G. Maarek (1997, p. 7) nomme « la nouvelle "figure" de la conjoncture, l'enlisement », en se référant à la France spécifiquement, mais aussi plus largement à d'autres pays européens, est la conjoncture d'un pays dont les choix de politique économique et de politique tout court faits depuis 1983 reviennent à subir de plein fouet l'ensemble des mécanismes représentés dans le graphique 12.1. Les grandes économies de l'Amérique latine ont connu des variantes spécifiques de conjonctures reflétant, dans le contexte de pays à structures sociales très inégalitaires, à industrialisation tardive et à insertion fragile dans la division internationale du travail, les choix de politique économique de l'époque du néolibéralisme triomphant. Ces choix sont ceux de la libéralisation et la déréglementation accélérées, la privatisation à tout crin, ainsi que d'une surévaluation grossière des monnaies nationales ancrées au dollar. Tant que l'euphorie dure, la stabilité repose sur la constitution de réserves de change artificielles nées de flux de capitaux spéculatifs attirés par l'appât des privatisations et retenus un temps par des taux d'intérêts très élevés.

Le « miracle » de la croissance du PIB et de l'emploi aux États-Unis est celui d'une conjoncture spécifique, qu'il est difficile d'abstraire de la place particulière qu'ils occupent dans la configuration actuelle des rapports entre pays et entre grandes puissances. Les États-Unis ont pu ainsi exercer les privilèges résultant de leur place unique dans le système mondial pour mener une politique monétaire de liquidités au système bancaire à taux d'intérêt très bas, d'un genre qui est interdit aux pays placés sous la surveillance étroite et méfiante des « marchés ». Le rôle particulier du dollar dans le système financier et commercial mondial l'absout de la nécessité de penser en permanence à la « crédibilité » de sa monnaie. Entre 1991 et 1994, la FED a pu mener sa politique d'intérêts très bas sur l'argent au jour le jour en laissant filer son taux de change[9]. Ce n'est qu'après l'éclatement de la crise mexicaine et le plan de sauvetage de février 1995 qu'elle a dû intervenir pour rassurer les détenteurs d'actifs financiers libellés en dollars. L'assainis-

---

9. G. Maarek (1997, p. 49) fournit les éléments qui éclairent ce point. Il loue « le parcours sans faute de Monsieur Greenspan » et note de la part des autorités américaines

sement du système bancaire a mis fin à la pénurie du crédit bancaire et la reprise économique a suivi. Mais même dans le cas de l'économie américaine, cette reprise a eu l'allure d'une ondulation positive autour d'une tendance moyenne de la croissance, ainsi que de l'investissement dont les taux diminuent de décennie en décennie.

Le caractère fragile et largement artificiel de la reprise américaine se mesure notamment au niveau notoirement bas de l'investissement (moins de 5 % du produit national), ainsi que le caractère largement artificiel du rétablissement de la productivité (voir étude de S. Roach, 1996), à propos desquels les laudateurs du modèle anglo-saxon restent fort discrets. Dans le reste de l'OCDE, la conjoncture déflationniste, voisine de la dépression, a eu un caractère général. En raison de ses origines financières, cette conjoncture non seulement n'a pas épargné le Japon, mais a même fait de ce pays l'un des principaux foyers des tendances récessionnistes longues, alors qu'il avait précédemment été une locomotive de la croissance et le berceau – semblait-il – d'un nouveau modèle de gestion techno-industriel (le « toyotisme »). Il faut insister sur ce fait d'autant plus fortement que le Japon a bénéficié pendant les années quatre-vingt-dix, plus que toute autre économie de l'OCDE, de la croissance exceptionnelle des économies d'Asie du Sud-Est, dont les faillites industrielles coréennes, puis la crise financière et les krachs des marchés boursiers de la région, ont sans doute marqué la fin.

« Les États-Unis hors la crise », mais pour combien de temps ?

Les économies d'Asie du Sud-Est ont été les seules dont les performances en matière de formation de capital et de croissance ont été, au cours des années quatre-vingt-dix, systématiquement supérieures aux performances mondiales. Elles ont paru échapper nettement à la croissance lente qui a caractérisé les pays de l'OCDE et

---

« une grande capacité d'anticipation et un pilotage uniquement préoccupé des exigences domestiques ». Donner la politique monétaire américaine en exemple équivaut à ne pas voir dans celle-ci une manifestation de la place internationale très spéciale des États-Unis.

démentir la réalité des tendances stagnationistes impulsées par celles-ci vers le reste du monde. La Corée du Sud, Taiwan et la Chine, en effet, sont les rares pays dans l'économie mondiale où des classes capitalistes, ou bureaucratico-capitalistes (la Chine « populaire »), ont fait preuve d'une capacité réelle de créer une base d'accumulation propre – pour elles-mêmes et non comme agents subordonnés – dont le fondement est industriel ; elles ont fait preuve également de leur volonté de défendre ce projet en dépit de la réticence croissante des pays centraux du système, États-Unis et Japon en tête, à leur en laisser les moyens. La phase d'accumulation « facile », de « rattrapage », a pris fin pour un ensemble de raisons : l'organisation progressive de la classe ouvrière en Corée et même à Taiwan, les plans d'investissements débridés de la concurrence oligopolistique domestique entre les *chaebols* coréens, l'accentuation de la concurrence internationale dans les industries de haute technologie avec des difficultés croissantes d'accès aux technologies des groupes rivaux membres de l'oligopole mondial, mais aussi le poids croissant dans toutes les places financières « émergentes » des effets de la financiarisation et des investissements spéculatifs charriés par celle-ci. Comme toujours, c'est à partir des pays où la financiarisation des investissements a été le plus poussée et la soumission à la finance mondiale la plus forte que les chocs sont venus, avant de s'étendre à toutes les économies de la région. Dans la période qui vient, la plupart de celles-ci (la seule interrogation étant la Chine) vont donc connaître le lot commun des économies en cette fin de siècle, la principale menace pour le régime d'accumulation à dominante financière étant que leur récession ait un impact en retour sur les économies de l'OCDE. Pour les raisons rappelées plus haut, le Japon est le premier visé, mais les effets de la crise asiatique peuvent atteindre les États-Unis, tant par le biais d'une baisse des exportations que par celui du retrait d'une partie des capitaux japonais placés à Wall Street.

Beaucoup de chercheurs mais aussi de praticiens reconnaissent que la fragilité financière et le risque systémique financier sont le « talon d'Achille » de la mondialisation. Ils s'accordent aussi pour dire que l'épicentre de toute vraie « grande crise » financière se situera aux États-Unis. Mais celle-ci ne tombera pas « du ciel ». Même si elle commence par prendre la forme d'un éclatement de la « bulle spéculative » à Wall Street, cette crise ne sera pas unique-

▼▼▼

ment financière dans ses origines, et encore moins bien sûr dans ses prolongements. Pour peu qu'on accepte l'hypothèse d'un régime d'accumulation auquel le capital financier « pur » contribue à imprimer un rythme lent de croissance fondée sur une formation lente de capital productif, les causes de fragilité financière ont leur racine dans l'économie réelle. L'hypertrophie de la sphère financière prise comme telle, les nombreux facteurs qui aiguisent la concurrence à l'intérieur du secteur financier et qui obligent les opérateurs à prendre des risques accrus (le cas d'école étant la faillite de la Barings), ainsi que les chocs résultant des modalités particulières de la mondialisation financière ne participent pas seulement de la fragilité de système financier. Ces facteurs ne peuvent pas être abstraits du mouvement général de l'accumulation, dont le principal indicateur concerne le niveau et le rythme de l'investissement, ni de la configuration de la répartition du revenu à l'intérieur de chaque pays, aussi bien qu'entre pays. Beaucoup de spécialistes financiers pensent ainsi que c'est de la sphère « réelle » que vont venir les faits conduisant à une « correction sévère » du marché des actions industrielles, dont ils espèrent qu'elle ne se transformera pas en krach majeur.

Une interprétation de l'origine des profits florissants des groupes (étrangers comme américains), donc du niveau des dividendes versés, et par ricochet le niveau de quotation de leurs titres à Wall Street, a été donnée plus haut. Mais les stratégies d'accroissement des parts de marché et de centralisation de la valeur créée par de plus petites firmes, conçues pour faire face à la croissance lente et aux surcapacités chroniques, n'auront qu'un temps. Elles ne peuvent pas suppléer indéfiniment aux conséquences d'une création de valeurs ou de richesses nouvelles qui est tendanciellement inférieure aux potentialités des technologies et du montant des capacités, et qui est également insuffisante par rapport aux besoins de maintien du niveau des profits. En scrutant les résultats des groupes comme ils le font, les « marchés » ne sont pas totalement illogiques. Mais lorsqu'ils saluent les mesures de « dégraissage » et qu'ils prennent peur à l'annonce de hausses de salaires, ils ne font pas seulement preuve de cynisme, mais aussi de cécité. Ils traduisent à leur façon le piège implacable qui se referme sur le régime d'accumulation à dominante financière, celui d'être orienté vers des décisions qui font obstacle à l'accumulation, et dont le krach des marchés boursiers sera le prix à payer tôt ou tard.

▼▼▼

La situation à la périphérie du système mondialisé

Aujourd'hui, le « développement », compris comme extension et « transplant » du « mode de développement » fordiste et de ses prolongements, ne représente plus une perspective offerte à l'ensemble des continents et pays du monde. D'une part, il n'est plus souhaité par ceux qui en étaient autrefois les agents externes ; d'autre part, on sait qu'il se heurte à des limites écologiques incontournables en tant qu'il a toujours été une extension des modes de production et de consommation établis dans les pays avancés.

Les groupes industriels des pays de la Triade ne s'intéressent aux pays extérieurs aux trois pôles que de façon très sélective. Ils le font à trois titres. Le premier est en tant que marchés, mais dans des conditions où les exportations sont redevenues l'option préférée, l'IDE devenant un choix de deuxième rang (un *second best choice*), imposé par des circonstances spécifiques dont la structure de l'IDE par pays destinataires hors OCDE donne une indication (chapitre 3). On continue à investir lorsque cette forme de présence directe sur le marché s'impose en raison de la dimension du marché et de l'importance stratégique régionale du pays (la Chine et le Brésil) ; en raison de la présence ancienne de rivaux mondiaux dont il faut contrer les stratégies localement ; ou encore de l'existence d'opportunités locales qui ne peuvent être exploitées sans investissement direct. Mais autrement, les niveaux de productivité et les réserves de capacité industrielle des pays de la Triade militent en faveur de l'exportation comme moyen privilégié de tirer partie d'un marché. L'objectif d'étendre à l'Amérique latine tout entière l'accord nord-américain de libre échange (l'ALENA) auquel le Chili va maintenant se joindre, a ce sens de la part des groupes industriels implantés aux États-Unis.

Les pays extérieurs à la Triade sont également requis comme source de matières premières. Tant qu'ils ne sont pas menacés par les processus de substitution analysés au chapitre 11, les pays hors de l'OCDE qui avaient commencé à s'industrialiser ont été invités à retrouver leur ancienne « vocation ricardienne » et à trouver de petites niches dans les industries de base, les minerais, l'agriculture et la pêche, en étant autorisés tout au plus à remonter les filières et à assurer eux-mêmes la transformation des matières de base. En Amérique du Sud, le Chili, brisé par la dictature de Pinochet, a été le premier à s'engager dans une voie que l'Argentine et le Brésil

▼▼▼

ont été encouragés ou forcés à suivre. Enfin, dans les industries intensives en main-d'œuvre des mêmes pays, mais surtout dans les pays dont le seul « avantage comparatif » est leur réserve illimitée de main-d'œuvre industrielle qualifiée et à bon marché, les groupes industriels des pays avancés, qui incluent ici ceux de la grande distribution concentrée, s'intéressent aux pays hors OCDE comme base pour des opérations de sous-traitance délocalisée à très bas coûts de salaires. Il le font dans des conditions où l'accès au marché final est soigneusement contrôlé non par des barrières commerciales, mais par des barrières industrielles à l'entrée permettant le contrôle des filières par l'aval (voir la fin du chapitre 6).

Le thème de la gestion de la « pauvreté » a progressivement pris une place grandissante dans les rapports de la Banque mondiale, tandis que celui du « développement » a été mis en sourdine. Le « développement » de toutes les parties du globe est d'autant moins souhaité qu'il n'est pas possible sous la forme d'une extension mondiale des modes de production et de consommation actuels des pays avancés. On sait, depuis une décennie au moins, que sous les angles décisifs de la consommation d'énergie, des émissions de gaz dans l'atmosphère, de la pollution des eaux, des rythmes d'exploitation de nombreuses ressources naturelles qui ne sont pas, ou seulement très lentement renouvelables, etc., le « mode de développement » sur lequel les pays de l'OCDE ont construit leur niveau de vie élevé n'est pas généralisable à l'échelle de la planète. Même en tenant compte des changements dans certaines consommations survenus depuis les deux « crises pétrolières » et de l'émergence des nouvelles technologies, l'extension à la planète des formes de production, de consommation, de transport associées au capitalisme avancé est incompatible avec les possibilités et contraintes écologiques telles qu'on les mesure aujourd'hui. Les fondements du « mode de développement » du capitalisme contemporain – la primauté du marché, le profit, le « consumérisme » exacerbé par l'aiguillon de la publicité mais également recherché constamment comme base de la « relance » de l'activité industrielle, le productivisme à tout crin sans égards pour les ressources naturelles et la répartition du travail et du revenu – en fixent les limites sociales, politiques et géographiques.

Cette constatation permet de mettre les problèmes des pays riches en perspective, de même que la plupart des issues qui leur sont proposées. Conçues presque généralement, ou bien en termes de productivité et de compétitivité extérieure accrues, ou bien de préservation des niveaux de revenus et des modes de vie acquis, les solutions proposées théorisent explicitement ou implicitement la division définitive du monde entre ceux qui pourraient continuer à utiliser les ressources comme ils l'ont toujours fait et ceux auxquels le « mode de développement » ne réserverait que le droit de voir, à l'aide des images projetées par les médias mondialisés, la manière dont les nantis vivraient. Pour l'instant, en tout état de cause, la tendance qui paraît prédominer est celle d'un système qui tend à se replier sur lui-même, qui s'installe dans le « dualisme » et dont les dirigeants, suivis par une partie assez importante de l'« opinion publique », ont entrepris de construire des remparts pour contenir les barbares aux « limes », ainsi que des barbelés autour de leurs ghettos intérieurs (Reich, 1993, p. 286).

Où le « réalisme » se situe-t-il ?

Il n'est plus besoin de décliner, pour un public francophone, les conséquences sociales du régime d'accumulation mondialisé à dominante financière. « L'horreur économique » dont ce régime est porteur a fait l'objet de dénonciations aussi passionnées que talentueuses, à commencer par le livre de V. Forrester (1996), bien qu'elle se trompe en attribuant cette horreur à la « fin du travail ». Face au régime d'accumulation à dominante financière, à la forme de mondialisation dont il est porteur, et à ses conséquences, on constate un grand désarroi. Il est plus considérable encore de la part de ceux qui n'avaient pas compris la nature du « socialisme » en URSS, ni l'ampleur des ravages du régime bureaucratique. Les syndicats sont également le plus souvent pris de court.

Pendant quarante ans, l'action syndicale s'est déroulée dans un cadre construit sur deux piliers. Le premier a été la pertinence et la stabilité des institutions régissant les relations capital/travail au niveau national, dont les dispositions ont traduit, dans des conditions propres à chaque pays particulier, les résultats et acquis des revendications arrachées au cours de grands combats et matérialisées très souvent dans des législations. Le second a été le succès de l'action revendicative et de la négociation salariale, appuyée par la grève lorsqu'il le fallait, dans un contexte marqué à la fois par l'expansion régulière de la masse de richesses créées et par la quasi-inexistence pendant plusieurs décennies de toute ponction importante de la part du capital argent porteur d'intérêt. L'internationalisation du capital productif permise par la libéralisation a très sérieusement érodé le premier pilier. Le mouvement lent, voire stagnationniste, de l'investissement, de la production et de l'emploi dans le nouveau régime d'accumulation a battu en brèche le second pilier.

Du coup, sur le terrain syndical, les marges de manœuvre pour une action revendicative classique se sont réduites comme peau de chagrin. Sur le plan politique, il y a d'autant moins de place pour une politique réformiste que le choix de se soumettre aux marchés a été fait par le biais, notamment, des « critères de Maastricht », aggravés par ceux du pacte de stabilité. Depuis quinze ans, le terrain a été libre pour les approches qui se targuent de leur sérieux. Celles-ci prônent le « réalisme », ainsi que « l'adaptation » inévitable sinon souhaitable, et elles mettent celle-ci en œuvre dans leur activité pratique, syndicale et politique, gouvernementale. L'expérience des dernières années a suffisamment montré où ce réalisme conduit et en faveur de qui il joue.

C'est l'appel à ce faux « réalisme » qui doit être combattu. Le capitalisme libéralisé et mondialisé est insatiable dans ses prétentions et dans les demandes qu'il adresse aux peuples et aux gouvernements. Il suffit d'ouvrir les journaux chaque jour pour constater que les forces les plus actives de la mondialisation « en demandent toujours plus ». Mais personne n'en fait l'inventaire et la critique. La majorité de ceux à qui la parole est donnée dans la société actuelle s'emploie à saluer les formes nouvelles de la « modernité[10] » et à justifier les nouvelles « adaptations » demandées. Le seul « réalisme » ne serait-il pas de recommencer à dire que le dépassement du mode de production capitaliste s'impose plus que jamais et exige que soit mis en chantier le travail collectif que la concrétisation de cette perspective suppose ?

---

10. Les livres de D. Harvey (1990 et 1995) sont une des rares tentatives faites pour étudier la nouvelle « modernité » en rapport avec les changements dans la configuration du capitalisme mondial, et pas seulement en relation aux changements technologiques.

Bibliographie

ADDA J., *La Mondialisation de l'économie (tome I et II)*, La Découverte, Paris, 1996.

AGLIETTA M., *Macroéconomie financière*, La Découverte, coll. «Repères», Paris, 1995.

ALBERT M., *Capitalisme contre capitalisme*, Le Seuil, Paris, 1991.

ALBERT M., «L'irruption du *corporate governance*», *Revue d'économie financière*, n° 21, 1994.

AMABLE B., BARRÉ R. et BOYER R., *Les Systèmes d'innovation à l'ère de la globalisation*, Economica, Paris, 1997.

AMIN S., «Mondialisation et accumulation du capital» dans AMIN S. (sous la direction de), *Mondialisation et accumulation*, L'Harmattan, Paris, 1993.

AMIN S., *Les Défis de la mondialisation*, L'Harmattan, Paris, 1996.

ANDREFF W., *Les Multinationales hors la crise*, Le Sycomore, Paris, 1982.

ANDREFF W., *Les Multinationales*, La Découverte, Paris, 1990.

ANDREFF W., *Les Multinationales globales*, La Découverte, Paris, 1996.

ANDREFF W., *Profits et structures du capitalisme mondial*, Calmann-Levy, Paris, 1976.

ANTONELLI C. «Transborder data flows and the Structure and Strategies of TNCs», *The CTC Reporter*, n° 22, Nations unies, New York, 1986.

ANTONELLI C., «The Emergence of the Network Firm», *in* ANTONELLI C. (ed.), *New Information Technology and Industrial Change : The Italian Case, Dordrecht*, Kluwer Academic Publishers, 1988.

ANTONELLI C., «Les nouvelles technologies de l'information et l'économie industrielle», *in Technologies de l'information et nouveaux domaines de croissance*, OCDE, Paris, 1989.

ARCHIBUGI D. et MICHIE J., *The Globalisation of Technology : Myths and Realities*, Cambridge University Research Papers in Management Studies, 1994.

ARTHUIS J., *Rapport d'information sur les délocalisations hors du térritoire national des activités industrielles et de service*, Commission des finances, du contrôle budgétaire et des comptes économiques de la nation du Sénat, 1993.

BAIN J. S., *Industrial Organisation*, John Wiley, New York, 1968.

▼▼▼

BAIROCH P., « Globalisation myths and realities : one century of external trade and foreign investment », (1996), *in* BOYER R., DRACHE D., *States against Market : The Limits of Globalisation*, Routledge, Londres, 1996.

BARBET Ph. et BENZONI L., « Mercantilisme technoloque et politiques commerciales stratégiques ; réflexions sur la localisation mondiale de l'industrie des semiconducteurs », *Revue économique*, vol. 44, n° 4, 1993.

BARNET R. et CAVANAGH J., *Global Dreams : Imperial Corporations and the New World Order*, Simon and Schuster, New York, 1994.

BATSCH L., *La Croissance des groupes industriels*, Economica, Paris, 1993

BAUMOL W. et LEE K. S., « Contestable markets, trade and development », *The World Bank Observer*, janvier 1991.

BEAUD M., « Notes sur la connaissance des groupes capitalistes », *Recherches économiques et sociales*, n° 7-8, La Documentation française, Paris, 1977.

BEAUD M., *Le Système national/mondial hierachisé*, La Découverte, Paris, 1987.

BEAUD M., *L'Économie mondiale dans les années quatre-vingt*, La Découverte, Paris, 1989.

BERTIN J.-P. et WYATTS S., *Multinationales et propriété industrielle : le contôle de la technologie mondiale*, PUF, Paris, 1986.

BIDET J. et TEXIER J. (sous la dir. de), *Le Nouveau Système du monde*, PUF, Paris, 1994.

BLANCHÉ J., BARBET Ph. et BENZONI L., « Le secteur des télécommunications », *in* CORIAT et TADDÉI, *Entreprise France : Made in France/2*, Le Livre de poche, Paris, 1993.

BISIGNANO J., *The Internationalisation of Financial Markets : Measurement, Benefits and Unexpected Interdependence*, Colloque de la Banque de France-Université, Paris, novembre 1993.

BOSWORTH B. « Perspectives de l'épargne et de l'investissement », *in Vers une pénurie mondiales des capitaux : menace réelle ou pure fiction ?*, OCDE, Paris, 1996.

BOURGUINAT H., *Finance internationale*, PUF, Paris, 1992.

BOURGUINAT H., *La Tyrannie des marchés*, Economica, Paris, 1995.

▼▼▼

Boyer R., *La Théorie de la régulation : une analyse critique*, La Découverte, Paris, 1986.

Boyer R., «Les mots et les réalités» *in Mondialisation, au-delà des mythes*, La Découverte, Paris, 1986.

Boyer R., Drache D. (eds), *States against Markets : The Limits of Globalisation*, Routledge, Londres, 1996.

Cantwell J., *Technological Innovation and Multinational Corporations*, Basil Blackwell, Oxford, 1989.

Cartapanis A., *Turbulences et spéculations dans l'économie mondiale*, Economica, Paris, 1996.

Casson M., «Transaction costs and the theory of the multinational enterprise», *in* Rugman A., *New Theories of the Multinational Enterprise*, Croom Helm, Londres, 1982.

Castells M., «The informational economy and the new international division of labour», *in The New Global Economy in the Information Age*, The Pennsylvania University Press, 1993.

Catinat M., «Les industries des technologies de l'information», *in* Coriat et Taddéi, *Entreprise France : Made in France/2*, op. cit.

Caves R. E., «Industrial corporations : the industrial economics of foreign investment», *Économica,* août 1974.

Chesnais F., «Quelques remarques sur le contexte mondial de la dette des pays en développement et la nature du capital prêté», *Tiers Monde*, numéro spécial sur la dette du tiers monde, t. xxv, n° 99, 1984.

Chesnais F., «Science, technologie et compétitivité», *STI Revue*, n° 1, Ocde, Paris, 1986.

Chesnais F., «Les accords de coopération technique entre firmes indépendantes», *STI Revue*, Ocde, n° 4, Paris, 1988.

Chesnais F., «Accords de coopération interfirmes, dynamiques de l'économie mondiale et théorie de l'entreprise», *in* Humbert, M., *Investissement international,* Economica, Paris, 1990.

Chesnais F. et Serfati C., «L'industrie militaire, une locomotive du développement économique français», *in* Chesnais F. (sous la dir. de), *Compétitivité internationale et dépenses militaires*, cpe/Économica, Paris, 1990.

Chesnais F. et Serfati C., *L'Armement en France : genèse, ampleur et coût d'une industrie*, Nathan, Paris, 1992.

▼▼▼

Chesnais F. et Serfati C., *Mondialisation financière et gestion des actifs par les groupes à spécialisation industrielle*, Larea/ Cerem, Paris-X, Nanterre, 1994.

Chesnais F. (sous la coord. de), *La Mondialisation financière*, Syros, Paris, 1996.

Chesnais F., «L'émergence d'un régime d'accumulation mondial à dominante financière», *La Pensée*, n° 309 (n° spécial sur la mondialisation), 1997.

Cepii, *L'Économie mondiale 1994*, La Découverte, Paris, 1994.

Chevallier J. M., *L'Économie industrielle en question*, Calmann-Lévy, Paris, 1977.

Clairmonte F. F., Cavanagh J., «Transnational corporation and services : the final frontier», *Trade and Development*, n° 5, 1984.

Clairmonte F. F., «Les services, ultimes frontières de l'expansion pour les multinationales», *Le Monde diplomatique*, janvier 1991.

Cline W. R., «The risk of global stagnation», *in* Cline W. R., *International Economic Policy in the 1990's*, The Mit Press, Cambridge (Mass.), 1994.

Cohen E., *Le Colbertisme high-tech, économie des télécoms et du grand projet*, Hachette, Paris, 1992.

Cohen E., *La France hexagonale*, Fayard, Paris, 1996.

Coriat B., *L'Atelier et le robot : essai sur le fordisme et la production de masse à l'âge de l'électronique*, Christian Bourgois, Paris, 1990.

Coriat B. et Taddéi D., *Entreprise France : Made in France/2*, Le Livre de poche, Paris, 1993.

Cotta A., *La France et l'impératif mondial*, Puf, Paris, 1978.

Coutrot T. et Husson M., *Les Destins du tiers monde*, Nathan, Paris, 1993.

de Bandt J. et Petit P., «Compétitivité : la place des rapports industrie / services», *in* Coriat et Taddéi, *Entreprise France : Made in France/2, op. cit.*

de Bandt J. et Gadrey J. (sous la dir. de), *Marchés de services, relations de service*, CNRS Éditions, Paris, 1994.

de Brunhoff S., *La Politique monétaire : un essai d'interprétation marxiste*, Puf, Paris, 1973.

de Brunhoff S., *L'Heure du marché : critique du libéralisme*, Puf, Paris, 1986.

▼▼▼

DELAPIERRE M. et MILLELLI C., «Concurrence et transferts de technologies dans l'industrie informatique mondiale», *in* SACHWALD, *Les Défis de la mondialisation*, Masson, Paris, 1994.

DELAPIERRE M. et MILLELLI C., *Les Firmes multinationales : des entreprises au cœur d'industries mondialisées*, Vuibert, Paris, 1995.

DELAPIERRE M. et MYTELKA L., «Décomposition, recomposition des oligopoles» *in Économies et sociétés*, n° 11-12, 1988.

DE LAUBIER J., «Les firmes européennes et l'internationalisation des services», *Économie Prospective Internationale*, 4ᵉ trim. 1986.

DE LAUBIER J., «La percée des services dans les investissements internationaux», *Économie prospective internationale*, 3ᵉ trim., 1988.

DEMBINSKI P. H., *L'Endettement internationa*l, PUF, Paris, 1989.

DESRANLEAU C., ETEMAD H. et SEGUIN-DULUDE L., «Control of technology in MNE's : Re-centralisation of patents», *Cahiers du CETAI*, École des hautes études commerciales, Montréal, 1988.

DESTANNE DE BERNIS G., *Relations économiques internationales*, Dalloz, Paris, 1983.

DICKEN P., *Global Shift : The Internationalisation of Economic Activity*, Paul Chapman, Londres, 1992.

DOCKES P., *L'Internationale du capital*, PUF, Paris, 1975.

DOLFUS O., *La Mondialisation*, PUF, Paris, 1996.

DOSI G., *Technical Change and Industrial Performance*, Macmillan, Londres, 1984.

Dosi G., FREEMAN C., NELSON R., SILVERBERG G. et SOETE L., *Technical Change and Economic Theory*, Pinter Publishers, Londres, 1988.

DUCHESNE Y. et GIRY-DELOISON P., «Direction financière ou banque d'entreprise ?», *Banque Stratégie*, déc. 1992.

DUNNING J. H., *International Production and the Multinational Enterprise*, George Allen and Unwin, Londres, 1981.

DUNNING J. H., *Explaining International Production*, Unwin Hyman, Londres, 1988.

DUNNING J. H., *Multinational Enterprises and the Global Economy*, Addison Welsey Publishing Co., Wokingham (R-U), 1993.

DURAND M.-F., LEVY J. et RETAILLÉ D., *Le Monde : espaces et systèmes*, Presses de la Fondation des sciences politiques, Paris, 1992.

DURAND J.-P. (sous la dir. de), *Vers un nouveau modèle productif?*, Syros, Paris, 1993.

▼▼▼

EPSTEIN G., « International capital mobility and the scope for national economic management », *in* BOYER R. et DRACHE D., *States against Market, op. cit.*

ERNST D. et O'CONNOR D., *Technologie et compétition mondiale. Un « défi » pour les nouvelles économies industrialisées*, Études du Centre de développement de L'OCDE, Paris, 1989.

ERNST D. et O'CONNOR D., *Concurrence dans l'industrie électronique : l'expérience des nouvelles économies industrielles*, Études du Centre de développement de L'OCDE, Paris, 1992.

FARNETTI R., *L'Économie britannique de 1873 à nos jours*, Armand Colin, Paris, 1994..

FELDSTEIN M., « Global capital flows : Too little not too much », *The Economist*, 24 juin, 1995.

FERGUSON, C.H., « Macroeconomic Variables, Sectoral Evidence and New Models of Industrial Performance », *in* OCDE, *Technology and Productivity*, Paris, 1991.

FERNÉ G. (sous la dir. de), *Science, pouvoir et politique : la recherche entre marché et politique*, Autrement, Paris, 1993.

FITOUSSI J.-P., *Le Débat interdit : monnaie, Europe, pauvreté*, Arléa, Paris, 1995.

FLAMM K., « Seminconductors » *in* G. C. HUFBAUER (ed.), *Europe 1992 : An American Perspective*, The Brookings Institution, Washington D.C., 1990.

FLORIDA R., « The globalisation of R&D : results of a survey of foreign-affiliated laboratories in the USA », *Research Policy*, n° 26, 1997.

FMI, « International capital markets, part I. exchange rate management and international capital flows, *World Economic and Financial Surveys*, International Monetary Fund, Washington D.C., 1993.

FMI, *International Capital Markets (Developments, Prospects, and Policy Issues)*, International Monetary Fund, Washington D.C., 1994.

FORAY D., « Exploitations des externalités de réseau *vs* innovation de normalisation », *Revue d'économie industrielle*, n° 51, 1990.

FORAY D. et FREEMAN C., *Technologie et richesse des nations*, Economica, Paris, 1992.

FORRESTER V., *L'Horreur économique*, Fayard, Paris, 1996.

▼▼▼

Freeman C., *Technology Policy and Economic Performance : Lessons from Japan*, Pinter Publishers, Londres, 1987.

Freeman C. et Soete L., *Work for all or Mass Unemployment?*, Pinter Publishers, Londres, 1994.

Frétillet J.-P. et Véglio C., *Le GATT démystifié*, Syros, Paris, 1994.

Fusfel H. I., *The Technical Enterprise : Present and Future Patterns*, Ballinger, Cambridge (Mass.), 1986.

Gadrey J., *L'Économie des services*, la Découverte, Paris, 1992.

Gaffard J.-L., *Économie industrielle et de l'innovation*, Dalloz, Paris, 1990.

Gereffi G., « The organisation of buyer-driven global commodity chains : how US retailers shape overseas production networks », *in* Gereffi G. et Korzeniewicz M., *Commodity Chains and Global Capitalism*, Praeger, Westport (Con.), 1994.

Geoffron P. et Rubinstein M., *La Crise financière du modèle japonais*, Économica, Paris, 1996.

Gereffi G., « Global production systems and the third development », *in* Stallings B. (ed)., *Global Change, Regional Response : the New International Context of Development*, Cambridge University Press, Cambridge (R-U), 1995.

Gest, *Grappes technologiques, les nouvelles stratégies d'entreprise*, McGraw Hill, Paris, 1986.

Gonenç R., « De la finance pour l'industrie à l'industrie pour la financ », *Revue d'économie financière*, n° 27, 1993.

Goto A., « Business groups in a market economy », *European Economic Review*, vol. 19, n° 2, 1982.

Graham E.M., « Transatlantic investment by multinational firms : A rivalistic phenomenom ? », *Journal of Post-keynesian Economics*, n° 1, 1978.

Graham E. M., « Intra-industry direct foreign investment, market structure, firm rivalry and technological performance » *in* Erdilek A. (ed.), *Multinationals as Mutual Invaders : Intra-Industry Direct Foreign Investment*, Croom Helm, Londres, 1985.

Groupe de Lisbonne, *Limites à la concurrence*, Fondation Gulbenkian, Lisbonne, 1993.

Guelle F., « L'internationalisation de la R-D des grands groupes japonais », *Revue d'économie industrielle*, 1er trimestre 1989.

Guttman R., *How Credit-Money Shapes the Economy : The United States in a Global System*, M. E. Sharpe, New York, 1993.

Hagedoorn J. et Schakenraad J., « Interfirm partnerships and cooperative strategies in core technologies » *in* Freeman C. et Soete L., *New Explorations in the Economics of Technological Change*, Pinter Publishers, Londres, 1990.

Hamel G., Doz Y. et Prahalad C.K., « Collaborate with your competitors – and win », *Harvard Business Review*, janvier-février 1986.

Hamel G. et Prahalad C.K. « Creating global strategic capability » *in* N. Hood et J. E. Vahlne (eds.), *Strategies in Global Competition*, Croom Helm, Londres, 1990.

Hamill J., « Employment effects of the changing strategies of multinational entreprises », *in* Bailey P. (ed.), *Multinationals and Employment : The Global Economy of the 1990' s*, ILO, Genève, 1993.

Hanlon P., *Global Airines : Competition in a Transnational Industry*, Butterworth-Heinemann, Oxford (R-U), 1996.

Harvey D., *The Condition of Postmodernity*, Blackwell, Oxford (R-U), 1989.

Harvey D., *Justice, Nature and the Geopgraphy of Difference*, Blackwell, Oxford (R-U), 1996.

Hilferding R., *Le Capital financier*, 1910, pour la traduction française, Minuit, Paris, 1970.

Hirst P. et Thomson G., *Globalisation in Question : The International Economy and the Possibilities of Governance*, Polity Press, Cambridge (R-U), 1996.

Hochraich D., *La Chine de la révolution à la réforme*, Syros, Paris, 1995.

Hoekman B. et Kostecki M., *The Political Economy of the World Trading System : From GATT to WTO*, Oxford University Press, Oxford (R-U), 1995.

Hollingsworth R. « Variété des systèmes de production nationaux et compétitivité internationale », *in* Foray D. et Freeman C., *Technologie et richesse des nations, op. cit.*, 1992.

Husson M., « Contre le fétichisme de la finance », *Critique communiste*, été 1997.

Humbert M., « De l'oligopole à la concurrence systémique », *Économies et sociétés*, n° 11-12, 1988.

▼▼▼

HUMBERT M. (à l'initiative de), *Investissement international et dynamique de l'économie mondiale*, Économica, Paris, 1990.

HUMBERT M. (ed.), *The Impact of Globalisation on Europe's Firms and Industries*, Pinter Publishers, Londres, 1993.

HUMBERT M., « La confrontation mondiale des stratégies économiques nationales », contribution au colloque EFIQ-GDR-CNRS *La Négociation commerciale et financière internationale*, Sophia-Antipolis, juin 1994.

HYMER S., *The International Operations of National Firms*, The MIT Press, Cambridge (Mass.), 1960.

HYMER S. et ROWTHORN R., « Multinational corporations and international oligopoly : the non-American challenge » *in* KINDLEBERGER, C. P. (ed.), *The International Corporation : a symposium*, MIT Press, Cambridge (Mass.), 1970.

GENTHON C., *Croissance et crise de l'industrie informatique mondiale*, Syros, Paris, 1995.

GIRAUD P.-N., *L'Inégalité du monde, économie du monde contemporain*, Gallimard, Paris, 1996.

IMAI K. J. et Y. Baba, « Systemic innovation and cross-border networks, transcending markets and hierarchies to create a new techno-economic system », *in* OCDE, *Technology and productivity, op. cit.*

IETTO-GILLIES G., *International production : Trends, Theories, Effects*, Polity Press, Cambridge (R-U), 1992.

JACQUEMIN A., « Comportements collusifs et accords en recherche développement », *Revue d'économie politique*, n° 1,1 987.

JULIUS D., *Global Companies and Public Policy : The Growing Challenge of Foreign Direct Investment*, Royal Institute of Foreign Affairs, Londres, 1990.

KALECKI M., *Essays on the Dynamics of the Capitalist Economy*, Cambridge University Press, Cambridge (R-U), 1971.

KEBBDJIAN G,. *Macroéconomie mondiale, contribution au séminaire ARC II*, CEPREMAP, Paris, déc.1993.

KEYNES J. M., *Théorie générale de l'emploi, de l'intérêt et de la monnaie*, 1936, pour l'édition française, Payot, Paris, 1949.

KLINE S. J. et ROSENBERG N., « An overview of innovation », *in National Academy of Engineering, The Positive Sum Strategy : Harnessing Technology for Economic Growth*, The National Academy Press, Washington D.C., 1986.

▼▼▼

KNICKERBOCKER F. T., *Oligopolistic Reaction and Multinational Enterprises*, Harvard University Press, Boston (Mass.), 1973.

KRUGMAN P., « Emerging market blues », *Foreign Affairs*, n° 2, 1995.

LAIDI Z., *L'Ordre mondial relâché : sens et puissance après la guerre froide*, Presses de la Fondation des sciences politiques, Paris, 1993.

LANVIN B., *Technology-based Competition : Globalisation* versus *Fragmentation?*, contribution à la Conférence de Tokyo sur le « techno-globalisme » (programme TEP), février, 1990.

LAREA (CEREM), *Les Activités de recherche en France des sociétés étrangères*, ministère de l'Enseignement supérieur et de la Recherche, Paris, octobre 1993.

LEBORGNE D., « Équipement flexible et organisation productive : les relations industrielles au cœur de la modernisation : éléments de comparaison internationale », *Cahiers du CEPREMAP*, série orange, Paris, 1987.

LE BOUCHER E., « Les marchés financiers contre la croissance », *Le Monde*, 25 juillet 1994.

LE MONDE DIPLOMATIQUE, *Les Frontières de l'économie globale*, Manière de voir, n° 18, 1993.

LORDON F., « Analyse d'un régime de politique économique : le cas de la désinflation compétitive », *Cahiers du CEPREMAP*, série orange, 1995.

LORDON F., « Les apories de la politique économique à l'époque des marchés financiers », *Annales, histoire, dciences dociales*, 1997/1.

LUNDVALL B. A., « Introduction », in LUNDVALL B. A. (ed.), *National Systems of Innovation — Towards a Theory of Innovation and Interactive Learning*, Pinter Publishers, Londres, 1992.

MAAREK G., *Économie de l'enlisement : intérêt, change, emploi dans les années quatte-vingt-dix*, Économica, Paris, 1997.

MADEUF B., LEFEVRE. G. et SAVOY A. « De l'internationalisation à la globalisation de la R-D industrielle : le cas de la France », *Cahiers d'économie de l'innovation*, n° 5, L'Harmattan, Paris, 1997.

MANDER J. et GOLDSMITH E., *The Case against Global Economy*, Sierra Club Books, San Francisco, 1996.

MARI'TI P. et SMILEY R.H., « Co-operative agreements and the organisation of industry », *The Journal of Industrial Economics*, vol. 31, n° 4, 1983.

▼▼▼

Marois B. et Balache B., « L'information financière en direction des actionnaires », *Études du Club finance internationale de HEC*, n° 27, 1996.

Marx K., *Le Capital, critique de l'économie politique*, Éditions sociales, Paris (édition en trois tomes), 1977.

Mattelard A., *La Mondialisation de la communication*, Puf, Paris, 1996.

Mathis J., Mazier J. et Rivaud-Danset D., *La Compétitivité industrielle*, Dunod (Publications de l'Ires), Paris, 1988.

Mazier J. et *al. Quand les crises durent*, Economica, Paris, 1992.

McKinsey, *The Global Capital Market : Supply, Demand, Pricing and Allocation*, McKinsey Financial Institutions Group, Washington D.C., 1994.

Mérieux A. et Marchand C., « Les marchés financiers américains », *Revue d'économie financière*, Paris, 1996.

Michalet C.-A., « La dimension financière du capitalisme mondial », *Euro-Crédits*, Éditions techniques, Paris, 1981.

Michalet C.-A., *Les Multinationales face à la crise*, Irm, Lausanne, 1985.

Michalet C.-A., *Le Capitalisme mondial*, Puf, Paris, 1985.

Michalet C.-A., *Le Drôle de drame du cinéma mondial*, La Découverte/Centre fédéral FEN, Paris, 1987.

Michalet C.-A., « Où en est la notion d'économie mondiale ? », *in* Humbert M., *Investissement international, op. cit.*.

Michalet C.-A., « Globalisation, attractivité et politique industrielle », *in* Coriat B. et Taddéi D., *Entreprise France : Made in France/2, op. cit.*

Mistral J., « Formation de capital et compétitivité en longue période », *Économie et Statistique*, n° 97, 1978.

Mistral J., *Compétitivité du système productif et spécialisation internationale*, étude préparée pour la Dsti, Ocde, Paris, 1983.

Morin F., *La Structure financière du capitalisme français*, Calmann-Lévy, Paris, 1974.

Morin F., « Les trois pôles du cœur financier français », *Le Monde*, 8 mars 1994.

Morin F., « Théories du "Corporate Governance" et modèles de financement du capitalisme », *Cahiers de recherche du Lerep*, Toulouse, 1996/3.

▼▼▼

Mouhoud E. M., *Changement technique et division internationale du travail*, Economica, Paris, 1993.

Mouhoud E. M., « Délocalisations dans les pays à bas salaires et contrainte d'efficacité productive », *Mondes en développement*, t. 24, 1996.

Mouline A., *L'Industrie des services informatiques*, Économica, Paris, 1996.

Mucchielli J.-L., *Les Firmes internationales, mutations et nouvelles perspectives*, Économica, Paris, 1985.

Mytelka L. K., « States, strategic alliances and international oligopolies : The european Esprit programme », *in* Mytelka L. K. (ed.), *Strategic Partnerships : States, Firms and International Competition*, Pinter Publishers, Londres, 1991.

Nader R. et Wallach L, « Gatt, Nafta and the subversion of the democratic process », *in* Mander et Goldsmith, *The Case against Global Economy, op. cit.*, 1996.

Nelson R.R. (ed.), *National Systems of Innovation, a Comparative Analysis*, Oxford University Press, Oxford, 1993.

Newfarmer R. S., *The International Market Power of Transnational Corporations : A Case Study of the Electrical Industry*, Cnuced, Nations unies, Genève, 1978.

O'Brien R., *Global Financial Integration : The End of Geography*, Pinter Publishers, Londres, 1992.

O'Connor, *The Fiscal Crisis of the State*, St. Martin's Press, New York, 1973.

Ocde, *Nouvelles Technologies : une stratégie socio-économique pour les années quatre-vingt-dix*, Ocde, Paris, 1988.

Ocde, *Grands Programmes de R-D pour les technologies de l'information*, Ocde, Paris, 1989.

Ocde, *Technology and Productivity : The Challenge for Economic Policy*, Ocde, Paris, 1991a.

Ocde, *La Dimension économique en matière de technologies de l'information*, Ocde, Paris, 1991b.

Ocde, *La Technologie et l'économie : les relations déterminantes*, Ocde, Paris, 1992a.

Ocde, *Politiques industrielles dans les pays membres : tour d'horizon annuel, 1992*, Ocde, Paris, 1992b.

Ocde, *Services : statistiques sur les échanges internationaux, 1970-1991*, Ocde, Paris, 1993.

▼▼▼

OCDE, *Revue STI*, n° 13, hiver 1993 (numéro spécial sur la mondialisation sous la direction de G. VICKERY).

OCDE, *Performances des filiales étrangères dans les pays de l'OCDE*, OCDE, Paris, 1994 (rapporteur, T. Hatzichronogliou).

OCDE, *Les Systèmes nationaux de financement de l'innovation*, OCDE, Paris, 1994 (rapporteur, J. Guinet).

OCDE, *La Mondialisation de l'industrie : vue d'ensemble et rapports sectoriels*, OCDE, Paris, 1996.

OCDE, *Investissements directs à l'étranger : annuaire statistique*, OCDE, Paris, 1996.

OCDE, *Investisseurs institutionnels : annuaire statistique*, OCDE, Paris, 1997.

OHANA K., *Les Banques de groupe en France*, PUF, Paris, 1991.

OHMAE K., *Triad Power*, The Free Press, New York, 1985.

OHMAE K., *The Borderless World*, Colins, Londres, 1990.

OMAN C., *Nouvelles Formes d'investissement dans les pays en développement*, Études du Centre de développement, OCDE, Paris, 1984.

OMAN C., CHESNAIS F., PELZMAN J. et RAMA R., *Les Nouvelles Formes d'investissement dans les industries des pays en développement : industries extractives, pétrochimie, automobile, textile, agro-alimentaire*, Études du Centre de développement, OCDE, Paris, 1989.

OMAN C., *Mondialisation et régionalisation : le défi pour les pays en développement*, Études du Centre de développement, OCDE, Paris, 1994.

OFFICE OF TECHNOLOGICAL ASSESSMENT (OTA), *Commercial Biotechnology : An International Overview*, Congress of the United States, Washington D.C., 1984.

PALLOIX C., *Les Firmes multinationales et le procès d'internationalisation*, Maspéro, Paris, 1972.

PAPANASTASSIOU M. et PEARCE R. « La mondialisation de l'innovation et l'organisation de la R-D dans les multinationales », *in* SACHEWALD F. (sous la dir. de), *Les Défis de la mondialisation : innovation et concurrence*, Masson, Paris, 1994.

PASTRÉ O., *La Stratégie internationale des groupes financiers américains*, Calmann-Lévy, Paris, 1980.

PAVITT K., « Sectoral patterns of technical change : towards a taxonomy and a theory », *Research Policy*, vol. 13, n° 6, 1984.

Patel P. et Pavitt K., *Large Firms in the Production of the World's Technology : An Important Case of "Non-Globalisation"*, Science Policy Research Unit Discussion Paper, University of Sussex, janvier, 1990.

Patel P. et Pavitt K., « Nature et importance économique des systèmes nationaux d'innovation », *Revue STI*, n° 14, 1994.

Pickering J. F., *Industrial Structure and Market Conduct*, Martin Robertson, Oxford, 1972.

Peters L., *Technology Strategies of Japanese Subsidiaries and Joint Ventures in the United States*, Center for Science and Technology Policy, Rensselaer Politechnic Institute, Troy (N. Y.), 1990.

Petrella R., « Litanies de la Sainte Compétitivité », *Le Monde diplomatique*, février 1994.

Plihon D., *Mouvements de capitaux et instabilité monétaire*, Cahiers du CEDI, Colloque de la Banque de France-Université, Paris-XIII, Paris, novembre 1993.

Plihon D., « La montée en puissance de la finance spéculative », *in* Cartapanis, *Turbulences et spéculations..., op. cit.*, 1996.

Plihon D., « Les enjeux de la globalisation financière », *in Mondialisation, au-delà des mythes*, La Découverte, Paris, 1986.

Pisani-Ferry J., *L'Épreuve américaine, les Etats-Unis et le libéralisme*, Syros, Paris, 1988.

Pisani-Ferry J. et Sgard J., « De Mexico à Halifax : l'intégration financière des économies émergentes », *in* Cartapanis, *op. cit*

Polanyi K., *La Grande Transformation : aux origines politiques et économiques de notre temps*, 1944, édition française Gallimard, Paris, 1983.

Porter M. E., « Competition in global industries : A conceptual framework », *in* Porter M. E. (ed.), *Competition in Global Industries*, Harvard Business School Press, Boston (Mass.), 1986.

Porter M. E. et Fuller M. B., « Coalitions and global strategy », *in in* Porter M. E. (ed.), *Competition...,op. cit.*

Porter M. E., « Capital disadvantage : America's failing capital investment system », *Harvard Business Review*, Harvard Business School Press, Boston (Mass.), septembre-octobre 1992.

▼▼▼

Pottier C., «Acquisitions et concurrence oligopolistique mondiale, le cas des groupes industriels», *Revue française d'économie*, vol. VIII, n° 2, Paris, 1993.

Pottier C., «Coût du travail, délocalisations et intégration mondiale de la production par les firmes», *Mondes en développement*, t. 24, 1996.

Quelin B., «Intégration de compétences et formes organisationnelles : une analyse de la formation des industries du multimédia», dans Mouline A. (coord.), *Les Alliances stratégiques dans les technologies de l'information*, Economica, Paris, 1996.

Régnier J., *Les Nouveaux Produits financiers*, La Découverte, Paris, 1988.

Reich R., *L'Économie mondialisée*, Dunod, Paris, 1993.

Rivau-Danset D., *Les Comportements financiers des régimes de retraite d'employeur*, document de l'IRES, janvier 1994.

Roach S., «The hollow sound of the productivity revival», *Harvard Business Review*, Harvard Business School Press, Boston (Mass.), 1996.

Rugman A., *Inside the Multinationals*, Croom Helm, Londres, 1981.

Ruibrok W. et Van Tulder R., *The Logic of Industrial Restructuring*, Routledge, Londres, 1995.

Sachwald F., «Mondialisation et systèmes nationaux», *in* Sachwald F. (sous la dir. de), *Les Défis de la mondialisation : innovation et concurrence*, Masson, Paris, 1994.

Sachwald F., «Mondialisation et circulation des connaissances dans l'industrie automobile», dans Sachwald F. (sous la dir. de), *Les Défis...*, op. cit.

Sachwald F., «Mondialisation : la concurrence Nord-Sud», Ramses 95, Ifri, Dunod, Paris, 1994.

Said E. W., *Les Intellectuels et le pouvoir*, Seuil, Paris, 1996.

Salama P. et Valier J., *L'Économie gangrenée*, La Découverte, Paris, 1990.

Salama P. et Valier J., *L'Amérique latine dans la crise, l'industrialisation pervertie*, Nathan, Paris, 1991.

Salomon J.-J., *Le Gaulois, le cow-boy et le samouraï*, Economica, Paris, 1986.

Sauviat C., en collaboration avec D. Danset et H. Ewenczyk, *Services, internationalisation et compétitivité dans six pays*

▼▼▼

de l'Ocde, rapport pour le Commissariat général au plan, Paris, 1989.

Sauviat C., *Services et compétitivité : une relation équivoque*, conférence TEP sur la technologie et la compétitivité, La Villette, Paris, juin 1990.

Sauviat C., «Réseaux et mondialisation dans le conseil en management», *Insee Méthodes*, n°67-68, 1996.

Savary J., «Des stratégies multinationales aux stratégies globales des groupes en Europe», *in L'Europe industrielle, horizon 1993, 1. Les groupes et l'intégration européenne*, La Documentation française, Paris, 1991-1-2.

Scherer F. M., *International High-Technology Competition*, Harvard University Press, Harvard, 1992.

Schmalensee R., «Industrial economics : An overview», *Economic Journal*, n° 98, 1988.

Science and Technology Agency (Japan), *Survey Regarding Research and Development in Fiscal Year 1989*, Tokyo, août 1989.

Serfati C., *La Mondialisation financière : quelques éléments d'analyse, contribution pour l'université d'été de Syndex*, Albertville, 1994.

Shapiro A. C., *Multinational Financial Management*, Allyn and Bacon, New York, 4ᵉ édition, 1992.

Stanback T., *Understanding the Service Economy*, The John Hopkin's University Press, Baltimore, 1979.

Stopford J. M. et Strange S., *Rival States, Rival Firms,* Cambridge University Press, Cambridge (R-U), 1991.

Teece D. J., «Profiting from technological innovation», *Research Policy*, vol. 15, n° 6, 1986.

Thuillier J.-P., «Investissements croisés entre l'Europe et les États-Unis», *in* Mucchielli J. P. et Thuillier J.P., *Multinationales européennes et investissements croisés*, Economica, Paris, 1982.

Thuillier J.-P., *Transformations de l'offre de services : internationalisation et concentration*, Cahiers du lar, université de Rouen, mission d'études des problèmes du secteur des services, ministère de l'Industrie, Paris, 1993.

Thurow L., *Les Fractures du capitalisme,* Village mondial, Paris, 1997.

Unctnc, *Transnational Corporations in World Development, Trends and Perspectives*, Nations unies, New York, 1988.

UNCTNC, *World Investment Report 1991. The Triad in Foreign Direct Investment,* Nations unies, New York, 1991.

UNCTNC, *World Investment Report 1992 : Transnational Corporations as Engines of Growth,* Nations unies, New York, 1992.

UNCTNC, *The Transnationalisation of Service Industries* (sous la direction de K. P. SAUVANT), Nations unies, New York, 1993.

UNCTAD/DTCI, *World Investment Report 1993 : Transnational Corporations and Integrated International Production,* Nations unies, Genève, 1993.

UNCTAD/DTCI, *World Investment Report 1994 : Transnational Corporations, Employment and the Workplace,* Nations unies, Genève, 1994.

UNCTAD/DTCI, *World Investment Report 1995 : Transnational Corporations and Competitiveness,* Nations Unies, Genève, 1995.

UNCTAD/DTCI, *World Investment Report 1996 : Investment, Trade and International Arrangements,* Nations unies, Genève, 1996.

US SENATE, *Committee of Finance, Implications of Multinationals for World Trade and Investment and for US Trade and Labor,* US Printing Office, Washington D.C., février 1973.

VALLADÃO A., *Le XXIᵉ siècle sera américain,* La Découverte, Paris, 1993.

VERNON R., « International investment and international trade in the product cycle », *Quarterly Journal of Economics,* vol. 80, n° 1, 1966.

WALSH V., « Technologie et compétitivité et les problèmes particuliers des petits pays », *STI Revue,* n° 2, OCDE, Paris, 1987.

WALLENSTEIN I., *Le Capitalisme historique,* La Découverte, Paris, 1985.

WELTZ P., *Mondialisation, villes et territoires : l'économie d'archipel,* PUF, Paris, 1996.

WILLIAMSON O. E., *Markets and Hierarchies : Analysis and Antitrust Implications,* The Free Press, New York, 1975.

WILLINGER M. et ZUSCOVITCH E., « Towards the economics of information intensive production systems : The case of advanced materials », in DOSI et *al., Technical change....,* op. cit.

▼▼▼

WOMACK J. P., JONES D. T. et ROOS D., *The Machine that Changed the World*, Rawson Associates, New York, 1990.
WORTMANN M., « Multinationals and the internationalization of R&D : New developments in german companies », *Research Policy*, vol. 19, n° 2, 1990.

··· SAGIM ···

Achevé d'imprimer en octobre 1998
sur rotative Variquik par l'imprimerie
SAGIM à Courtry (77)

Imprimé en France

Dépôt légal : octobre 1998
N° d'impression : 3201